SLOW VEGAN

NACHO SÁNCHEZ
CHEF DE PIZZI&DIXIE

RECETAS VEGETALES GOURMET

© Ignacio Sánchez 2019
© Arcopress, s.l., 2019

Primera edición: noviembre de 2019

Reservados todos los derechos. «No está permitida la reproducción total o parcial de este libro, ni su tratamiento informático, ni la transmisión de ninguna forma o por cualquier medio, ya sea mecánico, electrónico, por fotocopia, por registro u otros métodos, sin el permiso previo y por escrito de los titulares del *copyright*».

Cualquier forma de reproducción, distribución, comunicación pública o transformación de esta obra solo puede ser realizada con la autorización de sus titulares, salvo excepción prevista por la ley. Diríjase a CEDRO (Centro Español de Derechos Reprográficos, www.cedro.org) si necesita fotocopiar o escanear algún fragmento de esta obra.

Cocina, dietética y nutrición • Editorial Arcopress
Directora editorial: Isabel Blasco
Diseño, maquetación y documentación gráfica:
 Fernando de Miguel
Fotografías de portada y recetas: J. Jorge Contreras Rodríguez
Corrección: Maika Cano

Imprime: Gráficas La Paz
ISBN: 978-84-17828-09-7
Depósito Legal: CO-1550-2019
Hecho e impreso en España - *Made and printed in Spain*

A Guru y Lola, mis dos compis gatunos

Índice

Prólogo ... 11

Sobre mí ... 13
Cocina *Slow Vegan* ... 17
— La importancia de los grados ... 23
— El esquema del sabor ... 25
Utensilios ... 27
Ingredientes ... 35

-20°
Introducción -20° ... 47
— Gazpacho de sandía con helado de mojito ... 48
— Helado de espárrago blanco ... 50
— Helado de fresa con manteca de cacao ... 52

10°
Introducción 10° ... 57
— Crema de almendras con tartar de tomate y aguacate ... 58
— Ensalada *Caprese* ... 60
— Jugo verde de manzana, limón y hierbabuena ... 63
— Ensalada de puerro y naranja ... 64
— Lasaña *Green Garden* ... 66
— Tarta Nutricake ... 68

20-25°
Introducción 20-25° ... 73
— Cócteles con *kombucha* ... 74
— *Bloody Mary* de *kombucha* ... 76
— *Champagne* de fresa de *kombucha* ... 77
— Consomé italiano japonés ... 78
— Ensalada con *chucrut* de lombarda ... 82
— Guisantes con encurtido de ajo y aguacate ... 86
— Tabla de quesos de frutos secos ... 88

41°

Introducción 41° 94
— Coca *Raw Rainbow* 96
— Sacos de coco y mango rellenos de gel de melocotón 99
— Tartar de sandía 102

80°

Introducción 80° 106
— Osmosis de tomate rosa y albahaca 110
— Pera osmotizada con jengibre y glaseado de fresa 112
— Escalope de tofu y setas a la plancha 114

100°

Introducción 100° 118
— Arroz *venere* con cardillos y mojo de frutos rojos 120
— Arroz rojo con verduras y zanahoria glaseada con naranja 122
— Calabaza rellena de curry de verduras 124
— Cardo con salsa de almendras 126
— *Ceci neri* con senderuelas y puré de patatas 128
— Ceviche de remolachas de colores 130
— Tarta de queso sin queso 132
— Espárragos blancos al vapor con *praliné* salado de piñones 134
— Flores de alcachofas 136
— Guiso silvestre de castañas, *perretxikos*, collejas y cardillos 138
— Lentejas con criadillas de tierra y grelos 140
— *Tempeh* de garbanzos con champiñones y cebolla francesa confitada 142

180°

Introducción 180° 147
— *Vichyssoise* de manzana 148
— Texturas de coliflor 150
— Tarta Ferrero Rocher 152
— Tarta de cacao y *coulis* de cereza 154
— Sopa *Tom Kha* de verduras 156
— Sopa de *galets* 158
— Crema de cebolla y té negro ahumado con bizcocho de oliva 160
— *Risotto* de boletus y trufa 162

— *Risotto* de alga codium y fitoplancton 164
— *Ravioli* con salsa de nuez 166
— Tarta *Red Velvet* 169
— *Ramen* vegetal 170
— *Tagliatelle* con salsa norma 172
— *Paccheri* con alcachofas 174
— *Orecchiete* con salsa de boletus 176
— *Magret* de seitán con patatas *soufflé* 178
— *Lemon pie* 180
— *Gnocchi* de patata morada con salsa de calabaza 182
— *Gnocchi* sin gluten con pesto de pistachos 184
— Delicias dulces de Italia 186
— *Coulant* de chocolate relleno de *ganache* de chocolate blanco 188

220°

Introducción 220° 193
— Acelga roja a la plancha con pepitoria de *miso* 194
— Calabacín a la vasca 196
— *Cannoli* sicilianos 198
— *Carpaccio* de remolachas a la sal 200
— Pimientos rellenos de quinoa, ajo y champiñón 202
— Tacos de achicoria y mole mexicano 204
— Tempura de lechuga de mar 206
— *Makis* de torrijas con gazpacho deshidratado de fresa 208

300°

Introducción 300° 213
— Mini zanahorias con salsa de chile guajillo 214
— Brochetas de coles de Bruselas y cebolla francesa 216
— Embutido vegano con piel de *kombu* estofado en vino blanco 218
— Ensalada de lenteja caviar y berenjena a la brasa 220

400°

Introducción 400° 225
— *Parmigiana* de verduras 226
— Pizzeta dulce 228

Prólogo

¿Qué tiene que ver la velocidad con el tocino? En este libro, desde luego, nada, porque en él no encontrarás productos animales... Lo que sí encontrarás es algo muy original:
la unión de la velocidad con la temperatura. Y con el veganismo.
Esta idea loca solo puede ocurrírsele a un genio. Una persona fuera de lo común disfrazada de «un tipo normal», como él mismo se define, para pasar desapercibido.

Para que te hagas una idea, el libro que tienes entre tus manos aúna recetas *slow* y veganas por temperaturas. El autor empieza en -20 °C ofreciéndote helados y termina a 400 °C en un horno de leña.

Dentro de cada temperatura se emplean técnicas específicas: a -20 °C se hacen helados, a 10 °C Nacho prepara recetas crudiveganas, a 20-25 grados las mejores recetas con fermentos, a 41 °C se deshidratan los alimentos, a 80 °C ósmosis (¿sabes lo que es?), a 100 °C se plantean cocciones lentas, al vapor, sofritos y guisos de esos como los que cocinaba su abuela, cuyo máximo placer era ver cómo Nacho se los comía...

A 180 °C nos encontramos con horneados, con frituras.. Subiendo a 220 °C tenemos la plancha, más horneados y frituras más fuertes. Y ya a 300 °C nos acogen las brasas para acabar con 400 °C en el horno de leña.

Son recetas *slow* por muchas razones, que tienen que ver con la personalidad de su autor. El restaurador Nacho Sánchez destaca por su entusiasmo, su afecto y su cercanía. Por eso, desarrolla platos con sabores intensos y llenos de matices. Por eso, apuesta por una forma de cocinar lenta y con cariño. Y por eso, mima sus ingredientes, intentando que sean lo más limpios, sanos y justos..

No me quiero entretener más para dejarte todo el tiempo del mundo para leer, lentamente, con cariño y con ilusión, esta obra que destila amor, honestidad y evolución.

Un libro donde se comparte un enorme conocimiento sobre ingredientes y técnicas, a la vez que un profundo respeto por la cocina, de principio a fin, incluyendo emplatados de tal belleza que uno no queda indiferente. ¡Que lo disfrutes!

Me despido felicitando a Nacho, quien tiene toda mi admiración, como ser humano y como profesional. A quien le auguro una vida feliz, próspera y con una enorme contribución al mundo.

Ana Moreno
ana@anamoreno.com

Sobre mí

Creo que nunca llamaría tu atención si te cruzaras conmigo por la calle. Tengo una estatura media, no llevo tatuajes, ni un corte de pelo extravagante, no cumplo con la estética de ninguna tribu urbana, ni visto complementos que me den un aspecto peculiar. Diría que soy «un tipo muy normal», no voy a la moda ni busco destacar. Sin embargo, los que me conocen dicen de mí que lo que realmente me define es mi pasión por lo que me importa y me interesa de verdad. Y estoy de acuerdo con ellos, hasta puedo decir que mi pasión me cambió la vida.

Hace unos siete años estaba muy perdido, sin horizonte ni objetivo a la vista. Sin saber muy bien cómo, me encontré rendido ante una conformista rutina que no me hacía feliz. No me gustaba mi trabajo de oficina, estudié Psicología, pero trabajaba en seguros y me aburría hasta el bostezo. Salía más de la cuenta y jugueteaba con el lado oscuro de la noche más de lo debido. Era un juerguista sin rumbo, que quizá trataba de camuflar su falta de motivación vital en esas noches veloces.

Todo cambió un día cualquiera, cuando me topé casualmente con un vídeo en las redes sociales. En él, un hombre de unos ochenta años hablaba con inusual vitalidad y vehemente pasión de las bondades de beber agua del mar. En un primer momento, confieso que no pude contener una extensa y sonora carcajada: «este tío está como una cabra», me dije. Pasados unos minutos, unas horas y hasta unos días, los planteamientos de aquel hombre empezaron a resonar en mi cabeza con insistencia: «a ver si ese hombre va a tener razón…», me repetía una y otra vez.

Comencé a investigar y pronto llegué a la conclusión de que la alimentación podía estar estrechamente relacionada con infinidad de enfermedades. Descubrí además el maltrato animal que hay detrás de tantísimos productos que consumimos de manera cotidiana y del impacto en el medio ambiente que conlleva nuestra forma de vida.

Si a todos estos argumentos sumamos que en realidad mi vida no me gustaba, obtenemos como resultado una persona dispuesta a afrontar con ilusión un cambio tanto personal como profesional. Me entusiasmé con la idea de que podemos vivir sin consumir animales y a la vez transformar el mundo. Y casi sin tiempo de pensarlo detenidamente, me encontré firmemente

Botanique

decidido a cambiar la oscuridad de la noche por la lucidez del día. Comencé a seguir una dieta vegana, a hacer deporte, me interesé por la banca ética, empecé a mirar las etiquetas al comprar… Incluso me compré una moto eléctrica.

Antes devoraba la carne, me encantaban los chuletones, si podían ser vuelta y vuelta, mejor que mejor. Y de buenas a primeras los rechacé, aunque para ser sincero reconozco hoy en día que la carne me sigue pareciendo apetecible, tal vez sea este el motivo por el que disfruto tanto las nuevas hamburguesas que están saliendo al mercado con un sabor tan parecido a las procedentes de vacuno.

Poco a poco empecé a aprender más y más sobre cocina vegana. Sentía la cocina como un acto activista. Aprendí muchísimo de mi querida amiga Consol Rodríguez. Creo que es la persona más creativa en la cocina que conozco. Además, decidí tomármelo en serio y hacer el máster de Ana Moreno. Fueron días maravillosamente plenos en los que empezó a forjarse en mí lo que ese momento era tan solo un sueño, un anhelo inalcanzable, montar mi propio restaurante vegano.

No perdía nada por intentar darle forma a mi sueño, así que me puse a buscar locales. Tardé un año en dar con lo que sería Botanique, un pequeño puesto dentro del Mercado de Antón Martín que, paradójicamente, era una antigua charcutería. Era perfecto para alguien que no tenía ni idea de restauración. Tenía pocos gastos, pero sobre todo era pequeño, ideal para aprender poco a poco.

Cuando todo estuvo listo, llegó el momento de dar el primer servicio y yo estaba completamente aterrorizado. Minutos antes de abrir me llamaron del banco para decirme que tenían el datáfono listo, así que tuve que dejar allí a las personas que había contratado y salir apresuradamente a por él. Regresé tan rápido como pude, y al llegar un escalofrío me recorrió el cuerpo cuando vi el restaurante lleno de gente. Fue insufrible aquel primer servicio, siete mesitas de nada me parecieron un mundo. No puedo evitar reírme aún hoy al rememorar con nostalgia aquel día y cómo «volaban» alimentos y cacerolas —y algún que otro grito— en aquella minúscula cocina.

Botanique fue mi primer restaurante con una corta andadura. Fueron dos años que recuerdo como una preciosa etapa de mi vida, llena de experiencias nuevas y constante aprendizaje. En ese tiempo, hicimos eventos con maestros como Jesús Almagro con

Arriba, imágenes de Botanique, el primer restaurante, situado en un pequeño puesto del mercado de Antón Martín

el que cociné «mano a mano» en dos cenas *pop up* en un invernadero de siglo XVIII en Madrid. También conocí a Pedro Larumbe y a Mario Sandoval. Me parecía increíble que tres reputados cocineros que creía inaccesibles vinieran a la antigua charcutería del Mercado de Antón Martín con el único propósito de conocer mi cocina.

Fue especialmente inolvidable cuando Pedro Larumbe vino a comer a Botanique. Me puse a hablar con él, le enseñé las cosas que hacía y creo que le dejé ver también mi pasión por ellas. Al principio Pedro me miraba con semblante incrédulo, como si pensara: «¿qué me está contando este personaje?». Pero yo estaba tan emocionado que seguía hablando y hablando sin parar, hasta le hablé de la *kombucha*, incluso le enseñé el hongo, mientras él me escuchaba pacientemente no sin estupefacción (hay que reconocer que el hongo en cuestión parece un *alien* en un bote). Contra todo pronóstico, a Pedro le encantó.

A la semana siguiente volvió a Botanique acompañado de Mario Sandoval. Una vez más, se me hizo un nudo en la garganta al verlos aparecer, pero el caso fue que entablé una buena relación con los dos. Con Mario incluso llegué a investigar en distintas fermentaciones. Y con Pedro hicimos un evento años después en Pizzi&Dixie cocinando con plantas salvajes. Todo un lujo para mí compartir fogones con dos maestros de su talla.

Lo cierto es que a esas alturas el negocio no marchaba mal, pero aun así sentí que el Mercado, al que amo, no era la mejor de las ubicaciones para desarrollarme, investigar y crecer. Pensé —y sigo pensando— que en muchas ocasiones en la vida es necesario salir de nuestra zona de confort si queremos evolucionar, aunque suponga un riesgo y nos invada la inquietud y la sensación de vértigo. Así que pensé, pensé y actué: me puse a buscar un nuevo local para un nuevo concepto.

Hasta ese momento, la cocina de Botanique era muy saludable, una carta repleta de platos crudos, con deliciosos sabores y presentaciones muy visuales, pero crecía en mí la ilusión de que mi nuevo restaurante tuviese una oferta más universal, creada para llegar a tanta gente como fuera posible. Después de darle vueltas y vueltas a la idea, mi conclusión fue que una renovada cocina

Arriba, imágenes del local de Pizzi&Dixie, en Malasaña

italiana basada en plantas era un concepto formidable para mi propósito. Y parece que no me equivoqué, de hecho, he de agradecer la gran acogida que ha tenido el restaurante desde el primer servicio.

Tardé unos seis meses en encontrar un nuevo local, pero cuando di con él fue amor a primera vista, todo cuadraba: ubicación, precio, capacidad… era perfecto, justo lo que había estado buscando.

En todo momento conté la ayuda incondicional de mi padre y aún sigo teniéndola. Hoy por hoy, si anda merodeando por el restaurante, sale a la puerta y a la gente que pasa por la calle le dice, sin ningún pudor, que «tenemos las mejores *pizzas* de Madrid». A mí me sonroja y me enerva que lo haga, pero el caso es que les cae en gracia, les hace sonreír y entran sin más. Es realmente entrañable. Alguien escribió una reseña en Trip Advisor que dice: «el padre del dueño es muy simpático».

Siempre le estaré agradecido. Fue un momento de mucha tensión para los dos, pero especialmente para él que en poco tiempo adelgazó diez kilos por estrés. La inversión y el riesgo era mayor en esta ocasión, pero el esfuerzo mereció la pena y pronto los kilos de mi padre volvieron al ver que el libro de reservas se llenaba y los números iban cuadrando.

Abrí un viernes noche y como quería tener un primer servicio tranquilo anuncié en redes que abriría el sábado. Así que las puertas de Pizzi&Dixie se abrieron en silencio para una especie de ensayo general. Sin embargo y para mi sorpresa, esa noche dimos treinta cenas. «Esto pinta bien», pensé.

Hoy en día me siento muy satisfecho, estoy encantado, escribiendo mi primer libro y pensando en abrir más locales. Espero no destrozarle los nervios a mi padre en el proceso.

Cocina *Slow Vegan*

E l título de este libro representa buena parte de mi vida y mi filosofía. Siempre tuve la idea clara en mi cabeza, el concepto, todo cuanto quería plasmar en estas páginas. La parte complicada llegó a la hora de nombrarlo, de buscar un título, de dar con las palabras que expresaran la esencia del interior. Por más que pensaba, nada me convencía, de hecho, han sido meses y meses meditando sobre ello hasta que un día, de repente, *et voilà !*, surgió, apareció en mi cabeza y lo tuve claro, porque aunaba perfectamente los dos fundamentos de la filosofía de mi cocina: *Slow Vegan.*

— ***Slow*** porque no busco la inmediatez a la hora de cocinar, es más, ni siquiera tengo microondas para realizar las elaboraciones. Apenas uso olla exprés. Soy de cocciones lentas y de dar espacio y tiempo a mis menús. Mis platos tienen un ingrediente principal: el disfrute sin pensar en el tiempo, el deleite sin dar rienda suelta a las prisas, la sencillez, la esencia de las pequeñas cosas donde se aprecian los auténticos sabores de antes.

— Y ***vegan*** porque en mi cocina no entra ningún ingrediente de origen animal.

No dudo que muchos considerarán este planteamiento (sin animales, huevos, lácteos o miel) algo limitado. Sin embargo, para mí es todo lo contrario, tener que afrontar esas limitaciones me obliga a agudizar el ingenio y me ayuda a ser creativo, a estar en constante búsqueda de nuevos sabores y maneras de descubrirlos. Muchas veces, en la necesidad de sustituir ingredientes de origen animal por otros de origen vegetal, me viene la inspiración. Más adelante veremos cómo, por ejemplo, la piel del alga *kombu*, un alga alargada en

Mis platos tienen un ingrediente principal: el disfrute sin pensar en el tiempo, el deleite sin dar rienda suelta a las prisas

forma de lámina, puede ayudarnos a recrear la piel de un embutido vegetal. Además, debemos agradecer que en estos últimos años la cocina vegana se ha desarrollado a un ritmo vertiginoso y ello nos ayuda a tener nuevos recursos con los que poder cocinar y llegar a unos resultados francamente sorprendentes.

Otra de las claves de este libro serán las temperaturas. El sabor, la textura o incluso la calidad de un producto pueden verse afectadas por algo tan simple (en principio) como un cambio de temperatura.

Le doy muchísima importancia a las temperaturas. Tanto es así, que al plantear la estructura del libro, consideré que era una idea muy bonita hacerlo por grados.

Los vegetales se comportan de forma muy distinta con el calor, el frío o posiciones más intermedias. Varían en textura y sabor. Son tan versátiles… Podemos congelarlos, usarlos en crudo o cocinados. Podemos deshidratarlos, fermentarlos o encurtirlos. Podemos hacer con ellos lo que queramos, tan solo jugando con las temperaturas. Tenemos posibilidades infinitas. Me encantaría que este libro os inspirara para que podáis crear nuevas recetas propias con los recursos que os presento.

Hablar de cocina con cariño, con amor, con mimo, con cuidado. Es, en definitiva, cocinar como lo hacía nuestra abuela

Sé que llevamos una vida loca, frenética, que nuestro día a día no facilita un tipo de cocina como la que os propongo, pero las cosas que más apreciamos son las que llevan su tiempo, ¿no creéis? Para mí, hablar de cocina *slow*, es hablar de cocina con cariño, con amor, con mimo, con cuidado. Es, en definitiva, cocinar como lo hacía nuestra abuela. Recuerdo bien cuando la mía hacía caldo gallego. Me encantaba, era auténtica gloria, un manjar. Podía repetir hasta dos veces. El simple olor a caldo gallego siempre me trae su imagen a la memoria.

Cocina *slow* es también impregnarnos de olores en la cocina. El olor a pan recién hecho, horneado a primera hora de la mañana y después de haber tenido la masa fermentando toda la noche, y que ese olor invada toda nuestra cocina y active nuestros mejores recuerdos.

Cocinar de forma lenta es amor y es creación, una transformación que hace que una cosa que la naturaleza nos ofrece en una forma pase a presentar una nueva conformación muy diferente. Me explico, cuando cocinamos modificamos las propiedades organolépticas de los alimentos. Esto es, cambian los olores, cambian los sabores, los colores, los aromas y cambia su textura. Por ejemplo, un arroz, cocinándolo lo hacemos comestible, transformamos sus almidones en azúcares simples que nuestro cuerpo reconoce y es capaz de asimilar. En ese proceso el grano se ablanda, sus colores se matizan y su sabor pasa a ser el que reconocemos como arroz. Es algo totalmente distinto, es algo nuevo. Si lo cocinamos poco a poco, el resultado terminará siendo perfecto. El arroz tendrá la cocción deseada y en él se integrarán los sabores y colores que le aporten los alimentos con los que lo estemos cocinando.

La cocina lenta lleva un condimento principal indispensable: la paciencia y, con ella, el disfrute con el proceso. Siempre se dice que las cosas hechas con cariño saben de distinta manera. Así es, saben mejor porque en el camino las hemos disfrutado y por ello las sabemos apreciar. Incluso luego las podemos ofrecer a nuestra gente querida, a nuestros invitados o, en mi caso, a las personas que vienen cada día a mi restaurante. Es maravilloso contemplar a los demás disfrutar de nuestros platos.

Me viene a la mente cuando de niño comía en casa de mi abuela, ella me miraba fijamente y yo siempre le preguntaba: «Pero abuela, ¿no comes?». Y me respondía que no, que a ella lo que realmente le gustaba era verme comer. Por aquel entonces era muy niño, años después lo entendí.

La cocina lenta lleva un condimento principal indispensable: la paciencia y, con ella, el disfrute con el proceso. Siempre se dice que las cosas hechas con cariño saben de distinta manera

Me encanta ir al pueblo y volver lleno de cajas de verduras en verano y con bolsas repletas de hierbas salvajes. De esta forma añado el mimo y el cariño a mis recetas desde la cesta de la compra

Hablar de cocina *slow* es hablar además de justicia. Es considerar que todo el mundo tiene derecho a estar bien alimentado y con ingredientes de calidad. Es oponernos al hambre. Es ser más justos. Es darnos cuenta y ser conscientes de que tratando bien al planeta nos hacemos más solidarios con nuestros semejantes. Es recuperar biodiversidad y semillas. Es respetar el trabajo que otros han hecho para nosotros, recolectando semillas, plantándolas, regándolas, cuidando la planta, cuidando, valorando y respetando la tierra.

En la misma línea, me parece importante consumir los vegetales propios de la temporada. Además, eso nos lleva directamente a comprarlos a menor precio y hacer que nuestra comida sea más barata. Cuanto más gasto tengamos en producir alimento más caro será este. El tipo de cocina que propongo en este libro es muy económico; al no incluir carne y pescado y respetar la temporalidad de los alimentos, abaratamos la lista de la compra. Precisamente en este punto, en la lista de la compra, es donde comienza la creatividad en mi cocina.

En mi vida no me gusta aburrirme y hacer siempre lo mismo, por eso estoy en constante búsqueda de nuevos vegetales que no conozco. Paseando por los caminos del pueblo donde veraneo, Fresno el Viejo, me di cuenta de que están repletos de plantas en las que, hasta hace poco, ni siquiera había reparado, quizá porque cuando buscamos algo, no siempre prestamos atención a lo que tenemos más cerca. Sin embargo, investigando con un buen amigo hemos descubierto que gran cantidad de ellas son comestibles. Allí se da mucho la verdolaga, el diente de león, las malvas… Además, atiendo una huerta con mi padre en la que adoro sembrar con él las variedades de semillas que son propias de la zona. Por ejemplo, a la hora de plantar tomates, buscamos aquellas variedades que allí se han cultivado siempre. La razón es que consideramos que la tierra va a ser más propicia para ello y la producción obviamente será más alta y de mejor calidad.

Me encanta ir al pueblo y volver lleno de caja de verduras en verano y con bolsas repletas de hierbas salvajes. De esta forma añado el mimo y el cariño a mis recetas desde la cesta de la compra.

Hay muchos vegetales que no usamos en nuestras recetas pero crecen por todas partes si vamos al campo, incluso los pisamos sin darnos cuenta, sin saber siquiera que se pueden comer, y de hecho se han comido a diario en el pasado. En este libro vamos a cocinar con algunos de estos ignorados vegetales: collejas, pamplinas, criadillas de tierra, cardillos… Son solo unos ejemplos, hay miles y miles de plantas salvajes comestibles, diferentes según nuestra orografía, que son poco o nada usadas actualmente en nuestros fogones. A medida que profundizamos en su estudio vamos reconociendo más varieda-

Me gusta poder reclamar para mis platos un proceso artesanal, recuperar la cultura de cocinar y hacerlo con conciencia y con técnica

des en el campo. Es algo precioso e infinito. Encontramos, asimismo, versiones salvajes de muchas plantas que conocemos: acelgas salvajes, hinojo salvaje, achicoria común... Todas ellas tienen sabores parecidos a sus homólogos cultivados y en algunos casos son incluso más sabrosas.

Mención aparte merece el universo de la micología. Me encanta ir a coger setas en otoño. Existen un sinfín de ellas con sabores y texturas muy curiosas, pero siempre debemos acudir a la opinión de un experto para recolectarlas, clasificarlas e incluso para conocer el modo adecuado para cocinarlas. Este mismo año estuve en un curso de setas y descubrí, entre otras variedades, la seta de coliflor. Crece cerca de los árboles y tiene la misma forma que una coliflor. En ocasiones la naturaleza es tan caprichosa como generosa.

Simplemente con saber combinar con acierto algunos sabores ya tenemos la mejor de las experiencias en un plato

No solo la tierra, también el mar nos ofrece delicias vegetales poco conocidas. Adoro las algas y plantas marinas. La ficoide glacial, por ejemplo, cuyas hojas nos recuerdan al rocío de las noches húmedas y frías, posee un gusto algo salado muy agradable. O la lechuga de mar, un alga con un sabor muy gentil con la que más adelante prepararemos una exquisita tempura.

Detrás de las frutas, verduras o algas hay sabores puros y salvajes, sensaciones propias de cada vegetal e incluso de su entorno. El aroma a tierra de una remolacha, que al morderla parece como si estuviésemos oliendo un puñado de la misma tierra del huerto donde creció; los cítricos propios de frutas como las limas, limones y naranjas, perfectos para acompañar y darnos el punto ácido que le faltaba a un plato. O el sabor a trufa… aunque, en realidad, la trufa saber, no sabe a nada, simplemente huele, pero es un olor tan profundo que parece sabor y es capaz de apoderarse de los matices de cualquier plato. Simplemente con saber combinar con acierto algunos sabores ya tenemos la mejor de las experiencias en un plato. ¡Cuánta gente me habrá dicho a lo largo de estos años aquello de «parece mentira que esto sea vegano»! Y, honestamente, no me extraña su escepticismo, porque lo cierto es nunca hemos sabido poner en valor las bondades de los vegetales.

El objetivo de este libro es acercar las verduras, las hortalizas, las frutas, los frutos secos, los cereales o las legumbres a todo el mundo que quiera descubrir nuevos sabores y experiencias. Al pensar el enfoque que le iba a dar, siempre tuve claro que quería situar lo que nos ofrece directamente la tierra como principal protagonista. El sol es sin duda el mejor cocinero que existe. Eso no significa que, en un momento determinado, como licencia momentánea, no me permita usar otros ingredientes más procesados como texturizados de soja o natas veganas. Sin embargo, para mí la cocina ha sido y será siempre un acto revolucionario. No participo de invadirla de procesos industriales, por muy veganos que estos sean, me gusta poder reclamar para mis platos un proceso artesanal, recuperar la cultura de cocinar y hacerlo con conciencia y con técnica. Algo tan sencillo como darles a las verduras su punto exacto de cocción las convierte en un plato exquisito, único… todo lo contrario de aquellas pasadas de ebullición, insulsas y lacias que se convertían en nuestro enemigo siendo niños.

La importancia de los grados

Tiempo y temperatura son las claves para elaborar una buena cocina. Como regla general, podríamos decir que a menor temperatura más tiempo tardará en cocinarse algo y viceversa.

Resulta verdaderamente interesante observar las diferentes reacciones de los ingredientes según los grados a los que se sometan. Las frutas, las verduras, las semillas, legumbres y cereales se transforman y adquieren propiedades totalmente distintas en función de las diversas temperaturas a las que sean expuestos. No se obtienen los mismos resultados al cocinar a -20° que a 400°; cambian los colores, las texturas y, por supuesto, los sabores.

Pongamos como ejemplo una simple fresa. Puedo congelarla a -18° y hacer un sorbete. Puedo usarla en crudo en una ensalada. Puedo fermentarla a 20°/25° para hacer un *champagne* de *kombucha* con ella. Puedo deshidratarla a 41° y hacer una golosina. También puedo licuarla y añadirla a otro componente que se impregne por ósmosis mientras se cocina a 80°. Y, por último, puedo hervirla a 100° y hacer una compota o un *coulis*. En definitiva, podemos jugar con una fresa como nos plazca y el resultado va a ser muy distinto en función de la temperatura a la que decidamos cocinarla.

Al igual que con la fresa, me parece una bonita idea agrupar y clasificar nuestras recetas en este libro por temperaturas, empezando por las más bajas de congelación y terminando por temperaturas muy altas de cocción en horno. Iremos pasando de unas a otras muy paulatinamente, muy *slow*.

- A **-18°** probaremos la congelación de frutas y verduras para producir deliciosos helados que acompañen a su vez a otros platos.
- **10°** es la temperatura a la que una fruta o una verdura sale del frigorífico. Descubriremos las posibilidades que tienen en crudo. Sin cocinarlas.
- **15°** es una buena temperatura para fermentar vegetales. Para hacer que proliferen en ellos determinados microorganismos en unas condiciones controladas. Veremos de esta forma cómo hacer encurtidos, *kimchis* de cercanía, *kombuchas*, *chucruts* e incluso fermentaciones de frutos secos para hacer quesos veganos.
- A **41°** podemos deshidratar un alimento, es decir, extraerle el agua que contiene para conseguir así concentrar los sabores y producir texturas muy curiosas, parecidas a las que se obtienen a temperaturas mucho más altas.

- A **80°** empezamos a cocinar a baja temperatura. Podemos hacerlo al vacío, lo que nos proporciona dos ventajas: la primera es que no se pierden los jugos y líquidos que están presentes de forma natural en las frutas y verduras y así nos quedarán más tiernas y apetitosas. La segunda ventaja que aporta el empleo de esta técnica es que resulta muy fácil agregar nuevos sabores a lo que vayamos a cocinar, ya que nos permite añadir salsas o jugos en el momento de envasar al vacío un ingrediente para sumar y mezclar sabores y aromas.
- A **100°** comienza la ebullición del agua y con ella el vapor.
  La ebullición: Podemos hervir todas las verduras que queramos. Si luego las trituramos tendremos una crema. Simplemente hirviendo las verduras haremos también fondos para usar en otras elaboraciones. Si en vez de hervir agua calentamos aceite a esta temperatura podemos sofreír, proceso en que los vegetales absorberán poco a poco las grasas. Sofreír es muy diferente de hacer una fritura, ya que en este caso, como veremos más tarde, el aceite alcanzará entre los 180° y 220° y penetrará mucho menos en los alimentos.
  Al vapor: Podemos cocinar también tantas verduras como deseemos con esta técnica. Tiene muchas ventajas ya que en el proceso se pierden pocos nutrientes, no se añaden grasas y se preserva el sabor original de los alimentos.
- Los **180°** se consideran una temperatura estándar de cocina. Es la parte del libro en la que vamos a encontrar mayor número de recetas dado que es una temperatura muy recomendable para freír asar y hervir (principalmente pastas y *risottos*).
- Los **220°** implican una cocción más agresiva. A esta temperatura podemos freír, asar o cocinar a la plancha con excelentes resultados. Llegaremos a 220° en frituras de postres por ejemplo, para que el aceite bien caliente dore rápidamente las elaboraciones y no penetre en su interior. Es además una temperatura perfecta para hacer asados que precisen altas temperaturas como unas remolachas a la sal. Y si vamos a cocinar en una plancha, la precalentaremos a 220°, lo que posibilita que las verduras nos queden cocinadas por fuera y *al dente* por dentro.
- A **300°** podemos empezar a cocinar con brasas, con rescoldos. Agregaremos de esta forma el sabor y aroma a humo en nuestras recetas.
- Y por último, llegaremos a **400°** con hornos de leña; perfectos para hacer *pizzas* con ellos o para terminar platos en recipientes de barro, como una deliciosa *parmigiana* de berenjenas.

El esquema del sabor

Si tuviera que decir qué es lo que considero más importante al cocinar, diría sin duda que es el sabor. Si fracasa el sabor de un plato, fracasará la experiencia completa. En realidad, hablar de sabor de una forma generalizada es realmente difícil y atrevido porque no todo el mundo aprecia los mismos sabores; de lo que deduce que, cuando se cocina para otros, todo se complica aún más. No existen normas establecidas porque anularían por completo la libertad que requiere la creatividad en la cocina, limitarían la búsqueda de sabores nuevos y diferentes. Sin embargo, para mí hay dos máximas a tener siempre en cuenta a la hora de diseñar un plato:

El sabor del conjunto del plato no puede ser plano. Esto es, no puede faltar sabor en lo que hacemos, debe ser intenso y con matices.

Los sabores de los distintos ingredientes tienen que estar compensados en una especie de equilibrio de presencias, pero con un protagonista claro. Por ejemplo, si hago un consomé de tomate, el consomé tiene que saber a tomate.

Podemos presentar un plato con un aspecto irresistible, pero si falla el sabor, falla el plato.

De niños siempre nos han contado que son cuatro los sabores básicos: dulce, salado, amargo y ácido. Y así es, pero podríamos decir que existe un quito sabor, el *umami*. Fue descubierto en el año 1908, en Tokio, por el científico Kikunae Ikeda, y viene a significar «sabor agradable, sabroso» en japonés. Este quinto sabor integra los cuatro sabores básicos en una combinación armónica que los potencia y está presente en multitud de platos e ingredientes.

Si pienso en *umami*, me vienen a la mente tres sabores: el de la salsa de soja, el del parmesano *reggiano* y el del ají. Son tres sabores que mi cabeza tiene registrados como perfectos; tienen una parte salada, una parte ácida, una parte amarga y una parte dulce. En el caso de la salsa de soja y del parmesano, hay que señalar que además están fermentados, proceso que generalmente potencia el *umami* y, en el caso del parmesano, le confiere incluso un gusto algo picante. Son sabores que para mí son sencillamente perfectos. Si echo de menos un queso, es el parmesano.

A la hora de crear o elaborar una receta, intento que estén presenten todos los sabores básicos. Esto nunca supone ir añadiendo ingrediente sin más, lo hago compensando unos sabores con otros. Esto es, si tengo un exceso de amargo, puedo añadir algo de dulce para compensarlo y equilibrar el plato.

A la hora de crear o elaborar una receta, intento que estén presenten todos los sabores básicos. Esto nunca supone ir añadiendo ingrediente sin más, lo hago compensando unos sabores con otros

De esta forma, al crear un plato pienso siempre en este esquema:

Ingrediente	se compensa con:
Amargo	Dulce
Dulce	Amargo
Ácido	Picante
Picante	Salado
Grasas y aromáticos	

Para mí, este esquema es esencial en la cocina. Todas las verduras amargas se compensan con otras más dulces y viceversa. El ácido se compensa con el picante y a su vez el picante con sabores salados. Al elaborar un plato, intento que haya presencia de todos los sabores básicos y si percibo que alguno prevalece en exceso, lo compenso con su antagónico. Otros componentes que me ayudan a equilibrar el plato son las grasas (aceites y mantecas) y los ingredientes aromáticos (las hierbas aromáticas, el humo, la trufa, etc.).

Un ceviche, por ejemplo, es puro *umami*, en él están presentes en perfecto equilibrio todos los sabores conocidos. En el momento de aderezarlo, si nos queda muy picante, podemos corregir con sal; si nos queda muy ácido, añadiremos picante. Ir compensando los sabores es la clave para conseguir un sabor redondo y lleno de matices.

Cuando hago caldos, intento ser prudente con la cantidad de amargo porque sé que puede arruinar el sabor del plato, y por eso siempre acabo añadiendo otros más dulces como la calabaza.

Lo deseable es que los sabores se compensen y potencien, que convivan en una armonía tan equilibrada que se conviertan en uno solo, en *umami*.

En este sentido, suelen usarse conocidos maridajes ya clásicos en el reino vegetal.

— Los amargos van muy bien con el mole. El cacao o la achicoria con mole, por ejemplo.
— El tomate con la albahaca.
— La alcachofa con la trufa.
— Las frutas ácidas con los ajís.
— El coco con los *currys*.
— El coco y el cacao.
— El chocolate y el *praliné*.
— Los boletus y la trufa.

Siempre podemos hacer uso de estos maridajes y otros maridajes clásicos, son éxitos asegurados en nuestra cocina. Podréis comprobarlo en muchas de las recetas que os propongo en este libro.

Lo deseable es que los sabores se compensen y potencien, que convivan en una armonía tan equilibrada que se conviertan en uno solo, en umami.

Utensilios

Para cocinar no hace falta volverse loco y comprar todo tipo de utensilios, en realidad con unos buenos cuchillos, una buena batidora, unos fogones y un horno podemos hacer casi todas las recetas de este libro. Lo que os recomiendo es que a la hora de invertir en las herramientas de vuestra cocina es mejor, si no se quiere hacer un desembolso grande de golpe, que lo hagamos poco a poco, pero sin escatimar en lo que compremos. La buena maquinaria nos va a hacer más fácil la cocina y al final lo barato sale caro.

Incluso contar con pocos recursos puede ser una ventaja, porque nos obliga a improvisar, a investigar y agudizar nuestro ingenio para conseguir un buen resultado con nuestro toque personal. Veamos un ejemplo. Para hacer un helado tenemos dos posibilidades: la primera es batir todos los ingredientes necesarios con una batidora de vaso y una vez batido meterlo en el congelador y entonces esperar a que alcance la temperatura deseada; y la segunda opción, y más sencilla, es tener una mantecadora profesional que bate y congela simultáneamente.

Ambas formas son válidas y el resultado similar, pero obviamente usar la mantecadora es muchísimo más fácil, y hacerlo por pasos con lo que tienes en tu cocina quizás te resulte más divertido. Antes de lanzarte a comprar, piensa si realmente vas a hacer tantas recetas que lo requieran o puedes ir apañándote.

Lo importantes es que empecemos a distinguir lo imprescindible que no puede faltar en tu cocina y lo que puede esperar. No te preocupes si te falta algún utensilio, veremos opciones alternativas cuando lleguemos a cada receta.

Imprescindibles en tu cocina

■ Los cuchillos

Escatimar en cuchillos es un crimen contra nuestra propia salud, es la primera inversión que tenemos que hacer. No hace falta que llenemos la casa de cuchillos, con algunos de gama alta y con mantenerlos siempre bien afilados nos vale.

Muy recomendable tener dos cuchillos cebolleros de diferente tamaño. Uno de 25- 30 cm para las verduras más grandes y otro de 20 cm para las más pequeñas. El cebollero, también conocido como el cuchillo del chef, vale un poco para todo, es el cuchillo comodín, el más versátil, y se caracteriza por una hoja notablemente redondeada.

Muy similar es su versión Japonesa, el *santoku,* con la única diferencia de que este último no tiene la hoja redondeada. Elije el que prefieras, el que mejor se adapte a ti. Yo personalmente utilizo un cebollero grande y un *santoku* algo más pequeño.

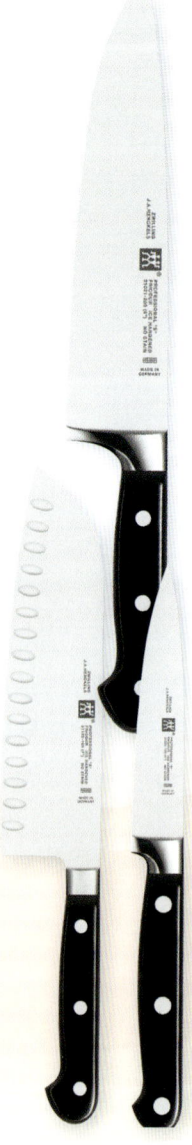

■ Las puntillas

Son cuchillos pequeños, sirven para llegar donde no caben los anteriores. Son muy manejables, perfectos para pelar y despipar vegetales, por ejemplo, los tomates.

Es muy importante saber cómo usarlos, marca la diferencia a la hora de cocinar en cuanto a la seguridad y rapidez. Con una mano utilizas el cuchillo y con la otra sujetas el alimento. El cuchillo con una mano y los vegetales los sujetamos y desplazamos siempre con la otra mano en forma de garra para evitar cortarnos.

Si tenéis dudas echarle un vistazo a videos sobre cómo cortar verduras en YouTube. Al principio hay que cambiar un poco el *chip*, pero con la práctica seremos capaces de cortar verduras con precisión y de forma rápida y segura. También hay cursos que incluyen técnicas de corte si queréis hacerlo con destreza de profesional.

Seguro que has oído hablar de diferentes cortes de verdura, los que más vamos a utilizar en este libro son:

— Juliana: consiste en cortar la verdura en tiras alargadas y finas de 4 mm, aproximadamente. Es una de las técnicas más utilizadas.
— *Mirepoix*: cortaremos en dados de 1,5 cm de grosor. Perfecto para sopas, guisos, salsas… Un truco: primero cortaremos en tiras longitudinales y después haremos cortes trasversales para formar los dados.
— *Brunoise*: dados todavía más pequeños, de 1 a 2 milímetros. Se utiliza en sofritos y en ensaladas tipo pico de gallo.

■ El pelador
Nos ahorran mucho tiempo a la hora de pelar gran cantidad de patatas, zanahorias, remolachas… y sin apenas desperdicio.

■ Los descorazonadores
Este útil instrumento sirve para quitar la parte central de frutas y verduras y también si queremos hacer huecos para rellenar verduras con un solo corte limpio y rápido.

Con frutas más pequeñas, como las cerezas, un buen truco es utilizar pajitas, como las de beber pero metálicas, o unas pinzas pequeñas, como las que usan los cirujanos, que curiosamente resulta ser un instrumento tan rápido como preciso.

■ La mandolina
Esta pequeña herramienta nos va a permitir hacer rodajas perfectas de frutas y verduras y realizar cortes como la juliana. Es muy importante usar este objeto con la protección adecuada. La mandolina es, junto con los cortadores de fiambre, la responsable de los peores cortes en cocina.

Por eso siempre hay que usarla poniendo a salvo nuestras manos con los protectores en forma de sombrero que vienen con la mandolina cuando la compramos o bien unos guantes de seguridad como los que se utilizan para abrir ostras.

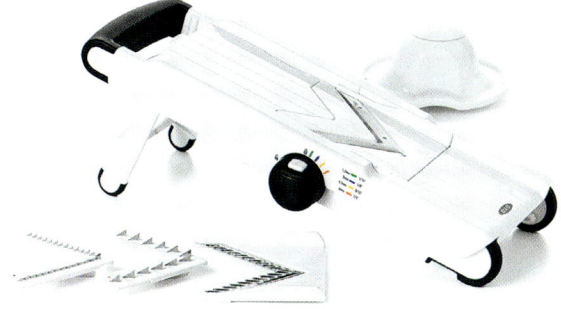

■ El espiralizador
Da mucho juego y mejora mucho la presentación de nuestros platos. Lo utilizaremos para sacar espirales y así poder hacer recetas como los espaguetis de verduras. Os vendrá muy bien para la receta de texturas de coliflor que veremos más adelante, donde usaremos el tronco de la coliflor para sacar espirales.

■ La batidora, la licuadora y la procesadora
Antes de hablar de estos pequeños electrodomésticos, conviene aclarar la diferencia entre batir, licuar y procesar, técnicas que normalmente se confunden.

— **Batir:** consiste en trabajar enérgicamente un elemento o preparación para modificar su consistencia, aspecto o color. Batimos para convertir un alimento en líquido conservando su fibra. Hay tres tipos de batidoras: de mano, de vaso y de repostería.

Las batidoras de mano las usaremos principalmente para emulsionar, ya que es más fácil que con ellas no entre aire al usarlas, lo que nos permite unir dos líquidos inmiscibles de manera homogénea. Por ejemplo, una veganesa, que lleva aceite y leche de soja.

Las de vaso son ideales para hacer cremas, tanto calientes como frías. Generalmente, las buenas batidoras de vaso incluyen distintos tipos de vaso que escogeremos en función de la receta que estemos preparando. Uno para una crema de calabacín y otro especial para ingredientes secos, como semillas y frutos secos, muy adecuado al realizar un paté de girasol.

Las batidoras de repostería son aquellas que baten con varillas. Se utilizan para meter aire en elaboraciones como montar nata o merengue veganos.

— **Licuar:** consiste en llevar un alimento a líquido desechando la fibra que contiene.

En los licuados también hay mucha confusión. Existen dos tipos de licuadora: la de centrifugado y la de prensado. Las de centrifugado son más tradicionales, rápidas y, como nos adelanta su nombre, aprovechan la fuerza centrífuga para separar jugo y pulpa.

Las de prensado no son licuadoras propiamente dichas, son extractoras de jugo. Yo las recomiendo porque se obtiene más zumo con ellas y de mejor calidad. Su sistema de prensado mecánico en frío (*cold press*) aplasta las frutas y las verduras lentamente, retardando así su oxidación y manteniendo los nutrientes del jugo intactos.

— **Procesar:** consiste simplemente en desmenuzar o triturar un alimento. Las procesadoras las utilizaremos en bases de tartas o en panes crudiveganos.

Lo ideal sería tener todos estos electrodomésticos, pero si estás empezando y no quieres invertir de momento, tu mejor opción es un robot de cocina que lo incluye todo y algunos hasta amasan.

■ **Bolsas para filtrar**

Tan económicas como útiles para hacer leches y quesos vegetales. Nos permiten desechar los restos que se quedan de los frutos secos y semillas después de batirlos.

■ Coladores chinos

Es un colador de forma cónica y de metal. Para filtrar un caldo vegetal va de maravilla.

■ Pasapurés

Sirven para pasar los alimentos de enteros a puré. No es lo mismo que batirlo. En una salsa de tomate la diferencia entre usar un pasapuré o una batidora se nota no solo en la textura sino también en el sabor. Con el pasapuré se trituran menos las semillas de los tomates y de esta forma no hay ningún elemento que la amargue.

■ Horno

Hay diferentes maneras de hornear según el tipo de horno que utilicemos:

— **Hornos de convección:** estos son los de siempre, incorporan ventiladores dentro del horno que hacen circular el calor de forma homogénea por los alimentos. Son tremendamente útiles, muy versátiles y dan buenos resultados en repostería, pan y cocinado de verduras, aunque con ellos podemos hacer casi todo.

Tenemos otras opciones, pero no son imprescindibles en la cocina de una casa, aunque algunos modelos más modernos cuentan ya con varias alternativas.

— **Hornos de vapor:** incorporan el agua en forma de vapor en la cocción. Las moléculas de agua expanden el calor de forma uniforme por todo el alimento. Es una forma sana de cocinar verduras y da muy buenos resultados para elaborar masas.

— **Hornos de leña:** como habrás adivinado, es el tipo de horneado más antiguo. Generan el calor utilizando la madera como combustible. Son capaces de cocinar a temperaturas muy altas y además incorporan en el alimento el preciado toque de olor a humo.

▪ Ollas y sartenes

— **De titanio:** vaya por delante que son mis favoritas porque sus bondades son innumerables. Cabe destacar que son las más saludables ya que el titanio es el único metal que nuestro cuerpo no rechaza, no en vano, las prótesis que se utilizan en la actualidad en cirugía son precisamente de este titanio.

Si usamos estas ollas y sartenes en nuestros fogones evitamos la presencia de metales pesados en nuestros alimentos cocinados y nuestra salud acabará agradeciéndonoslo.

Otra ventaja es la manera en que las ollas de titanio distribuyen el calor de forma uniforme incluso en la tapa, de manera que la forma de cocinar es incluso parecida a la que conseguimos con un horno. La prueba es que en ellas se pueden hacer incluso bizcochos.

Lo más sorprendente es la mágica rapidez a las que son capaces de cocinar a baja temperatura.

— **De barro:** si bien es cierto que las ollas de barro tardan en alcanzar la temperatura deseada, nos permiten cocinar a fuego muy lento y que se integren muy bien todos los sabores propios de los alimentos de nuestra receta. Una buena cocción de legumbres usando el rescoldo de una invernal chimenea con una trébede y una olla de barro es un verdadero lujo… no se me ocurre nada más *slow*.

Tanto las de titanio como las de barro cuentan con muchas y diferentes ventajas, pero también tienen inconvenientes: las primeras son muy caras y las segundas muy lentas para el día a día. Así que para la cocina aconsejo ollas y sartenes de gama intermedia, siempre que sean de buenos materiales que trasmitan bien la temperatura como el acero quirúrgico y que, además, minimicen los tóxicos que se producen al cocinar.

Por lo general, con tres ollas y tres sartenes de distinto tamaño será suficiente para cocinar en casa. En realidad, todo depende de la cantidad que vayamos a cocinar.

▪ Otras ollas

Las vaporeras consisten simplemente en poner una olla con agujeros en el fondo encima de otra. En la de abajo pondremos agua o algún caldo y en la de arriba el alimento que queramos cocinar al vapor.

Se ha abusado mucho de las ollas a presión porque nos permiten cocinar muy rápido por la altísima temperatura que alcanzan. No las recomiendo para elaborar las recetas de este libro, nosotros apostamos por una cocina lenta cuyo principal ingrediente es la calma.

■ Tazas y cucharas medidoras

Son tazas y cucharas cuya medida estándar nos sirve para cuantificar la cantidad que vamos a usar de un determinado ingrediente en una receta.

Ambas son imprescindibles para hacer algunas recetas de este libro. Son muy fáciles de encontrar en cualquier tienda en la que podamos encontrar menaje.

Cuando nos refiramos a ellas lo haremos según la nomenclatura americana. Esto es, cucharas *Table Spoon* (TBSP) y *Tea Spoon*. (TSP). Las *Table Spoon* serían algo parecido a cucharas soperas y las *Tea Spoon* cucharas de postre, pero siempre siguiendo un patrón estandarizado de medida. Para las tazas hablaremos de CUPs.

La alternativa a utilizar tazas y cucharas medidoras sería una báscula de precisión para pesar cantidades pequeñas, pero es mucho más práctico servirnos de estas herramientas, por lo que siempre que se pueda os daré la medida en tazas y cucharas.

■ Maquinaria opcional

— **Heladera/mantecadora:** se utilizan para hacer helados y sorbetes. Como os expliqué anteriormente, baten y congelan de forma simultánea aportando una cremosidad perfecta a la elaboración.

— **Deshidratadora:** es una máquina simple que consiste en una resistencia que da calor y un ventilador que lo mueve. La deshidratación es una de las técnicas fundamentales en la cocina crudivegana ya que nos permite cocinar sin superar los 41°: por encima de esa temperatura empezamos a perder nutrientes. Con esta técnica conseguimos eliminar el agua que contienen los alimentos. En cuanto a textura y sabor los resultados son realmente sorprendentes. Las texturas son muy parecidas a las del cocinado a temperaturas mucho más altas y, además, como el agua presente en los alimentos desaparece, los sabores no se diluyen y quedan muy concentrados. Si compramos una deshidratadora es conveniente además comprar láminas de paraflex. Son láminas antiadherentes

33

que nos permiten manipular mucho mejor las elaboraciones. Se ponen encima de las bandejas de la deshidratadora y nos permiten manipular mejor las elaboraciones. Se puede deshidratar también con horno dejando la puerta un poco abierta y a una temperatura de 50°, pero esto en realidad genera un coste de electricidad muy alto, mientras que las deshidratadoras apenas consumen.

— **Envasadora al vacío:** en estos últimos años se viene utilizando el envasado al vacío de un alimento sólido con algún líquido, caldo, jugo o salsa como técnica para integrar sus sabores. Es como una maceración, pero más potente. Sin embargo, su uso más tradicional sigue siendo el más útil: sellar preparaciones para conservarlas en el refrigerador o en el congelador. Con ello, además de aportarnos orden en la nevera, evitamos que nuestras elaboraciones fermenten al no tener contacto con el oxígeno del aire. Hay bolsas para envasar al vacío que permiten cocinar con ellas. Las usaremos más tarde para hacer algunas recetas.

— **Roner:** al igual que las deshidratadoras consisten en una pequeña resistencia, pero en este caso lo que calienta y mueve es el agua y no el aire. Es una de las mejores opciones para cocinar alimentos envasados al vacío. Las verduras quedan muy ricas, pero algunas de ellas pueden tardar en cocinarse por su alto contenido en almidón. Aun así, merece la pena, ya que al cocinar de esta forma no se evaporarán los jugos propios de las verduras y frutas; es como hacer al horno un *papillote* de verduras que, al cocinarse tapadas, se cuecen sin perder jugos y se potencia su sabor.

— **Plancha:** consiste en poner una placa de metal encima de una fuente de calor y dejar que alcance una temperatura de unos 210°. Al cocinar a la plancha es importante no cocinar todos los vegetales a la vez porque cada alimento tiene su tiempo de cocinado, una cebolla tarda más que unos champiñones, por ejemplo.

— **Barbacoa:** por lo general siempre se usan para hacer carne y pescados, pero en realidad hay verduras que quedan muy bien en la barbacoa, como unos buenos *calçots*. Podemos también macerar verduras antes de meterlas en la barbacoa y el resultado es delicioso porque a la maceración le estaremos añadiendo el sabor a humo. Es importante saber alejar los vegetales del fuego lo suficiente para lograr una buena cocción, siempre con rescoldo y nunca con llama.

— **Soplete de cocina:** es una herramienta que crea una llama potente y es perfecto para fundir, dorar coberturas y caramelizar azúcar.

Ingredientes

Sería imposible detallar en profundidad todos los ingredientes que he usado en este libro. Sin embargo, me parece importante señalar la trascendencia que tiene el uso de ingredientes de proximidad, de temporada y, a ser posible, ecológicos en la cocina.

Una de las características fundamentales de la cocina *slow* radica precisamente en que los ingredientes sean buenos, limpios y justos.

Con «buenos» se hace alusión a que los procesos de producción no deben alterar el carácter natural de un determinado ingrediente.

Con «limpio» se hace referencia al hecho de que en todos los procesos que están implicados en la producción, comercialización y consumo de los alimentos deben ser respetuosos con el medio ambiente.

Y con «justos» se alude al hecho de que en todos los procesos se debe respetar la justicia social, es decir, los alimentos deben ser respetuosos con el Hombre y sus Derechos.

En mi opinión, la cocina vegana debería estar también regida por estos mismos principios. A pesar de creer que seguirlos de manera rigurosa es prácticamente inviable, estoy firmemente convencido de que la opción de buscar alimentos que al menos se aproximen a estos principios, nos acerca a seguir una alimentación que, además de ser beneficiosa para nuestra salud y bienestar, apuesta por construir un mundo mejor.

Cuando elaboro un plato, siempre intento que la mayoría de los ingredientes que lo conforman cumplan con este esquema de «bueno, limpio y justo». Aunque en determinados momentos me tome algunas licencias que evidentemente se alejan de esto, por lo general, intento que los ingredientes que utilizo sean lo más naturales posible.

Puede que el lector piense al leer estas líneas que el planteamiento de hacer una cocina vegana y además regida por estos principios resulta limitado. En realidad, al recopilar todos los ingredientes que he usado en este libro, me doy cuenta de que nada más lejos de la realidad. No solo no es limitado, de hecho, cocinar así es tremendamente divertido y ofrece infinitas posibilidades. Es tal la cantidad de ellos, que a la hora de organizarlos he tenido que crear mi propia taxonomía.

Los he dividido en:

Frutas.	Plantas salvajes y setas.	Endulzantes.
Verduras y hortalizas.	Algas y plantas marinas.	Grasas.
Semillas y frutos secos.	Especias y saborizantes.	Sales.
Legumbres.	Alcoholes.	Fermentos y levaduras.
Cereales y harinas.	Lácteos vegetales.	Proteínas.
Hierbas aromáticas.		

■ Frutas

En líneas generales, podemos decir que son los frutos de algunas plantas. Son perfectas para acompañar algunos platos, pero especialmente los postres. Actualmente se venden un sinfín de aromas a frutas, e incluso purés o jugos ya elaborados. Personalmente, me gusta hacerlos yo mismo; si hay que batir una fruta, la bato, pero no compro el batido ya hecho. Prefiero usar las frutas así porque el plato resulta mucho más natural.

Las frutas contienen gran cantidad de agua y azúcares simples, además de vitaminas, sales minerales, proteínas, etc. Su alta concentración de azúcares simples las hace perfectas para postres e incluso podríamos usar las frutas muy maduras como endulzantes.

■ Verduras y hortalizas

El término «verdura» no posee un origen botánico, es más bien una palabra común, derivada de la predominancia de su color verde, que empleamos para designar a plantas o a partes de plantas, e incluso a hortalizas. Muchas veces contamos erróneamente dentro de esta clasificación también a los tomates, que en realidad son una fruta.

De cualquier forma, es el grupo que más utilizo en este libro y con el cual más identifico mi cocina. Calabacines, chirivías, bulbos de hinojo, raíces y tubérculos como la patata, el jengibre o la galanga…

Dentro de este grupo podríamos incluir otros ingredientes que sin embargo he clasificado por separado, como las plantas marinas y algas, las hierbas aromáticas o las plantas salvajes, que si bien se las puede considerar también «verduras», por la relevancia que alcanzan en mi cocina he decidido que merecen un grupo propio.

■ Semillas y frutos secos

Anacardos, semillas de calabaza, lino dorado, nueces, nueces de macadamia, almendras, coco (es un fruto seco), piñones, castañas, cacao, café, pistachos, avellanas..

Algunas de estas semillas tienen sorprendentes utilidades: por ejemplo, cuando remojamos el lino exuda gran cantidad de mucílago, una sustancia con una textura similar a la de la clara del huevo. Si bien es cierto que para cocinar no tiene, ni con mucho, las mismas posibilidades porque no cuaja, en crudo puede aportar al plato un efecto realmente parecido al de la clara de huevo. Es ideal para hacer tartares, por ejemplo.

Otra semilla que nos vamos a encontrar en algunas recetas es la quinoa. Muchos la consideran un cereal, pero en realidad es una semilla andina. Sus tres variedades principales son la quinoa blanca, la negra y la roja, aunque existen otras muchas variedades. Su consumo se ha popularizado en Europa en parte debido a la consideración de superalimento que se le viene dando. Suelo usarla como elemento más bien neutro en sabor en algunas recetas.

El coco es un fruto seco con muchísimas aplicaciones en la cocina vegana. Podemos usar su pulpa para deshidratar y dar elasticidad a los deshidratados. Podemos fermentarla y aportar sabor a queso o a yogur en los platos. Podemos incluir el agua de coco en postres, hacer leche con su pulpa y añadirla a sopas o cremas. El coco es realmente versátil.

Dentro de los frutos secos, destacaría dos como mis favoritos:

— La avellana, quizá porque mentalmente la tengo unida al chocolate y me parece una deliciosa combinación. Adoro, por ejemplo, la tarta Ferrero Rocher que hacemos con *praliné* de avellanas.

— Las castañas. Perfectas en guisos o simplemente asadas.

■ Legumbres

Consumo muy pocas legumbres en mi día a día porque me resultan algo indigestas, tal vez por eso también las cocine menos. Sin embargo, me encantan. Unos buenos judiones en invierno me parecen un auténtico manjar.

En este libro he usado solamente dos clases: *ceci neri*, un garbanzo negro de la Murgia, y lentejas. Como norma general, cocino todas las legumbres a fuego muy lento, dejando que se vayan haciendo muy poco a poco.

■ Cereales y harinas

Uno de los cereales más usados es el arroz y en este libro vais a encontrar distintas variedades:

— Arroz negro: es uno de mis arroces predilectos. En la antigua China estaba reservado para el emperador y las clases nobles. Es un tipo de arroz muy poco glutinoso lo que hace que al cocinarlo el grano salga muy separado, muy suelto.

— Arroz rojo: muy popular en Tailandia. Su grano es largo y delgado. Tiene la peculiaridad de ser un arroz salvaje que nace de forma espontánea en las plantaciones de arroz blanco.

— Arroces de *risotto*: Existen dos variedades que son perfectas para este plato: El arroz arborio y el carnaroli.

Como cereal he usado también la avena, pero en este caso en copos, que es la forma más común de consumir avena. Para producirlos es necesario tostar el grano y luego cocinarlo al vapor. Aunque principalmente se use para desayunos, en cocina vegana se le pueden dar multitud de usos. Al hidratar los copos, se ablandan y se pueden emplear para realizar muchas recetas, por ejemplo, para elaborar albóndigas o como relleno de un embutido. Si bien la avena no debería contener gluten, las personas celíacas deben ser cautelosas con este cereal dado que las plantaciones de avena pueden estar contaminadas por otras plantaciones con gluten. Además, la avena contiene proteínas similares a las gliadinas del trigo, denominadas aveninas que pueden provocar reacciones en algunas personas celíacas.

En este libro podéis encontrar distintos tipos de harinas:

— Harinas de trigo, blancas o integrales. La diferencia entre harinas blancas e integrales es que en estas últimas el trigo conserva su salvado. Ambas pueden tener más o menos fuerza, es decir, más o menos gluten. En función de la fuerza tendremos que tener en cuenta dos parámetros:

- — La hidratación: cuanta más fuerza tenga una harina, más líquido necesitará para hacer una masa.
- — La fermentación: cuanta más fuerza tenga una harina más tiempo precisará para su fermentación.

— Harinas sin gluten: Al no tener gluten no tienen fuerza. Son masas además poco elásticas; por ello suele ser conveniente usar ingredientes que les otorguen características parecidas al gluten, como almidones de tapioca o patata. Dentro de estas usaremos: harina de maíz y harina integral de arroz.

■ Hierbas aromáticas

Son plantas perfectas para condimentar platos. Uso frecuentemente el tomillo, el romero, la albahaca, el laurel y el perejil.

■ Plantas salvajes y setas

En esta categoría he agrupado plantas y setas poco comunes en cocina que han caído en desuso y que nacen de forma salvaje en la naturaleza.

Con el paso del tiempo y el desarrollo de la agricultura cada vez comemos menos variedades de hojas y verduras. La propia industria selecciona aquellas variedades más susceptibles de ser cultivadas y las potencia en el mercado. Como resultado nos encontramos con que ciertas plantas han desaparecido de nuestra cultura y nuestra dieta. En este libro nos vamos a encontrar con cardillos, collejas, criadillas de tierra, senderuelas, *perretxikos*, níscalos...

■ Algas y plantas marinas

Siempre se dice que las algas marinas son las verduras del mar, no obstante, no a todas las plantas de los mares se las puede considerar algas. A grandes rasgos, las algas son organismos más simples, no tienen una verdadera raíz, tallo, hojas o tejido vascular, y su forma de reproducción es más simple.

En este libro he usado la lechuga de mar, el alga *kombu*, fitoplancton marino, codium y salicornia. Me encanta usar estos ingredientes como forma de acompañamiento para mis platos. Y de todas ellas mi preferida es el alga codium por su acentuado sabor a mar.

■ Especias y saborizantes

Las especias y saborizantes son capaces de transformar por completo el sabor de un plato.

Vamos a encontrar multitud de ellas en este libro: cayena, ajo granulado, chiles, pimentón, té negro ahumado… O incluso mezclas de especias como el *shichimi togarashi*.

Como norma general, si la especia no está molida, antes de usarla la tuesto en la sartén. Si está molida la añado directamente a lo que esté cocinando.

■ Alcoholes

Me encanta usar bebidas alcohólicas para cocinar. Normalmente las dejo cociendo un rato para dejar que el alcohol se evapore, no obstante, esto no tiene por qué ser siempre así, de hecho, encontraréis más adelante una trufa en la que uso *amaretto* sin cocinarlo previamente. Además del amaretto, en este libro he usado ron, *mirin*, vino tinto y vino blanco.

■ Lácteos vegetales

Uno de los retos que se plantean al cocinar solamente con plantas es la sustitución de ingredientes animales por ingredientes vegetales. En el caso de los lácteos es muy fácil reemplazarlos.

Veréis más adelante recetas para hacer quesos vegetales. Pero, además, tenemos a nuestra disposición en el mercado multitud de leches vegetales (incluso en polvo) natas veganas y quesos vegetales.

En este libro he usado natas de dos tipos: natas de soja de repostería capaces de montar y natas de arroz para cocinar.

En el caso de las leches, uso todos los tipos, aunque con mayor frecuencia las elaboradas a partir de frutos secos. Muchas veces incluso las hago yo, de manera muy sencilla. Casi siempre basta con batir agua con un determinado fruto seco y después filtrarlo y endulzarlo.

■ Endulzantes

Disponemos en el mercado de muchísimos tipos de endulzantes, muchos más de los que pensamos, desde simples frutas capaces de dulcificar un postre hasta diversos tipos de azúcar y multitud de siropes.

El endulzante principal que he usado en este libro es el azúcar blanco, aunque en algunas recetas he utilizado glucosa líquida (un jarabe de glucosa que se obtiene del maíz) y siropes de agave y arce. Aunque no los encontremos en este libro, me encantan también los azúcares de palmira y coco.

■ Sales

En la mayoría de las recetas al indicar los ingredientes hago referencia a la expresión «sal al gusto». En efecto, el gusto por la sal varía para cada persona; hay a quienes nos gustan las cosas más saladas, y a quienes nos gustan menos saladas. Además, la cuestión se va complicando en función del tipo de sal que usemos ya que no todas tienen la misma capacidad para salar. Si usamos sal del Himalaya, por ejemplo, tendremos que usar algo más de sal que si usamos sal marina o de roca comunes.

Mis sales preferidas para cocinar son las sales marinas, con especial predilección por la sal de Guérande, una sal marina de altísima calidad, sin refinar y sin ningún tipo de aditivo, secada directamente al sol. Procede de la Bretaña francesa y está recogida a mano siguiendo la tradición de los antiguos celtas. Tiene una capacidad de salar bastante alta, de modo que no hay que usar mucha cantidad. Pero si vamos a cocinar a la brasa, la reina indiscutible es la sal en escamas, perfecta para esta técnica.

■ Grasas

Una de las piezas claves para mí a la hora de cocinar es la grasa. Disponemos de muchísimas grasas vegetales con sabores totalmente distintos.

Además, las grasas pueden tener finalidades muy distintas a la hora de aplicar una técnica de cocina u otra. Podemos freír con aceites de girasol y oliva, usar aceite de coco para hacer una tarta crudivegana compacta, etc.

En este libro he usado las siguientes:

— Aceite de oliva virgen extra: los hay de distintas variedades en función del tipo de oliva que usemos. Mi variedad favorita es la cornicabra por el picor final que permanece en el paladar.

— Aceite de girasol: lo uso fundamente para freír ingredientes en postres. Lo hago a alta temperatura de modo que el aceite no se impregne en la fritura más de lo deseado.

— Margarina: únicamente para postres. No todas las margarinas son veganas, de hecho, la gran mayoría no lo son; de forma que si nuestra intención es practicar una cocina 100% vegetal tendremos que tener cuidado al comprarla. Si bien yo la uso solamente para repostería también es posible freír con ella. Mi opinión personal es que disponiendo de aceite de oliva me parece un crimen usar margarina. Es uno de esos ingredientes que para mí son una licencia. Está demasiado procesada como para poder considerarlas *slow*.

— Manteca de cacao: es una de las grasas reinas del mundo vegetal junto a la de coco. Es perfecta para hacer chocolate blanco (junto con leches vegetales en polvo).

— Aceite de coco: lo uso principalmente para repostería también. Al igual que la manteca de cacao es una grasa que compacta con el frío y se hace líquida con el calor. Eso la hace perfecta para dar consistencia a postres crudiveganos cocinados por debajo de los 41°.

— Lecitina de soja: es un fosfolípido perfecto para facilitar mezclas homogéneas entre ingredientes.

■ Fermentos y levaduras

Existen distintos tipos de fermentaciones, las veremos algo más en profundidad en el apartado de cocina a 20 – 25°. No obstante, los fermentos constituyen para mí ingredientes en sí mismos para cocinar.

En este libro vamos a encontrar muchísimos, entre ellos:

— Salsa de soja: es soja fermentada, las hay de muchos tipos las que más utilizo son el *shoyu* y el *tamari*. Me gusta más el sabor del *shoyu*, es algo más sutil, pero utilizo mucho las dos. Suelo usar el *tamari* cuando mezclo la salsa de soja junto a otros ingredientes.

— *Tempeh*: es otro fermentado de soja. Pero se puede hacer con otras legumbres siguiendo el mismo procedimiento utilizado para fermentar soja. En este sentido me gusta más usar *tempeh* con legumbre más «nuestras» como garbanzos. El *tempeh* suele tener un sabor fuerte. Una de las cosas que suelo hacer es comprarlo macerado en salsa de soja; si no encuentro lo macero yo mismo dejándolo a remojo en la salsa de soja durante una noche.

— Miso: es otro fermento de la soja aunque también se puede hacer con otras legumbres. Es un ingrediente que me encanta usar porque refuerza mucho el sabor de los caldos.

— Vinagre: procede de fermentaciones acéticas en las que se transforma el alcohol en ácido acético. Al seguir la tradición Italiana en mi cocina me encanta el vinagre de Módena.

▪ Proteínas

Uno de los aspectos que más han despertado mi interés en esta última parte de mi carrera profesional es el descubrimiento de determinadas proteínas que pueden llevarnos a solventar uno de los mayores retos a los que nos enfrentamos en la cocina vegana: la sustitución del huevo por ingredientes 100% vegetales. El huevo se utiliza en infinidad de recetas por sus múltiples y especiales propiedades: es emulsionante y perfecto para hacer mayonesas, por ejemplo. Es espumante, batido enérgicamente monta y permite hacer *mousses,* merengues... Es coagulante y gelificante, y con él se pueden hacer geles como una crema catalana. Pues bien, gracias a las proteínas de soja y de patata conseguimos resultados parecidos. Ambas reúnen las tres características anteriores: son espumantes, emulsionantes, coagulantes; y además son completamente vegetales.

Cada día estamos más cerca de conseguir superar retos que nos acerquen a nuestro objetivo: una cocina «buena, limpia y justa».

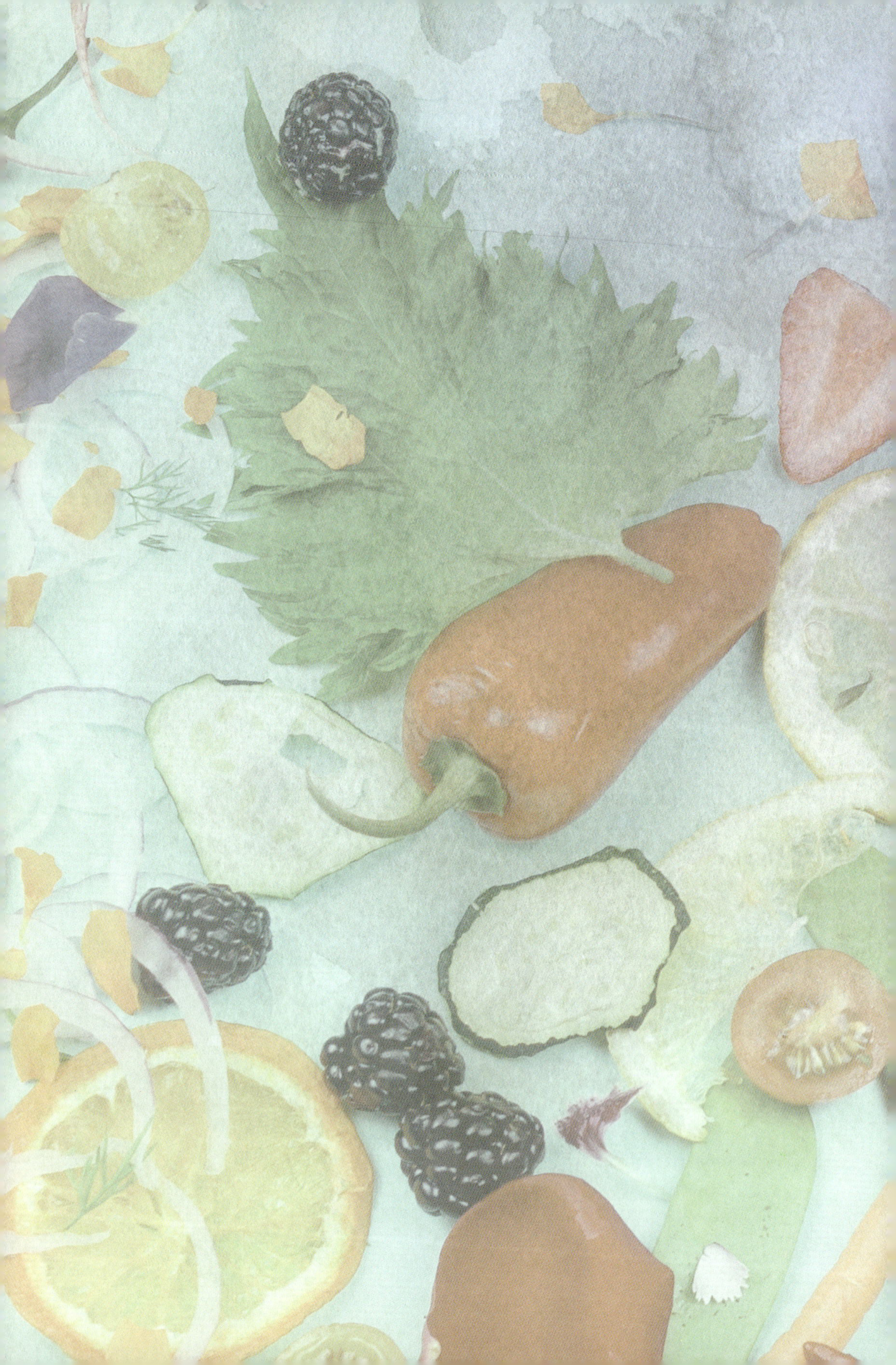

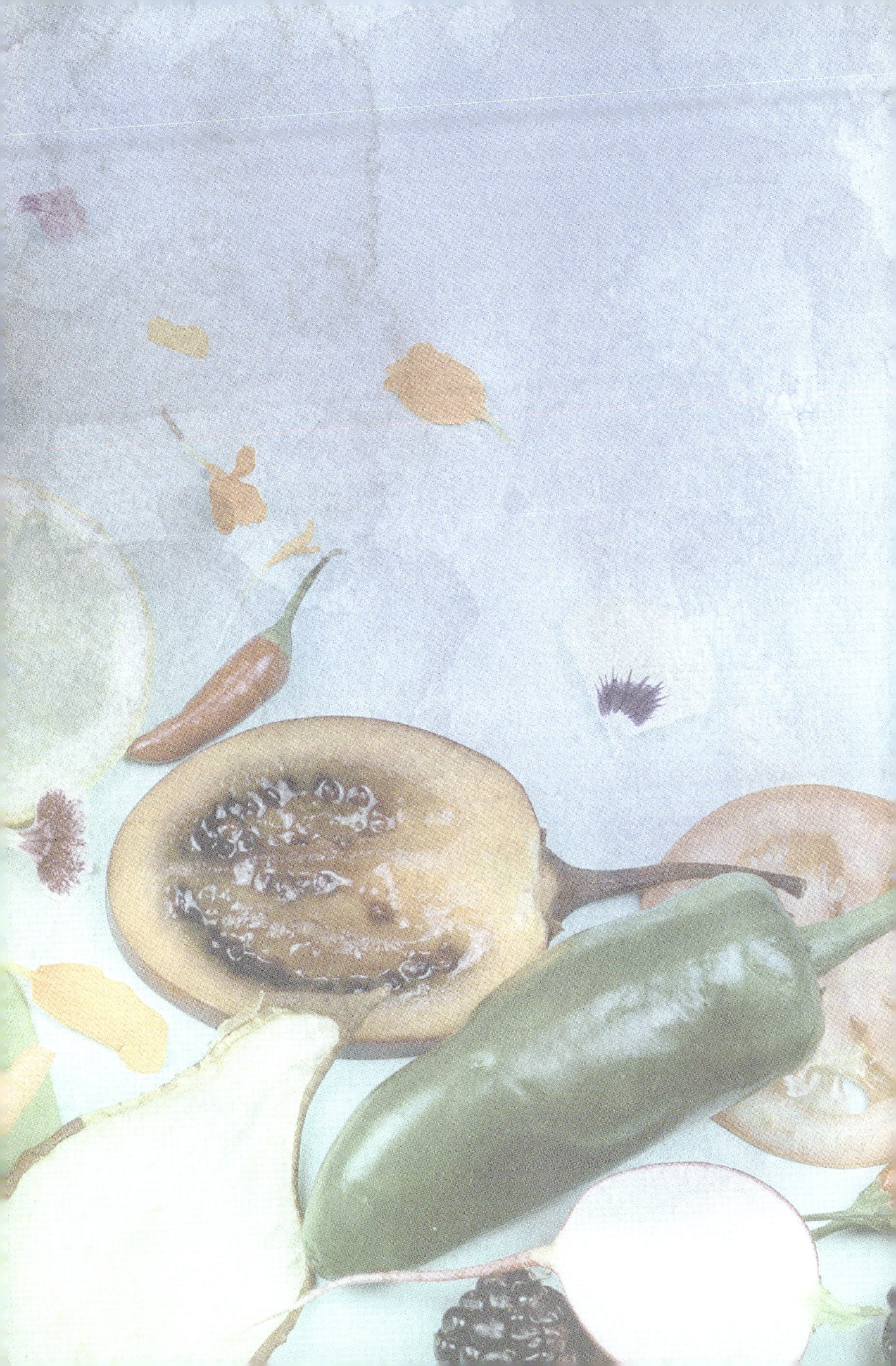

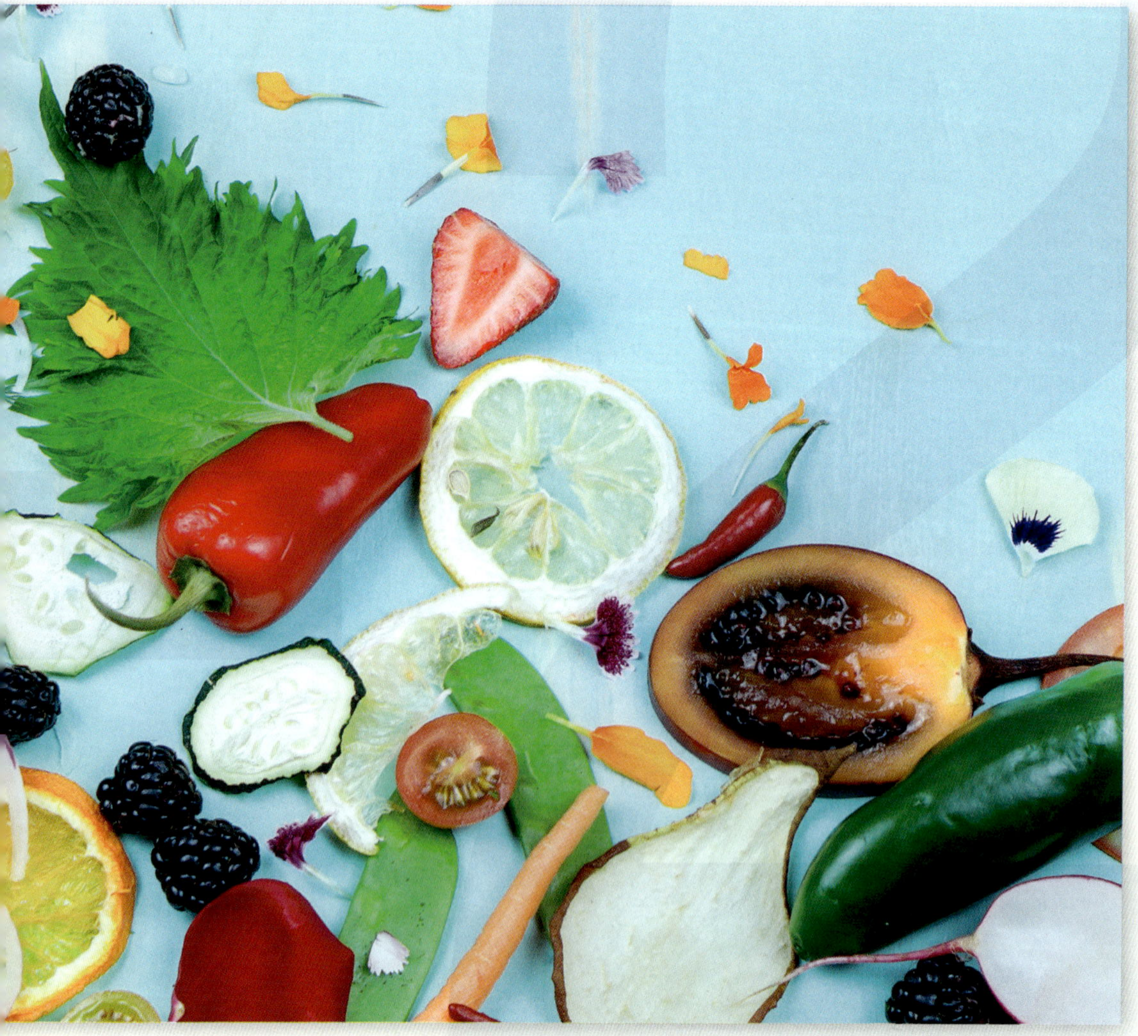

-20°
slow vegan

Compensar bien una receta para hacer un helado vegano es una tarea más compleja de lo que pueda parecer. Es necesario un perfecto equilibrio entre los distintos componentes del helado, buscando una textura aterciopelada en la elaboración; no pueden quedar cristales de congelación en el resultado final. La manera de conseguirlo en casa es eligiendo una de estas dos formas:

• Batir los ingredientes, congelarlos y volverlos a batir una vez congelados en una batidora con potencia suficiente.

• Utilizar una heladera doméstica que, a la vez que bate, congela la preparación, evitando que queden cristales en el proceso y además acorta el tiempo de elaboración de nuestro helado.

Los helados veganos se elaboran mezclando cuatro tipos de componentes: uno acuoso, uno graso, uno azucarado y otro neutro.

• **Acuoso**: generalmente zumos o batidos de frutas y verduras.

• **Graso**: natas veganas de repostería, mantecas, aceites vegetales, *pralinés*.

• **Azucarado**: azúcar, glucosa, siropes.

• **Neutro**. Es el componente que nos ayuda a emulsionar y estabilizar. Por lo general, suele utilizarse yema de huevo. En nuestro caso podemos usar: lecitina de soja, proteína de soja, o algunos almidones: tapioca, maicena o incluso algunos más procesados como la xantana.

En cada receta, escogeremos la óptima combinación de componentes para un resultado delicioso y refrescante.

Gazpacho de sandía con helado de mojito

-20°

Para 4 personas.

Preparación: 6 horas, si congelamos el sorbete en el congelador; o 30 minutos, aproximadamente, en heladera.

En Pizzi&Dixie suelo hacer dos cambios al año en la carta: uno significativo, en septiembre, para incluir las recetas elaboradas con productos de otoño; y otro en verano, para presentar más platos fríos. Esta receta me parece un perfecto maridaje de sabores, por eso ha sido una de las últimas incorporaciones en Pizzi&Dixie para esta temporada estival. Eso sí, en el restaurante no le ponemos ron al sorbete para que el plato sea apto para niños.

Ingredientes

■ PARA EL GAZPACHO DE SANDÍA:
- 800 g de sandía.
- 10 g de pepino pelado.
- 12 g de ajo.
- 30 g de cebolla.
- 30 g de pimiento verde.
- 250 g de hielo.
- 1 chorrito de aceite de oliva virgen extra.
- 1 chorrito de vinagre de manzana.
- Sal al gusto.

■ PARA EL SORBETE DE MOJITO:
- 200 ml de leche de soja.
- 200 g de azúcar.
- 30 g de maicena.
- El jugo de 5 limas.
- 40 g de hierbabuena.
- 20 ml de ron blanco.

Recetas

■ Para el gazpacho:
- Bate todos los ingredientes juntos en una batidora de vaso. Preferiblemente, en un vaso para líquidos.

■ Para el sorbete sin heladera:
- Bate el jugo de las limas, el ron y la hierbabuena en una batidora de vaso. Usa un vaso para ingredientes secos.
- Pon en una olla la leche de soja, el azúcar y la maicena y llévalo a ebullición.
- En cuanto hierva, retíralo del fuego y mézclalo en un bol con el batido de ron, lima y azúcar.
- Pon agua con hielo en un recipiente, coloca el bol encima y deja que atempere durante una hora.
- Mete el bol en el congelador y deja que se congele durante seis horas.
- Sácalo del congelador y bátelo en una batidora de vaso. Preferiblemente, usa un vaso para ingredientes secos.

■ Para el sorbete con heladera:
- Introduce la mezcla en la heladera y deja que se haga el helado durante treinta minutos aproximadamente.

■ Emplatado:
Podemos emplatar esta receta poniendo una bola del sorbete en el centro del gazpacho y decorar con brotes.

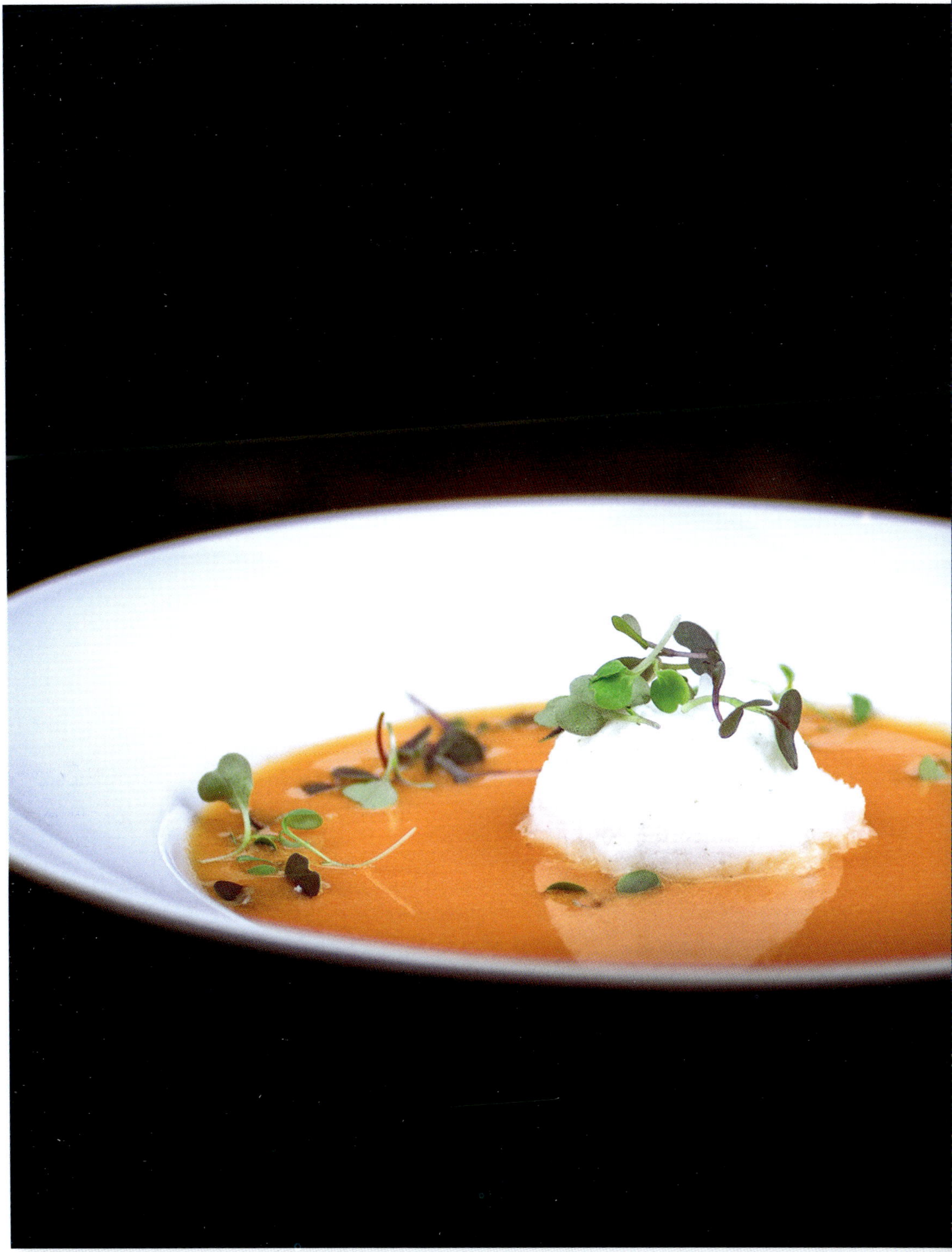

Helado de espárrago blanco

-20°

Para 800 g de helado.   Preparación: 1 hora y 30 minutos, aproximadamente. Siete horas sin heladera.

Esta es una receta que me encanta. Fue una creación que elaboré junto a Pedro Larumbe para un evento con hierbas salvajes que celebramos en Pizzi&Dixie. En aquella ocasión, pusimos el helado de espárrago sobre una crema fría de guisante y pamplina. El resultado fue espectacular.

Ingredientes

– ½ litro de nata vegana para montar.
– 70 g glucosa líquida (en caso de no tener, se puede sustituir por un almíbar).
– 250 g de crema de espárragos blancos.
– ½ TSP de lecitina de soja.

Recetas

Para la crema de espárragos:
- Pela 250 g de espárragos blancos.
- Ponlos en una olla con abundante agua y hiérvelos a fuego medio durante veinte minutos.
- Bátelos junto con 100 ml de agua. Preferiblemente, usa una batidora de vaso.
- Pon la mezcla en un recipiente y déjalo a remojo en agua con hielo durante una hora para atemperarla.

Para el helado con heladera:
- Mezcla todos los ingredientes en un cuenco. En caso de no disponer de glucosa líquida puedes hacer un almíbar. Para ello tendrás que hervir, a fuego lento, 200 g de azúcar con 40 ml de agua. Mueve la mezcla hasta que hierva y entonces, retírala del fuego.
- Pon el cuenco sobre un recipiente de agua con hielo para enfriar la mezcla. Tardaremos una hora más o menos.
- Pon la mezcla atemperada en una heladera hasta que se congele y espese. Llevará unos treinta minutos.

Para el helado sin heladera:
- Bate todos los ingredientes. En caso de no disponer de glucosa líquida puedes hacer un almíbar. Para ello tendrás que hervir a fuego lento 200 g de azúcar con 40 ml de agua. Mueve la mezcla hasta que hierva y entonces, retírala del fuego.

- Añade la mezcla a un recipiente apto para congelar y métalo en el congelador.
- Pasadas seis horas, sácalo y bate la mezcla en una batidora de vaso, preferiblemente, en el de ingredientes secos.

Emplatado:
Me parece una bonita idea emplatarlo junto con láminas de espárragos trigueros cortadas muy finas.

Helado de fresa con manteca de cacao

-20°

Para 1,5 litros de helado.   *Preparación: 11 horas y 30 minutos con heladera. 7 horas sin heladera.*

Como ya sabemos, los helados llevan en su fórmula un componente graso responsable de aportarles su cuerpo y cremosidad característicos. En esta receta, añadiremos a tal efecto la manteca de cacao. He de confesar que el único motivo por el que la elegí para este helado es mi debilidad por el maridaje fresa-chocolate, una combinación difícilmente superable.

Ingredientes

– 100 g de manteca de cacao.
– 500 g de fresa.
– 140 g de anacardos.
– 200 g de azúcar.
– 520 g de leche de soja.

Recetas

■ Con heladera:
- Pon la leche de soja a cocer hasta que rompa a hervir y retírala del fuego.
- Bátela, junto con el resto de ingredientes, en una batidora de vaso, usa el de ingredientes líquidos.
- Deposita el batido en un cuenco y ponlo sobre un recipiente de agua con hielo para enfriar la mezcla. Tardarás en enfriarla una hora, más o menos.
- Pon la mezcla atemperada en una heladera hasta que se congele y espese. Llevará unos treinta minutos.

■ Sin heladera:
- Pon la leche de soja a cocer hasta que rompa a hervir y retírala del fuego.
- Bátela, junto con el resto de ingredientes, en una batidora de vaso, usa el de ingredientes líquidos.
- Pon la mezcla en un recipiente apto para congelar y deja que se congele unas seis horas.
- Saca el helado del congelador y bátelo en una batidora de vaso, usa el vaso para ingredientes secos.

■ Emplatado:
Lo pondremos en un cuenco, y esparciremos pétalos de flor por encima.

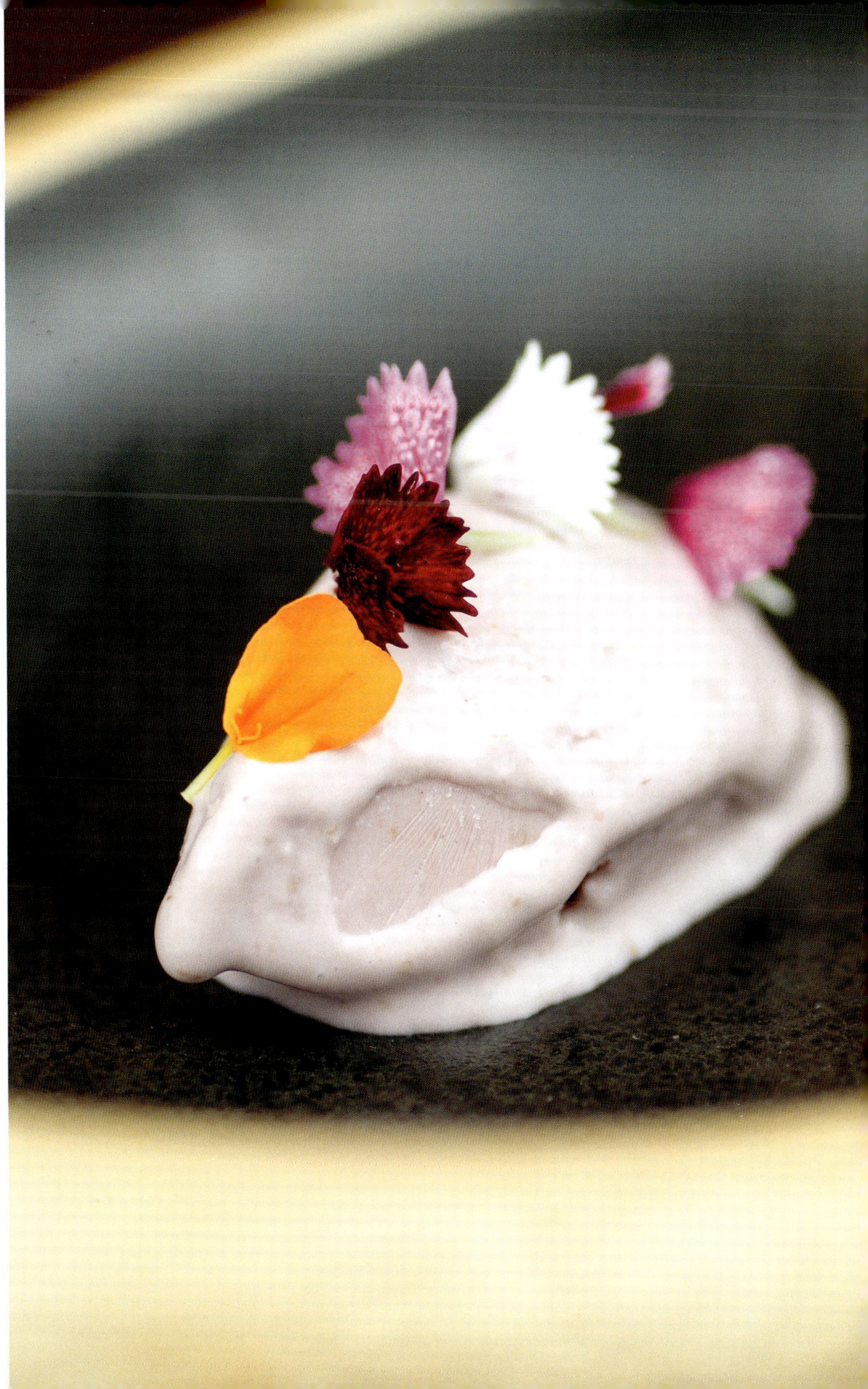

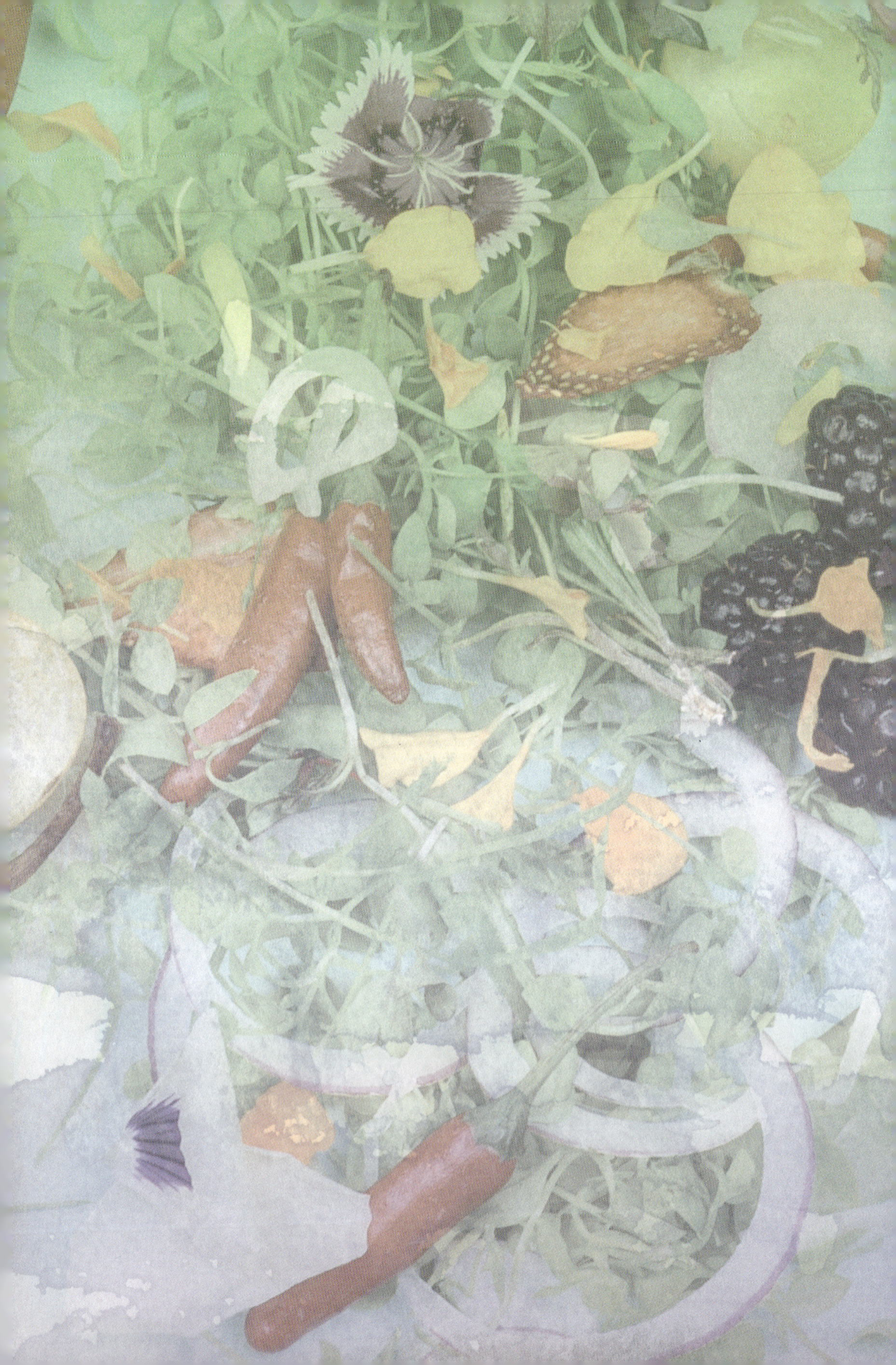

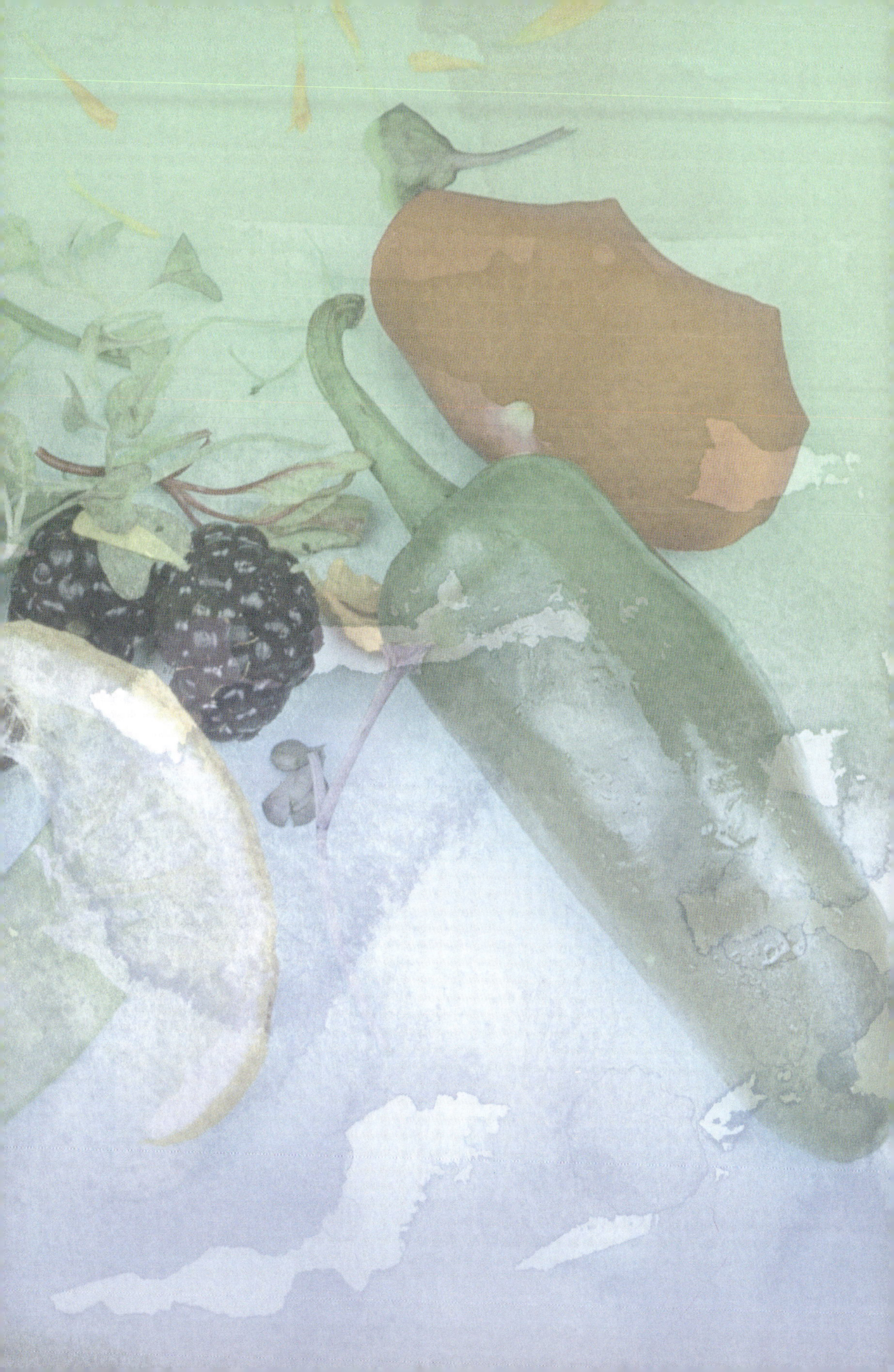

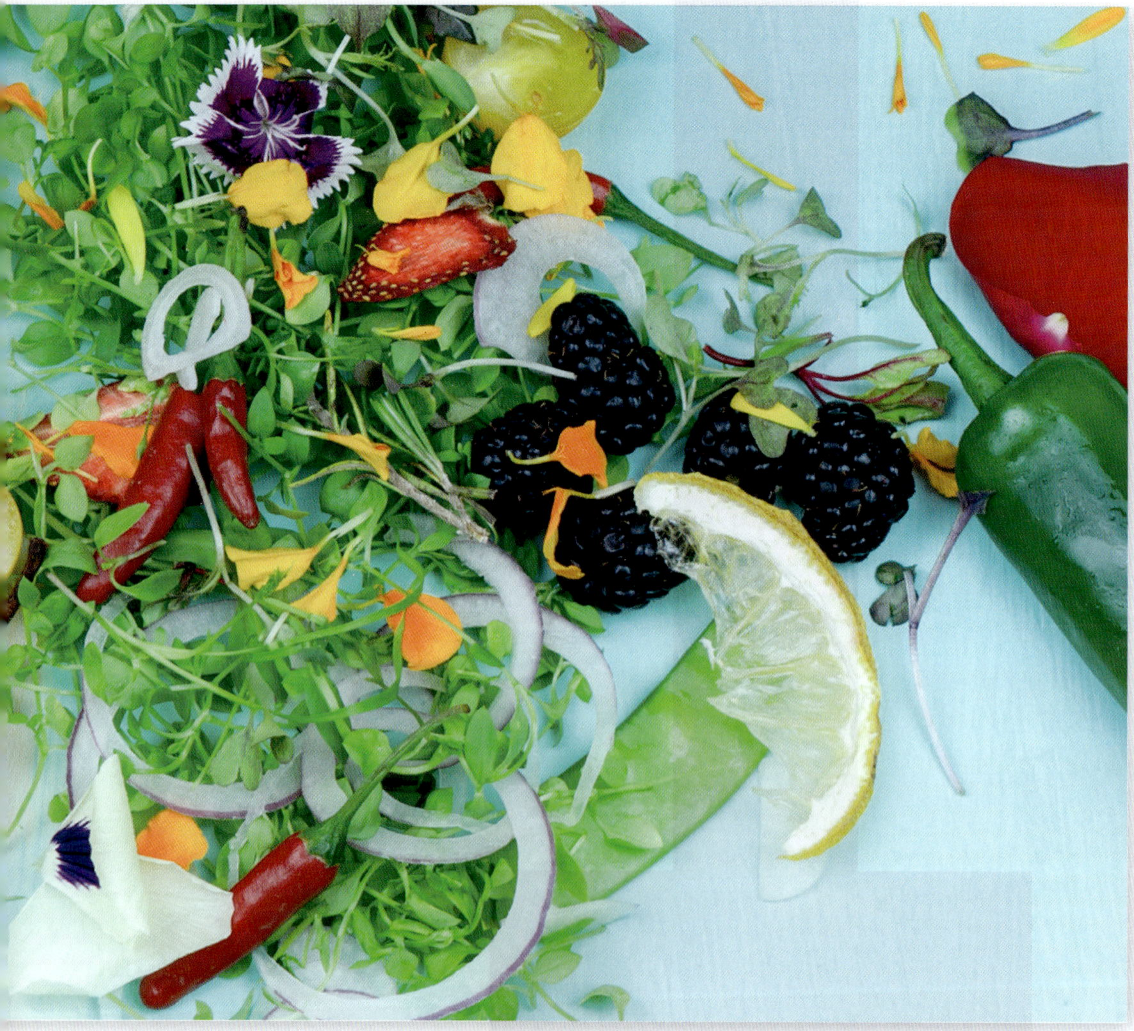

10°
slow vegan

En estas recetas vamos a manipular frutas y verduras según salen de la nevera. Por lo general, la temperatura óptima a la que debe mantenerse el frigorífico para conservar vegetales es entre 2 y 5 grados. He elegido 10° para esta clasificación porque calculo que es la temperatura a la que salen los ingredientes del refrigerador.

Las técnicas que vamos a ver en esta parte son, principalmente, tres de cocina en crudo: **batir, triturar** y **licuar**. Son técnicas sencillas, pero con ellas se puede hacer de todo, desde ensaladas y cremas frías hasta lasañas y tartas.

Os recuerdo que batir lo haremos con batidora: de mano, de vaso, de varillas. Triturar lo haremos con una procesadora. Licuar lo haremos con licuadora o extractor de jugos.

En algún punto de este capítulo veremos también una pincelada de cocina molecular y aprenderemos cómo hacer esferas con alginato y gluconolactato de calcio.

Crema de almendras con tartar de tomate y aguacate

Para 4 personas.   *Preparación: 15 minutos.*

La almendra es un fruto seco muy mediterráneo, muy nuestro. Cada octubre, cumplimos con la tradición de recoger, una a una, las almendras que nos ofrecen los almendros de mi pueblo. Les quitamos la cáscara y las ponemos a remojo para ablandarlas y poder quitarles la piel. Después las freímos con sal y las servimos como aperitivo en Pizzi&Dixie, pero antes reservo siempre una buena cantidad para hacer esta receta.

Ingredientes

PARA LA CREMA:
- *200 g de miga de pan.*
- *150 g de almendras peladas.*
- *1 diente de ajo grande o dos medianos.*
- *½ vaso de aceite de oliva virgen extra.*
- *25 ml de vinagre de manzana.*
- *1 litro de hielo.*
- *Sal al gusto.*

PARA EL TARTAR:
- *2 tomates pera.*
- *½ cebolla morada.*
- *1 aguacate maduro.*
- *1 chorrito de salsa de soja.*
- *10 g de alga wakame fresca.*
- *Sal al gusto.*

Recetas

Para la crema:
- Bate todo en una batidora de vaso. Es preferible usar un vaso para líquidos.
- Conserva en la nevera.

Para el tartar:
- Pela y despipa los tomates. Córtalos en *brunoise*, en cuadrados de 2 mm de grosor.
- Pela y corta en *brunoise* la cebolla.
- Pon las dos cosas en un bol y añade la salsa de soja y el alga *wakame*.
- Corta el aguacate en dados de 1 cm.

Emplatado:
Dispondremos un aro pequeño en el centro de un plato sopero. Pondremos el aguacate en la base dentro del aro. Encima el resto del tartar. Quitaremos el aro y a continuación podremos la crema en una jarra y la volcaremos en el lateral del plato.

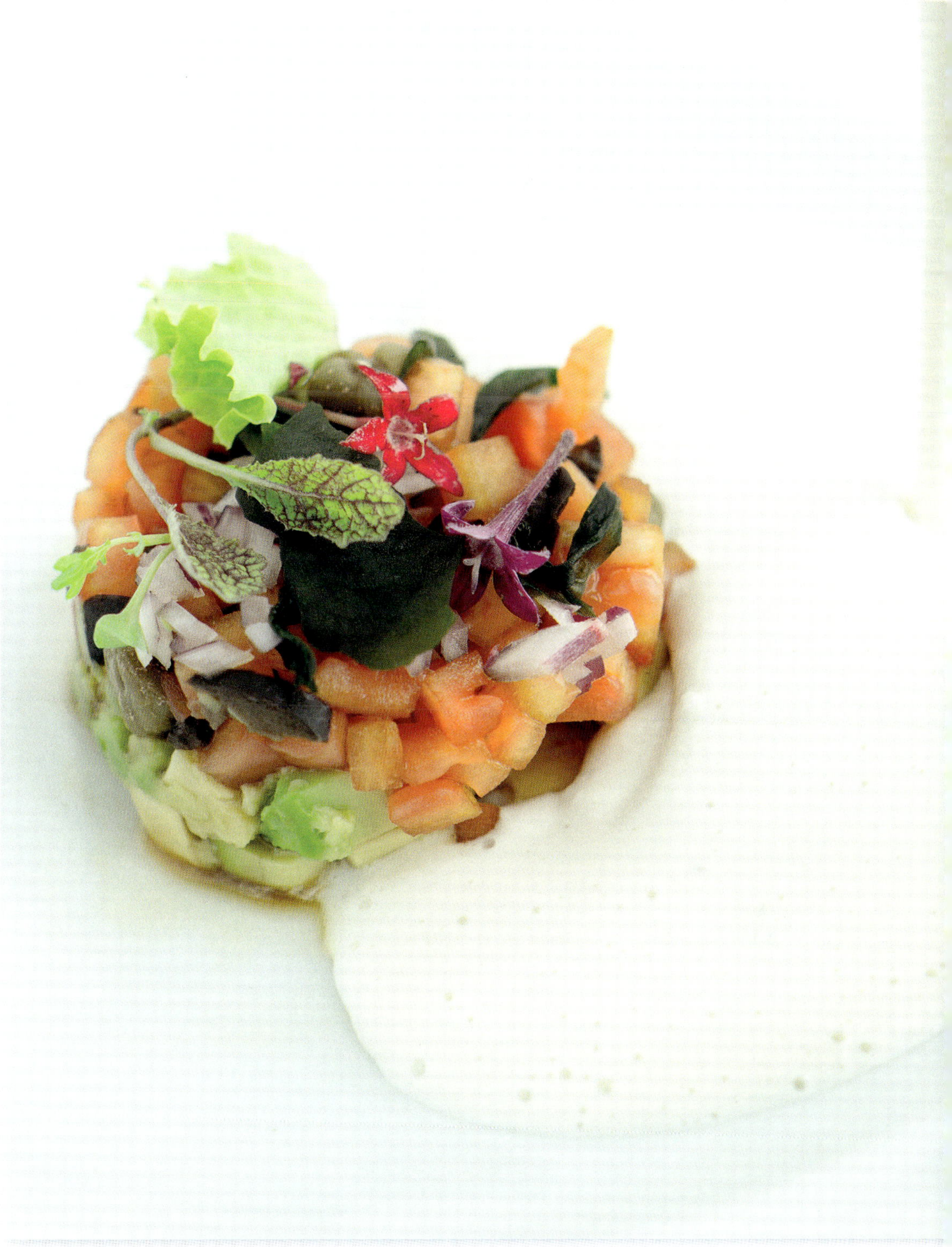

Ensalada *Caprese*

Para 4 personas.   *Preparación: 24 horas.*

Una de mis ensaladas favoritas siempre ha sido la Caprese. *Aunque yo ya no coma lácteos, las* burratas *me encantan y la combinación con el resto de ingredientes me resulta sencillamente deliciosa. La idea de hacer este plato nace de la intención de emular mi ensalada preferida en versión vegana sin renunciar a su sabor original. Al mismo tiempo, quise actualizarla con alguna elaboración como la esfera de oliva, el deshidratado de tomate o las perlas de tomate. La técnica para elaborar esferas de oliva se la debemos a Albert Adriá, es totalmente vegana y sustituyen de forma sorprendente y divertida a las olivas que suele llevar la ensalada* Caprese *tradicional.*

Ingredientes

■ PARA LA *BURRATA* DE ANACARDOS:
– 1 taza de anacardos.
– 1 cucharada sopera de levadura nutricional.
– 30 g de la pulpa de un coco joven.
– ⅓ de taza de agua.
– Una pizca de sal.

■ PARA LA ESFERI-FICACIÓN DE OLIVA:
– 500 g de aceituna gordal.
– 1,2 g de gluconolactato de calcio.
– 0,7 g de goma xantana.
– 2,5 g de alginato.
– 500 ml de agua.

Recetas

■ Para la *burrata*:
- Saca la pulpa al coco joven. Para ello, corta la parte superior del coco, la que acaba en punta, de manera que quede un agujero de tamaño suficiente para poder meter una cuchara. Quítale el agua, mete la cuchara y ayúdate de ella para ir sacando poco a poco la pulpa.
- Bate todos los ingredientes en una batidora de vaso y usa preferiblemente un vaso para ingredientes secos.
- Envuelve la mezcla en film transparente y métela en la nevera un mínimo de dos horas para que el queso espese.

■ Para las esferas de oliva:
- Quítales el hueso a las olivas. Y bátelas en una batidora de vaso, usa el vaso para ingredientes secos.
- Pon el batido en una bolsa para hacer leches vegetales y presiona con las manos para extraer el jugo de la oliva. Deja que caiga dentro un bol.
- Reserva solamente 200 ml del jugo anterior.
- Añade a los 200 ml del jugo de oliva el gluconolactato y la goma xantana. Es importante para ello tener una báscula de precisión. Deja reposar la mezcla en la nevera 24 horas.
- Pon en un bol aparte el alginato junto con el agua y bátelos con una batidora de mano. Deja que repose en la nevera otras 24 horas.
- Con ayuda de cucharas de cocina medidoras, echa un TBSP del jugo de oliva con gluconolactato y xantana en el agua con el alginato y deja que repose unos tres minutos. Para retirar del agua con alginato la esfera es

recomendable usar una cuchara específica para hacer esferificaciones, y si no tienes, saca la esfera cuidadosamente con una cuchara sopera.
- Sumerge la esfera en un bol con agua para limpiarla.
- La mejor forma de conservar las esferas es guardarlas sumergidas en aceite de oliva virgen extra.

■ Para las perlas de tomate:
- Llena hasta la mitad un bol con aceite de girasol y métalo en la nevera durante veinte minutos.
- Extrae el jugo de dos tomates. Hazlo con una licuadora o con extractor de jugos. Reserva solamente 75 ml de jugo.
- Disuelve el agar-agar en polvo en los 75 ml del jugo de tomate. Ponlo en una olla y llévalo a ebullición.
- Una vez hierva, retíralo, ponlo en un biberón de cocina y deja que repose un minuto.
- Saca el aceite de girasol de la nevera y con ayuda del biberón ve lanzando gotas en él para hacer las perlas.
- Retira las perlas. Para ello puedes ayudarte de un colador pequeño.

+ Ingredientes

■ PARA LAS PERLAS DE TOMATE:
- 75 ml de jugo de tomate.
- 1 TSP de agar-agar en polvo.
- ½ litro de aceite de girasol.

Ensalada *Caprese*

continuación

+ Ingredientes

PARA EL DESHIDRA-TADO DE TOMATE.
– *6 tomates pera.*
– *Una pizca de sal.*

PARA LA ENSALADA:
– *8 tomates pera.*
– *Sal en escamas al gusto.*
– *Un chorrito de aceite de oliva virgen extra.*

Para el deshidratado de tomate:
- Lava los tomates y córtalos en cuartos.
- Bátelos con la sal en una batidora de vaso, usa un vaso para ingredientes secos.
- Pon el batido en las bandejas de la deshidratadora. Encima de la lámina de paraflex y, con la ayuda de una espátula de cocina, extiéndelo bien a lo largo de la lámina hasta que tenga un grosor uniforme de aproximadamente 1 mm.
- Programa la deshidratadora 18 horas a 41°.
- Saca las láminas y córtalas en trozos desiguales. Resérvalas para emplatar.

Emplatado:
- Corta los tomates en cuartos. Con ayuda de una puntilla, pélalos y despípalos.
- Pon una cucharada sopera rebosante del queso y al lado coloca los cuartos de tomate.
- Añade unas hojas de albahaca entre los cuartos tomates. Pon encima las perlas de tomate.
- Añade las láminas de deshidratado de tomate.
- Pon la sal (preferentemente si es sal en escamas) y un chorrito de aceite de oliva virgen extra.

Jugo verde de manzana, limón y hierbabuena

Para 4 chupitos.   *Preparación: Un minuto.*

Este es posiblemente mi jugo favorito. Muy refrescante y sencillo de elaborar, eso sí, siempre que incluyamos limón en los licuados, mi consejo es poner poco y añadirle la piel. Además, es muy recomendable ponerlo en primer lugar en el extractor de jugos, de forma que según caiga el jugo del resto de los ingredientes entre inmediatamente en contacto con los restos del jugo del limón, porque al ser antioxidante retardará la oxidación de los ingredientes que vayan después.

Ingredientes

– 2 manzanas.
– 1 gajo de limón con la cáscara incluida.
– 1 manojo de hojas de hierbabuena.

Recetas

- Extraer el jugo de todos los ingredientes con ayuda de un extractor o licuadora.

Ensalada de puerro y naranja

Para 4 personas.   *Preparación: 5 minutos.*

Por esta receta tengo especial predilección. Me alucinan sus sabores, sobre todo el aliño. Es puro espectáculo. Estuvo en la carta de Botanique mucho tiempo y la he tenido también en Pizzi&Dixie.

Ingredientes

– 2 puerros.
– 4 naranjas.
– 400 g de *mézclum de hojas*.
– 30 g de levadura nutricional.
– 1 cebolla morada.
– 50 g de tomates cherrys.
– 15 g de mostaza dulce.
– 15 g de sirope de agave.
– 90 g de aceite de oliva virgen extra.
– 1 chorrito de vinagre balsámico.
– Sal al gusto.

Recetas

Para el aliño:
- Pon en un frasco el aceite de oliva, el sirope de agave y la mostaza y ciérralo.
- Antes de usar agítalo enérgicamente para emulsionarlo todo.

Para la ensalada:
- Pela uno de los puerros y desecha la parte verde. A continuación, córtalo en rodajas y ponlo en un recipiente apto para horno y métalo a 180° durante veinte minutos.
- Pela el otro puerro y desecha también la parte verde. Córtalo en juliana y sofríe a fuego medio hasta dorarlo, y resérvalo para usarlo como *topping*.
- Lava y corta los tomates *cherrys* por la mitad.
- Pela las naranjas y córtalas en gajos.
- Pela y corta la cebolla morada en rodajas de 1 mm. Ayúdate de una mandolina.
- Junta todos los ingredientes excepto el vinagre y la levadura nutricional en un bol y añade el aliño.
- Muévelo bien para integrar el aliño.

Emplatado:
Pondremos la ensalada en un plato sopero, encima el puerro sofrito, esparciremos como *topping* la levadura nutricional y añadiremos el vinagre.

65

Lasaña *Green Garden*

Para 6 personas.   *Preparación: 40 minutos.*

Esta receta acompañó a la carta de Botanique durante todo un año. Es un plato que me encanta comer y preparar, sobre todo de cara al verano.

Ingredientes

PARA LA BECHAMEL DE ANACARDOS:
- *400 g de anacardos.*
- *380 ml de agua.*
- *4 cucharadas soperas de levadura nutricional.*
- *2 dientes de ajo.*
- *40 g de eneldo.*
- *El jugo de dos limones.*
- *Sal al gusto.*

PARA LA SALSA DE TOMATE CRUDA:
- *12 tomates pera.*
- *25 tomates secos.*
- *25 hojas de albahaca fresca.*
- *20 g de orégano.*
- *Un chorrillo de aceite de oliva virgen extra.*
- *10 g de ajo granulado.*
- *Sal al gusto.*

Recetas

Para la bechamel de anacardos:
- Deja los anacardos en remojo durante una noche. Al día siguiente, escúrrelos y bate todos los ingredientes en una batidora de vaso, usa preferiblemente el vaso para líquidos y reserva.

Para la salsa de tomate cruda:
- Bate todos los ingredientes en una batidora de vaso, usa el vaso para ingredientes secos.
- Extiéndela sobre una bandeja de deshidratadora con lámina de paraflex y deja que se deshidrate a 41° durante tres horas. De esta forma conseguirás que se evapore el exceso de líquido y sea más compacta.
- Resérvala.

Para el pesto:
- Bate todos los ingredientes en una batidora de vaso y reserva.

Para la lasaña:
- Lamina los calabacines con ayuda de una mandolina. Deben ser láminas de 0,5 mm de grosor.
- Pon láminas de calabacín en la base de una bandeja hasta cubrir el fondo por completo. Deben montar un poco unas encima de otras para no dejar huecos entre ellas.
- Pela los champiñones con una puntilla y córtalos en láminas de 1 mm de grosor.
- Cubre las láminas con bechamel de anacardos y los champiñones laminados. Añade sal.
- Dispón más láminas de calabacín encima de la elaboración anterior, siempre de la misma forma, montando un poco unas encima de otras.
- Lava los tomates y córtalos en láminas de 1 mm de grosor.
- Cubre con pesto las láminas anteriores. Encima del pesto pon las rodajas de tomate y sálalas. Encima del tomate pon las hojas de albahaca.

- De nuevo añade láminas de calabacín encima del pesto, tomate y albahaca. Recuerda ir montando un poco unas láminas encima de otras.
- Cubre con más salsa de tomate las láminas. Encima pon más rodajas de tomate, sálalas y cúbrelas con las hojas de rúcula.
- Cierra la lasaña con más láminas de calabacín. Una vez más, deben montar un poco unas encima de otras.

Emplatado:
- Con ayuda de un cuchillo, cortaremos las raciones de la lasaña y la pondremos en un plato sopero. Encima de cada una de ellas podremos abundante bechamel de anacardos. Terminaremos la lasaña poniendo hojas de pamplina (o en su defecto brotes), tomates *cherry* y pétalos de flores. Podemos también añadirle alguna lámina de calabacín enrollada.

+ Ingredientes

PARA EL PESTO:
– 400 g de piñones pelados.
– 440 ml de aceite de oliva virgen extra.
– 25 hojas de albahaca fresca.
– 2 diente de ajo.
– 1 cucharada sopera de levadura nutricional.
– Sal al gusto.

PARA LA LASAÑA:
– 4 calabacines.
– 8 tomates pera.
– 20 hojas de albahaca.
– 8 champiñones.
– 100 g de hojas de rúcula.
– Sal al gusto.

Tarta Nutricake

Para 13 porciones. *Preparación: 15 minutos de elaboración y 6 horas en el frigorífico.*

Se pueden hacer deliciosos postres sin necesidad de cocinar los ingredientes. En este caso, excepto el coulís *de la tarta, no hay ninguna elaboración que vaya más allá de batir o triturar ingredientes en crudo. La clave en esta receta para compactar la tarta está en el aceite de coco que solidifica al enfriarlo.*

Ingredientes

■ **PARA LA BASE:**
– 200 g de almendras.
– 75 g de pasas sultanas.

■ **PARA LA TARTA:**
– 750 g de anacardos.
– 550 ml de agua.
– 120 g de sirope de agave.
– 1 CUP de aceite de coco.
– 1 CUP de mix *de frutos rojos (moras, arándanos, grosellas, frambuesas...).*

■ **PARA EL *COULÍS* DE FRUTOS ROJOS:**
– 150 g de frutos rojos.
– 50 g de sirope de agave.
– El jugo de un limón.

Recetas

■ **Para la base:**
- Tritura con ayuda de una trituradora/procesadora las almendras y las pasas.
- Pon la mezcla en la base de un molde para hacer tartas y presiónalas bien con la mano hasta que forme una capa de grosor uniforme que cubra el fondo por completo.

■ **Para la tarta:**
- Bate todos los ingredientes en una batidora de vaso. Preferiblemente, usa el vaso para líquidos.
- Pon el batido anterior encima de la base del molde.
- Métalo en la nevera un mínimo de seis horas.

■ **Para el *coulis*:**
- Poner en una sartén todos los ingredientes con el fuego al mínimo durante treinta minutos.

■ **Emplatado:**
Partir la ración y poner por encima el *coulís*.

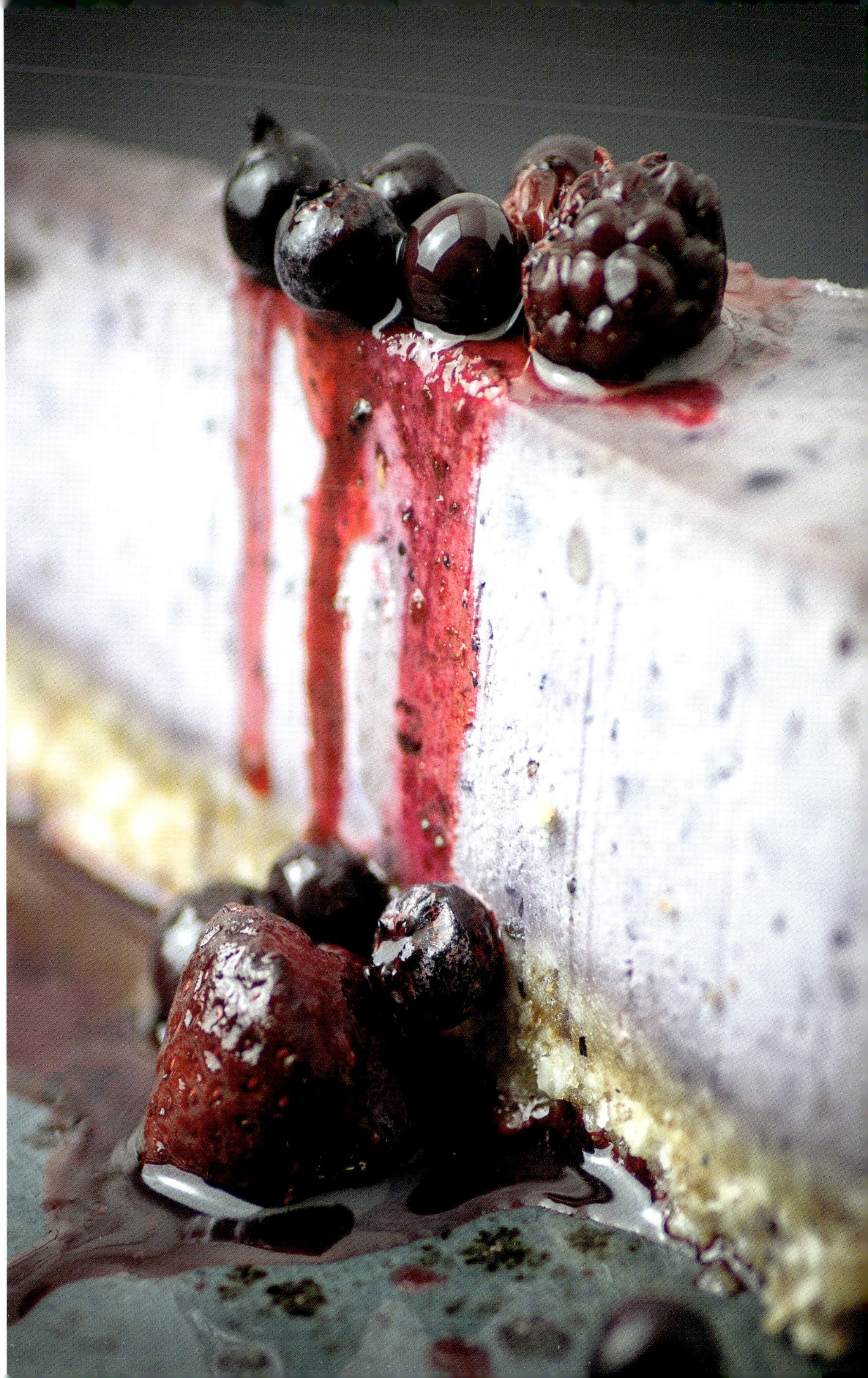

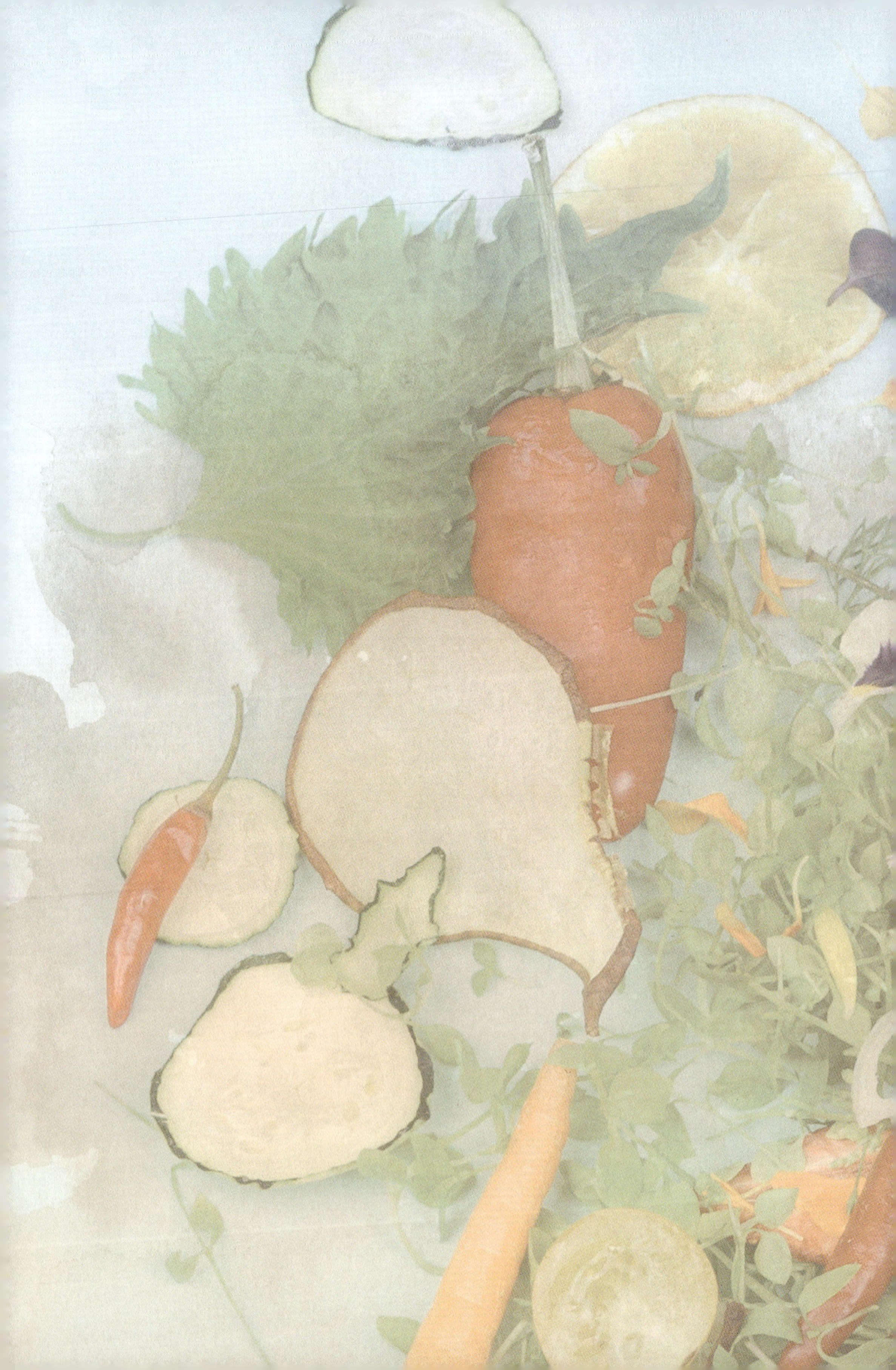

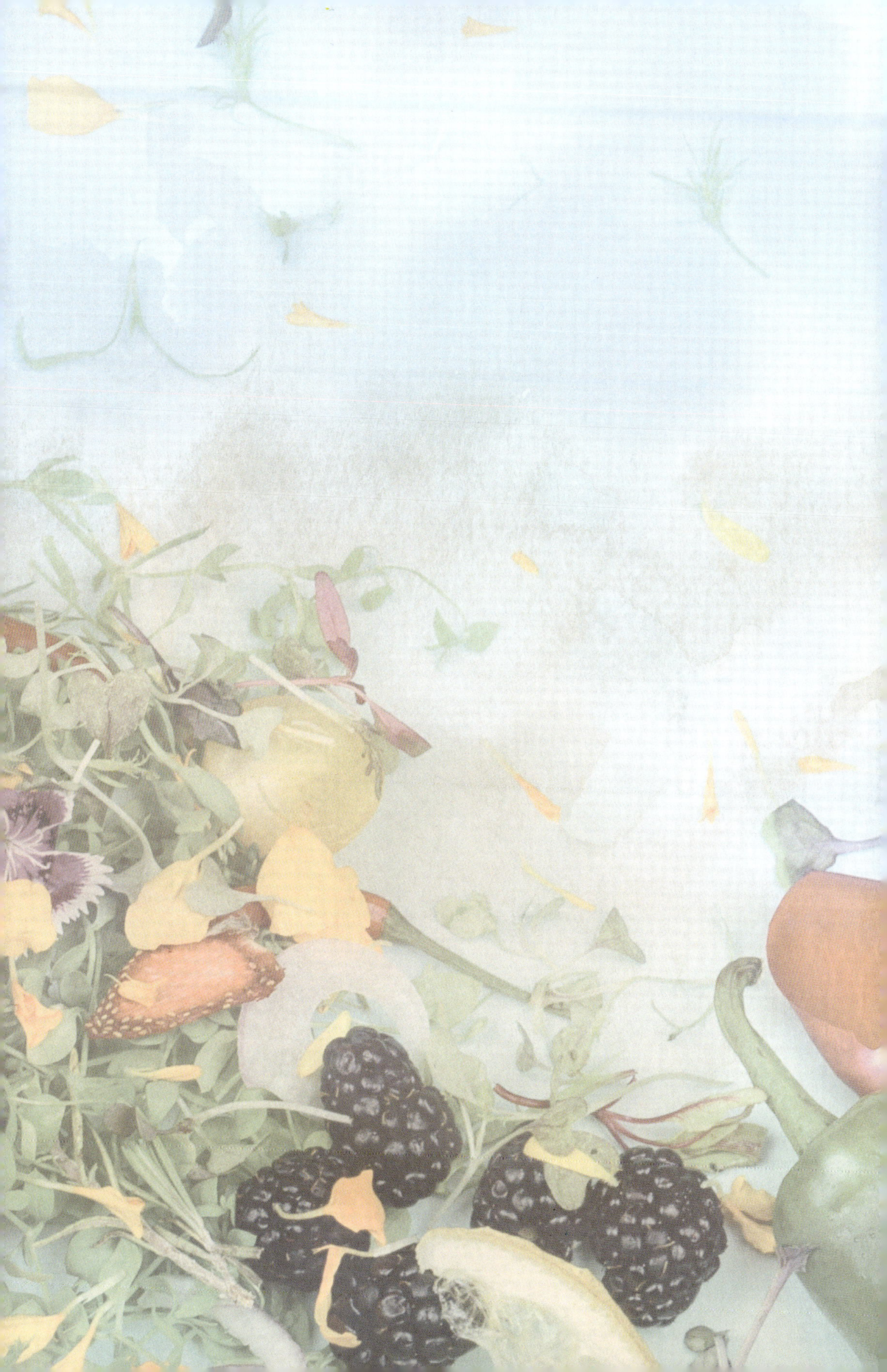

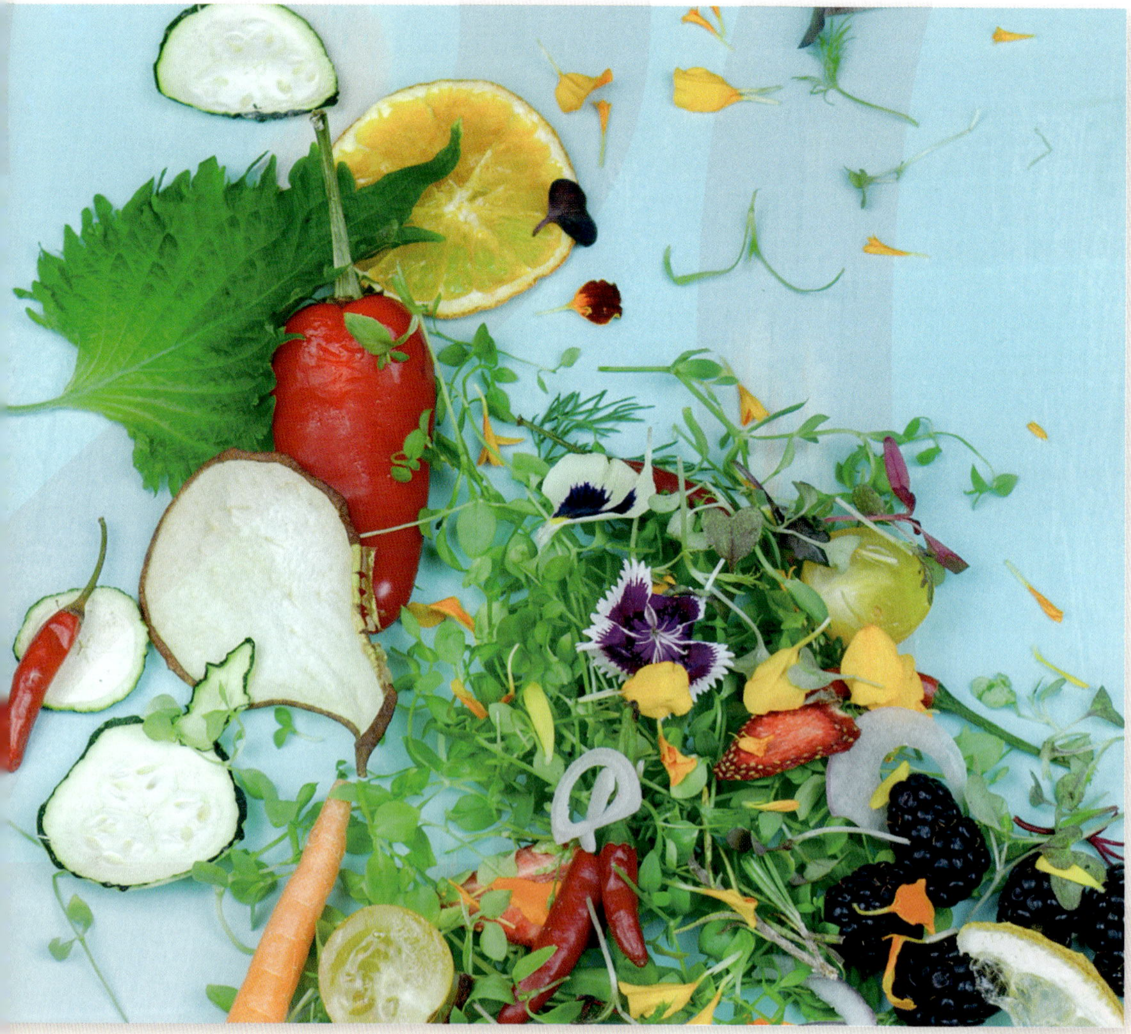

20/25°
slow vegan

En este apartado vamos a fermentar vegetales usando cuatro técnicas distintas de fermentación que funcionan a temperatura ambiente, unos 20-25°: los *chucruts*, los *kimchis*, los encurtidos y la *kombucha*. Veremos en detalle cómo funciona cada una y haremos recetas para aplicar estos fermentos a la hora de cocinar. Aunque nos centremos únicamente en estas cuatro técnicas, existen infinidad de maneras de fermentar, tantas que su estudio daría para una vida entera de dedicación y, aun así, dudo que pudieran recogerse todas las posibles.

Los fermentos son algo común en el día a día de todas las culturas presentes y pasadas. De hecho, muchísimos procesos en cocina se hacen con ingredientes fermentados. En la cultura occidental nos los encontramos en vinos, cervezas, vinagres, masas de trigo (tanto saladas como dulces: *pizzas*, panes, bizcochos, *croissants*, etc.). Los fermentos forman parte del acervo cultural de poblaciones de todo el mundo. Tanto es así, que en algunos casos, incluso se hacen fiestas populares en torno a algún fermento propio de la cultura en cuestión. En Corea, por ejemplo, se celebra el Kimjang: en ella las aldeas disfrutan de la tradición de reunirse para hacer *kimchi*. En España se celebra la fiesta de la vendimia en la que, no hace mucho tiempo, se pisaban la uvas con los pies descalzos para extraer el mosto que luego se transformaría en vino por medio de la fermentación.

Tradicionalmente, las fermentaciones se han usado como una de las formas más hábiles de conservar alimentos y en la actualidad se están empezando a incluir en nuestra dieta diaria como una buena manera de cuidar nuestra salud, principalmente, nuestra flora intestinal. Los fermentos son muy ricos en bacterias probióticas capaces de colonizar el intestino y facilitar el metabolismo de carbohidratos y la absorción de vitaminas. Además, estimulan las defensas naturales del cuerpo y nos ayudan a prevenir multitud de enfermedades.

20/ 25° Cócteles con *kombucha*

Para 3 litros. *Preparación: 15 días para la kombucha / 5 minutos para los cócteles.*

La kombucha *es una fermentación líquida que nos da la posibilidad de elaborar cócteles muy saludables. Se suele elaborar con té y azúcar, aunque funciona también con otras infusiones como el mate o los* rooibos, *de hecho, yo suelo hacerla de* rooibos.

Es una fermentación milenaria. Las primeras referencias escritas aparecen en China y datan de doscientos años antes de Cristo. En el siglo XIX se popularizó en el Imperio Ruso y en el XX la bebida pasó a Europa. Siendo ahora a principios del XXI cuando más auge ha tenido.

La fermentación se produce gracias al hongo de *kombucha* que convierte la sacarosa del azúcar (un disacárido) en glucosa y fructosa (monosacáridos). Las bacterias del hongo no pueden digerir directamente la sacarosa, así que rompen los enlaces de este disacárido para obtener monosacáridos, azúcares simples, que puedan usar como alimento para la supervivencia y crecimiento de su propia colonia. Es tal esta transformación que se lleva a efecto en este proceso que, si bien la *kombucha* lleva azúcar, el índice glucémico resultante es muy bajo.

En este proceso se liberan alcohol etílico potable, anhídrido carbónico y ácido acético que permanecen disueltos en el líquido. Es decir, obtenemos una bebida carbonatada de forma natural, ligeramente ácida (recuerda a la sidra) y con una leve graduación alcohólica por debajo del 3%.

Para elaborar tres litros de kombucha

■ Hongo de *kombucha* o SCOBY, del inglés *Symbiotic Culture of Bacteria and Yeast* (cultivo simbiótico de bacterias y levaduras). Es una colonia microbiana de tipo gelatinoso.
■ Cultivo iniciador: Al hacer *kombucha* siempre guardaremos dos tazas de esta para preservar el hongo una vez lo hayamos usado para fermentar. Lo preservaremos sumergido en esas dos tazas de *kombucha* en un bote de cristal cerrado en la nevera. Este líquido donde hemos guardado la *kombucha*

ayudará a iniciar la fermentación la siguiente vez que la hagamos. Si es la primera vez que hacemos y no tenemos cultivo iniciador podemos ponerle vinagre de sidra para conservarlo.

- Una infusión de té o *rooibos*.
- Un bote grande donde poder dejar fermentando todo a temperatura ambiente.
- Una tela para tapar el bote. La *kombucha* es una fermentación aeróbica, necesita del oxígeno del aire para producirse. De modo que, si tapamos el bote con su tapa, no permitiremos el paso del oxígeno. En su lugar pondremos una tela que no deje pasar impurezas pero sí el aire.

Receta

- Pon el agua a hervir en una olla.
- Una vez comience la ebullición retírala del fuego.
- Añade el *rooibos*, la rayadura de naranja y el haba *tonka* rallada.
- Tapa la olla y deja que se infusione todo durante quince minutos.
- Añade el azúcar, remuévela y deja que la infusión se enfríe a temperatura ambiente durante ocho horas.
- Ponla en un frasco grande, añade el cultivo iniciador y el SCOBY.
- Tápala con una tela y déjala en un lugar fresco durante quince días.
- Pasados los quince días retira la tela del bote.
- Saca el hongo y ponlo en un bote más pequeño cubierto por el propio líquido de *kombucha*. Ciérralo herméticamente, esta vez usa la tapa original del bote, y guárdalo en la nevera hasta la próxima vez que hagas *kombucha*.
- Filtra la *kombucha* para retirar las impurezas y guárdala cerrada herméticamente en la nevera.

Ingredientes

– 1 SCOBY.
– 2,5 litros de agua.
– ¼ litro de cultivo iniciador de la kombucha *o media taza de vinagre de sidra de manzana.*
– 200 g de azúcar.
– *4 sobres de infusión de rooibos (se puede hacer con té. Yo prefiero el sabor que le aporta el rooibos).*
– *La ralladura de una naranja (opcional).*
– *½ haba tonka rallada (opcional).*

Cócteles con *kombucha*

continuación

Bloody Mary

Para 1 cóctel. *Preparación: 5 minutos.*

Ingredientes

▪ **PARA UN CÓCTEL**
– *Para un cóctel:*
– *100 ml de* kombucha.
– *El jugo de dos tomates.*
– *10 ml de tamari.*
– *Una pizca de sal.*
– *Una pizca de cayena.*
– *Una pizca de pimienta negra.*

▪ **Nota:**
En caso de no tener coctelera tipo Boston podemos simplemente mezclar todos los ingredientes en un bol y servir. Me gusta hacerlo en vaso Boston porque me permite enfriar la mezcla, pero no tiene otra función.

Recetas

- Extrae el jugo de los tomates. Usa una licuadora o un extractor de jugos.
- Llena el vaso de una coctelera tipo Boston (la que se compone de dos vasos) con hielo.
- Añade todos los ingredientes al vaso Boston.
- Cierra la coctelera y agítala enérgicamente.
- Sirve el cóctel en un vaso con hielo.

Champagne de fresas

Para 1 cóctel.   *Preparación: 5 minutos.*

Recetas

- Extrae el jugo a las fresas con una licuadora o un extractor de jugos.
- Llena un vaso de coctelera tipo Boston con hielo.
- Añade la *kombucha* y el jugo de fresas al vaso Boston.
- Cierra la coctelera y agítala enérgicamente.
- Sirve el cóctel en una copa de *champagne*.

Ingredientes

PARA UN CÓCTEL:
- *100 ml de* kombucha.
- *100 ml de jugo de fresas.*

Nota:
En caso de no disponer de coctelera tipo Boston podemos enfriar los jugos en la nevera y luego servir.

Consomé italiano japonés

20/25°

Para 4 personas.

Preparación: 5 días para el kimchi *y 2 horas para las* gyozas.

El fermento que vamos a usar en esta receta es el kimchi. *El* kimchee *es el alimento más emblemático de Corea. Obedece a muchísimas recetas distintas combinando diferentes ingredientes de lo más variopintos: con corteza de sandía, con calabaza, con pulpo… De hecho, cada familia coreana tiene su propia versión, ya que por medio de este proceso podemos fermentar todas las verduras que queramos. El procedimiento es el mismo que para hacer chucrut, solo cambian los ingredientes y el tiempo de fermentación, pero tanto la tradición alemana como la coreana han llegado a este mismo proceso de fermentación láctica.*

Existen diferentes tipos de bacterias lácticas presentes en todas las plantas en perfecta simbiosis unas con otras. Durante la fermentación, la proliferación de esta clase de bacterias inhibe el desarrollo de otras bacterias encargadas de descomponer el alimento, por lo que resulta muy eficaz para conservar alimentos y además produce muy pocas alteraciones en su valor nutritivo.

En este caso, para que se lleve a cabo la fermentación, no hacen falta hongos ni cultivos iniciadores, son las propias bacterias lácticas de las plantas las que inician el proceso. Eso sí, para que esta fermentación sea posible, la planta no debe estar en contacto con el oxígeno del aire ya que se da en condiciones anaeróbicas y a temperatura ambiente.

Como hemos dicho, existen muchísimas recetas de *kimchi*, yo os propongo la mía. Las recetas más típicas coreanas llevan una salsa a base de pescado, como una especie de papilla que incluye también harina de arroz. Al ser una receta vegana, he sustituido el pescado por alga codium, que tiene un intenso sabor a percebe muy característico.

Receta

- Pica la col china en juliana y las cebolletas chinas en rodajas finas.
- Pon ambos ingredientes en un bol y añade la sal.
- Masajea los ingredientes haciendo presión con las manos hasta que suelten su jugo.
- Extrae el jugo del alga codium con un extractor de jugos. Saldrá muy poco, unas dos cucharas soperas.
- Pon todos los ingredientes en un frasco, incluidos los jugos que han soltado las verduras al masajearlos. Presiónalos con el puño hasta que queden sumergidos en el jugo y ciérralo herméticamente.
- Deja el tarro a temperatura ambiente durante cuatro días.
- Presérvalo después en la nevera.

Ingredientes

■ **PARA EL *KIMCHI*:**
– 1 col china.
– 10 g de sal fina.
– 15 g de pimentón picante.
– 1 dado de 2 cm de jengibre.
– 1 chile seco.
– 2 dientes de ajo machacados.
– 2 cebolletas chinas.
– *100 g de alga codium.*

Consomé italiano japonés

continuación

A continuación os propongo una receta con kimchi *que además fusiona dos culturas, la italiana con el consomé y la japonesa con las* gyozas *rellenas de* kimchi: *consomé italiano japonés.*

Ingredientes

■ PARA EL CONSOMÉ:
- *3 kg de tomates pera.*
- *1 rama de apio.*
- *1 cabeza de dientes de ajo.*
- *1 manojo de hojas de albahaca.*
- *Una pizca de sal.*
- *3 g de* shichimi togarashi *(mezcla de especias japonesas que podremos encontrar en tiendas especializadas).*
- *1 chorrito de salsa de soja.*
- *Un chorrito de aceite de oliva virgen extra.*

■ PARA LAS *GYOZAS*:
- *16 obleas de masa congeladas para hacer* gyozas *(las encontraremos en tiendas de alimentación oriental. Suelen venir congeladas y hay que descongelarlas previamente).*
- *150 g de soja texturizada fina.*
- *1 cebolla morada.*
- *1 diente de ajo.*
- *150 g de* kimchi.
- *Una pizca de sal.*
- *1 chorrito de salsa de soja.*
- *1 chorrito de aceite de oliva virgen extra.*

Recetas

■ Para el consomé:
- Lava y corta por la mitad los tomates.
- Lava y corta el apio en trozos de 1 cm.
- Pela los dientes de ajo.
- Añade todos los ingredientes a una olla y cúbrelos con agua. Deja que se hagan durante dos horas a fuego lento.
- Filtra el caldo y resérvalo.

■ Para las *gyozas:*
- Deja que las masas se descongelen.
- Pon agua a hervir. Una vez llegue a ebullición añade la soja y deja se haga durante diez minutos. Cuélala y resérvala.
- Haz un sofrito con el ajo y la cebolla morada. Una vez dorados añade la sal, la salsa de soja y la soja texturizada. Deja que se haga todo dos minutos más y retíralo poniendo el resultado en un bol.
- Mezcla los ingredientes del sofrito con el *kimchi*.
- Rellena las masas para las *gyozas*, para ello:
  - Pon la oblea encima de la mesa y en el centro un poco de relleno.
  - Mójate los dedos de las manos y repasa el borde.
  - Dobla la *gyoza* por la mitad.
  - Presiona el borde de la masa.
  - Haz pequeños pliegues en el borde tal como aparece en la foto.
- Pon una olla con agua y llévala a ebullición. Coloca una olla vaporera encima y pon las *gyozas* para que se hagan durante tres minutos.

■ Emplatado:
Pondremos el consomé en la base del plato y encima las *gyozas*. Decoraremos con unos brotes.

81

Ensalada con *chucrut* de lombarda

20/
25°

Para 300 g de chucrut.   *Preparación: 11 días.*

El chucrut *sigue el mismo esquema de fermentación que los* kimchis. *Si bien son dos fermentos distintos, el procedimiento que siguen es muy parecido. Es cierto que cambian los ingredientes y que son dos tradiciones de fermentación distintas, sin embargo, tienen muchísimos elementos comunes.*

Me encantó conocer la visión que tiene sobre el tema el autor Sandor Ellix Katz. En su libro *El Arte de la Fermentación*, para unir ambos procedimientos, inventa la palabra *Kraut-chi*, y escribe: «*Kraut-chi* es una palabra que he inventado yo, compuesta de la palabra alemana *sauerkraut* y la coreana *kimchi*, que designan dos variedades importantes de verduras fermentadas. Dentro de cada una de estas dos tradiciones (y de otras muchas relacionadas con ellas) se encierran determinadas técnicas; y en mi práctica vengo a aplicar estas técnicas básicas con un estilo más bien libre». *El arte de la fermentación*, Sandor Ellix Katz. Editorial Gaia, pág. 130.

En este caso vamos a realizar el *chucrut* con lombarda, aunque suele hacerse con repollo. Podemos sustituir un ingrediente por otro sin problema y, al igual que con el *kimchi*, probar a añadirle otras verduras y otras especias e ir probando hasta encontrar nuestro sabor único y personalizado. En esta receta yo he añadido zanahorias y nabo que no forman parte de la receta original. Como dice Sandor Ellix Katz, podemos aplicar estas técnicas con un estilo más bien libre.

Sandor Katz, activista de la fermentación de alimentos y divulgador de esta práctica culinaria y de sus ventajas por todo el mundo.

Recetas

- Pela las zanahorias y córtalas en dados de 2 mm.
- Quita las hojas más superficiales de la lombarda y resérvalas.
- Pela el nabo y córtalo en dados de 2 mm.
- Corta la Lombarda en juliana. Para ello te será muy útil usar una mandolina.
- Mezcla las zanahorias, la lombarda, el nabo y la sal en un bol.
- Masajea los ingredientes haciendo presión con las manos hasta que suelten su jugo.
- Pon todos los ingredientes en un frasco, incluidos los jugos que han soltado las verduras al masajearlos. Presiónalos con el puño hasta que queden sumergidos en el jugo y ciérralo herméticamente.
- Deja el tarro a temperatura ambiente durante once días.
- Presérvalo después en la nevera.

Ingredientes

- 200 g de lombarda.
- 50 g de zanahorias.
- ½ nabo.
- 15 bolitas de enebro.
- 4 g de sal.

Ensalada de *chucrut* de lombarda

continuación

Para 4 personas. Preparación: 5 minutos.

+Ingredientes

▪ **PARA LA ENSALADA:**
– *100 g de kale.*
– *100 g de rúcula.*
– *100 g de canónigos.*
– *100 g de achicoria.*
– *1 cebolla morada.*
– *10 brevas.*
– *75 g de tomates cherrys.*
– *70 g de chucrut de lombarda.*
– *Sal al gusto.*

▪ **PARA EL ALIÑO:**
– *150 ml de agua de mar.*
– *150 ml de aceite de oliva virgen extra.*
– *2 dientes de ajo.*
– *El zumo de un limón.*

Recetas

▪ **Para el aliño:**
- Corta los ajos en daditos pequeños, aproximadamente de 1 mm de grosor.
- Pon los ajos en un tarro, añade el resto de los ingredientes y ciérralo.
- En el momento de servir el aliño, agita el tarro para emulsionar los ingredientes.

▪ **Para la ensalada:**
- Pela la cebolla morada y córtala en juliana.
- Pela las brevas y córtalas en cuartos.
- Junta todos los ingredientes menos el *chucrut* en un bol.
- Añade el aliño.

▪ **Emplatado:**
Pondremos la ensalada sobre una tabla de madera y añadiremos el *chucrut* como *topping*.

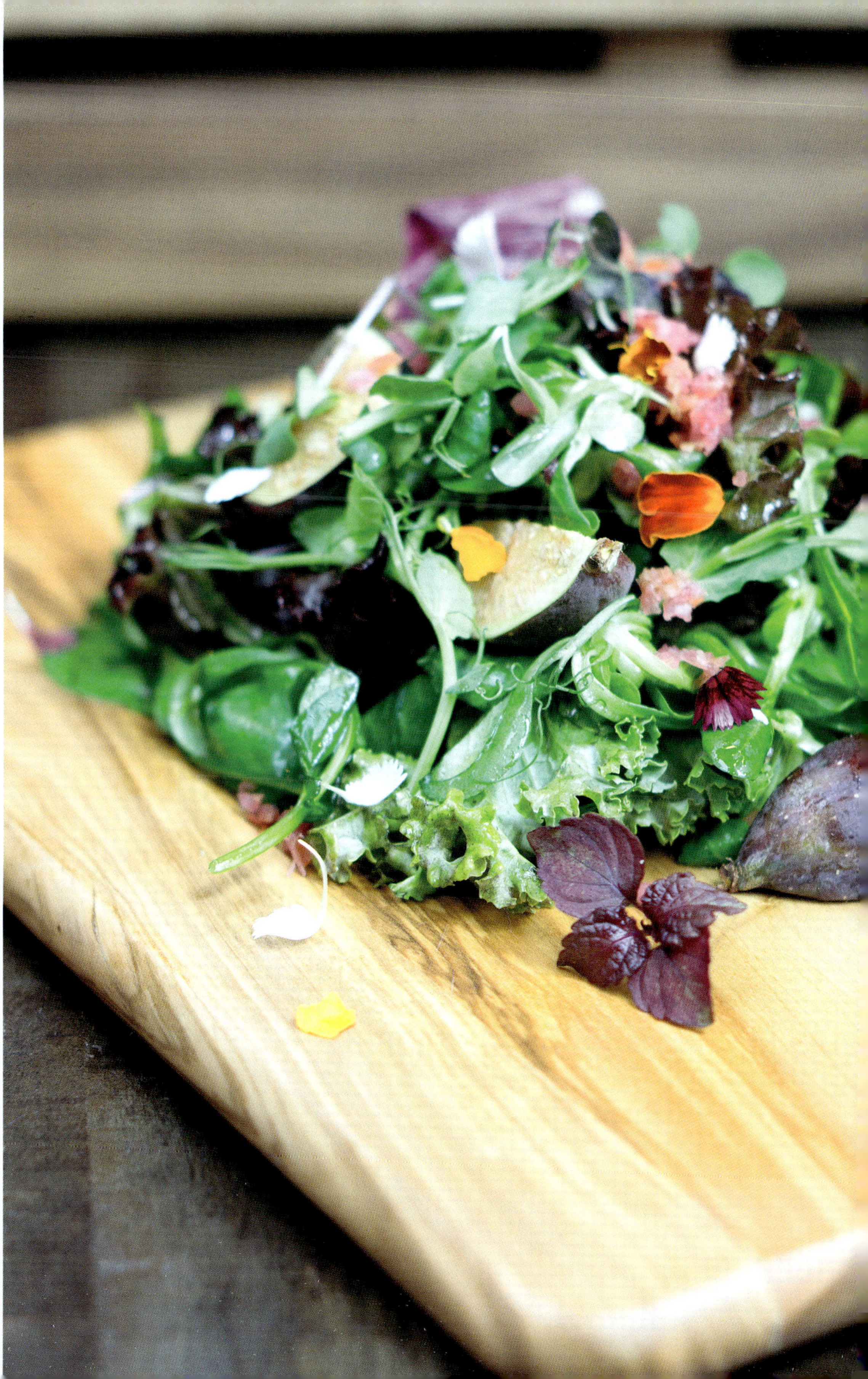

Guisantes con encurtido de ajo y aguacate

Para 4 personas.   *Preparación: 5 días.*

Encurtir es una técnica para conservar los alimentos mediante la cual los mismos se sumergen en baños ácidos de vinagre y sal. Si bien sus orígenes no están claros, se han encontrado restos que datan de la antigua Mesopotamia. Es una fermentación parecida al chucrut y al kimchi, en ella actúan también las bacterias lácticas de los propios vegetales; sin embargo, en este caso, en vez de sumergir los alimentos en el propio líquido de los alimentos lo hacemos en una salmuera de agua y vinagre.

Al igual que ocurre con otras formas de fermentación, los encurtidos son propios de numerosas culturas en todo el mundo. En España los más populares son los pepinillos y las berenjenas de Almagro, aunque en realidad podemos encurtir cualquier vegetal. En este caso os propongo un encurtido de aguacate y ajo que incorporaremos a un plato con guisantes.

Ingredientes

▪ PARA EL ENCURTIDO DE AJO Y AGUACATE:
– *1 aguacate maduro.*
– *750 ml de agua.*
– *50 g de sal.*
– *375 ml de vinagre.*
– *100 g de azúcar.*
– *1 rama de tomillo.*
– *1 rama de romero.*
– *5 dientes de ajo.*

▪ PARA LOS GUISANTES CON ENCURTIDO DE AJO Y AGUACATE:
– *Un aguacate encurtido.*
– *1,5 dientes de ajo encurtidos.*
– *400 g de guisantes frescos.*
– *2 manzanas Golden.*
– *Un dado de 2 cm de jengibre.*

Recetas

▪ Para el encurtido de ajo y aguacate:
- Pon todos los ingredientes en un tarro y ciérralo herméticamente.
- Deja el tarro a temperatura ambiente cinco días.

▪ Nota:
El color del ajo es posible que cambie a tonos verdeazulados. De hecho, si el vinagre que usamos es sin pasteurizar, cambiará seguro. Pero es perfectamente comestible.

▪ Para los guisantes con encurtido de ajo y aguacate:
- Pela las manzanas. Córtalas en cuatro partes desechando el corazón. Corta cada parte en dados de 1 cm.
- Pela y corta el jengibre en dados de 2 mm.
- Llena una olla con agua y echa el jengibre, la manzana y sal. Deja que se cocinen durante quince minutos.
- Una vez pasados los quince minutos bate la manzana y el jengibre con 200 ml de agua. Es preferible batir en una batidora de vaso, en vaso para líquidos.
- Pela los guisantes, es decir, sácalos de su vaina.
- Ponlos en una olla con agua y hiérvelos cinco minutos.

- Sácalos y ponlos en una sartén con un chorrito de aceite de oliva virgen extra y sálalos, deja que se hagan a fuego muy lento durante otros cinco minutos.
- Corta los dientes de ajo en láminas muy finas y el aguacate en láminas de unos dos milímetros de grosor.

■ **Emplatado:**

Pondremos en el fondo del plato la salsa de manzana y jengibre. Encima pondremos los guisantes y el aguacate encurtido. Añadiremos por encima las láminas de ajo encurtidas. Decoraremos con salicornia.

+ Ingredientes

– 70 g de salicornia (opcional).
– Un chorrito de aceite de oliva virgen extra.
– Una pizca de sal.

20/ 25° Tabla de quesos de frutos secos

Para 3 quesos.   *Preparación: 7-8 días.*

En esta receta vamos a fermentar frutos secos y los vamos a presentar en forma de queso. Para ello vamos a usar dos fermentos. El rejuvelac *y polvos probióticos vegetales* Lactobacillus acidophilus.

El *rejuvelac* es un líquido fermentado de color blanquecino que se elabora poniendo germinados de semillas a remojo entre uno y dos días. Se utiliza principalmente como agente para la fermentación de otros preparados y es, posiblemente, el fermento más sencillo de preparar: simplemente, las enzimas presentes en los germinados se transmiten al agua en el tiempo de remojo, por ello se le denomina también agua enzimática.

En general tiene un sabor fuerte que depende del germinado que usemos para hacerlo. En función de para qué lo vayamos a usar, podemos usar un germinado u otro. Para las recetas de quesos de frutos secos que vamos a hacer recomiendo usar germinados de trigo, ya que el sabor final recuerda al sabor del queso.

Otro fermento posible para la receta son los probióticos en polvo *Lactobacillus acidophilus*. Los podemos comprar en cualquier herbolario. No obstante, no todos son vegetales, yo uso la marca Solgar.

Recetas

■ Para hacer *rejuvelac* de trigo:

- Lo primero que haremos será germinar el trigo, para ello:
  — Deja las semillas de trigo a remojo ocho horas. De esta forma activarás la semilla, la prepararás para que empiece a germinar.
  — Una vez activada será necesario lavarla bien dado que en el proceso de activación la semilla se desprende de las enzimas responsables de que la semilla no germine sin humedad. Este tipo de enzimas inhiben la absorción de otros nutrientes.
  — Deja las semillas dentro de una bolsa para hacer leches vegetales durante dos días. Será necesario lavar bien las semillas cada ocho horas.

Ingredientes

■ PARA EL *REJUVELAC* DE TRIGO:

– *100 g de granos de trigo.*
– *Un litro de agua.*

Tabla de quesos de frutos secos

continuación

+Ingredientes

PARA EL QUESO BÁSICO DE NUECES DE MACADAMIA:
– *1 CUP de nueces de macadamia crudas.*
– *⅓ CUP de rejuvelac.*
– *1 TBSP levadura nutricional.*
– *Un chorrito de aceite de oliva virgen extra para engrasar el molde.*
– *Sal al gusto.*

PARA EL QUESO IMITACIÓN CHEDDAR DE ANACARDO:
– *1 CUP de anacardos crudos.*
– *⅓ de CUP de jugo de pimiento amarillo.*
– *1 cápsula de probióticos vegetales.*
– *1 TBSP de levadura nutricional.*
– *Un chorrito de aceite de oliva virgen extra para engrasar el molde.*
– *Sal al gusto.*

- Una vez tengas listos los germinados, déjalos sumergidos en el agua durante uno o dos días a temperatura ambiente. Cuanto más tiempo tengas los germinados en remojo más fuerte será el sabor del fermento, pudiendo llegar a ser desagradable.
- Para finalizar, filtra el fermento para separar el agua de los germinados.

Queso básico de nueces de macadamia:
- Deja a remojo las nueces de macadamia una noche.
- Retira el agua del remojo y limpia bien las nueces.
- Bate las nueces junto al *rejuvelac*, la levadura nutricional y la sal en una batidora de vaso, preferiblemente, en vaso para ingredientes secos.
- Pon un colador grande encima de un cuenco. Encima del colador pon una bolsa para hacer leches vegetales. Mete el resultado anterior en la bolsa.
- Pon un peso de unos 750 g encima de la bolsa (yo suelo poner un tarro cerrado lleno de agua).
- Déjalo reposar a temperatura ambiente durante 24 horas. En este tiempo, se fermentará la pasta de nueces de macadamia. Gracias a la acción del peso, el queso goteará y expulsará el agua sobrante haciendo que compacte.
- Pasadas 24 horas engrasa con un poco de aceite de oliva virgen extra un molde redondo (son perfectos para ello los aros metálicos para emplatar) y a continuación pon dentro el queso.
- Retira el molde y déjalo en la nevera un mínimo de 48 horas.

Queso imitación cheddar de anacardo:
- Deja a remojo los anacardos una noche.
- Retira el agua del remojo y límpialos bien.
- Extrae el jugo a un pimiento amarillo. Hazlo con un extractor de jugos o licuadora.
- Bate los anacardos junto al jugo de pimiento amarillo, la levadura nutricional y la sal en una batidora de vaso, preferiblemente, en un vaso para ingredientes secos.
- Pon un colador grande encima de un cuenco. Encima del colador pon una bolsa para hacer leches vegetales. Mete el resultado anterior en la bolsa.
- Pon un peso de unos 750 g encima de la bolsa (yo suelo poner un tarro cerrado lleno de agua).
- Déjalo reposar a temperatura ambiente durante 24 horas. En este tiempo se fermentará la pasta de anacardos. Gracias a la acción del peso, el queso

+Ingredientes

■ PARA EL QUESO DE ALMENDRAS CON OLIVAS Y TOMATE SECO:
– *1 CUP de almendras peladas crudas.*
– *⅓ CUP de rejuvelac.*
– *1 TBSP levadura nutricional.*
– *Un chorrito de aceite de oliva virgen extra para engrasar el molde.*
– *Sal al gusto.*

goteará y expulsará el agua sobrante haciendo que compacte.
• Pasadas 24 horas engrasa con un poco de aceite de oliva virgen extra un molde redondo (son perfectos para ello los aros metálicos para emplatar) y a continuación pon dentro el queso.
• Retira el molde y déjalo en la nevera 48 horas.

■ Queso de almendras con olivas y tomate seco:
• Deja a remojo las almendras una noche.
• Retira el agua del remojo y límpialas bien.
• Bate las almendras junto al *rejuvelac*, la levadura nutricional y la sal en una batidora de vaso, preferiblemente, usa el vaso para ingredientes secos.
• Pon un colador grande encima de un cuenco. Encima del colador pon una bolsa para hacer leches vegetales. Mete el resultado anterior en la bolsa.
• Pon un peso de unos 750 g encima de la bolsa (yo suelo poner un tarro cerrado lleno de agua).
• Déjalo reposar a temperatura ambiente durante 24 horas. En este tiempo se fermentará la pasta de almendra. Gracias a la acción del peso, el queso goteará y expulsará el agua sobrante haciendo que compacte.
• Pasadas 24 horas engrasa con un poco de aceite de oliva virgen extra un molde redondo (son perfectos para ello los aros metálicos para emplatar) y a continuación pon dentro el queso.
• Retira el molde y déjalo en la nevera un mínimo de 48 horas.

■ Emplatado:
Para emplatar usaremos una tabla de madera o una pizarra. Cortaremos varios trozos de queso en cuña y los intercalaremos con *crackers* crudiveganos (podéis ver cómo elaborarlos en la receta de Coca *Raw Rainbow*). Añadiremos alguna fruta, algún brote e incluso trozos de lechuga.

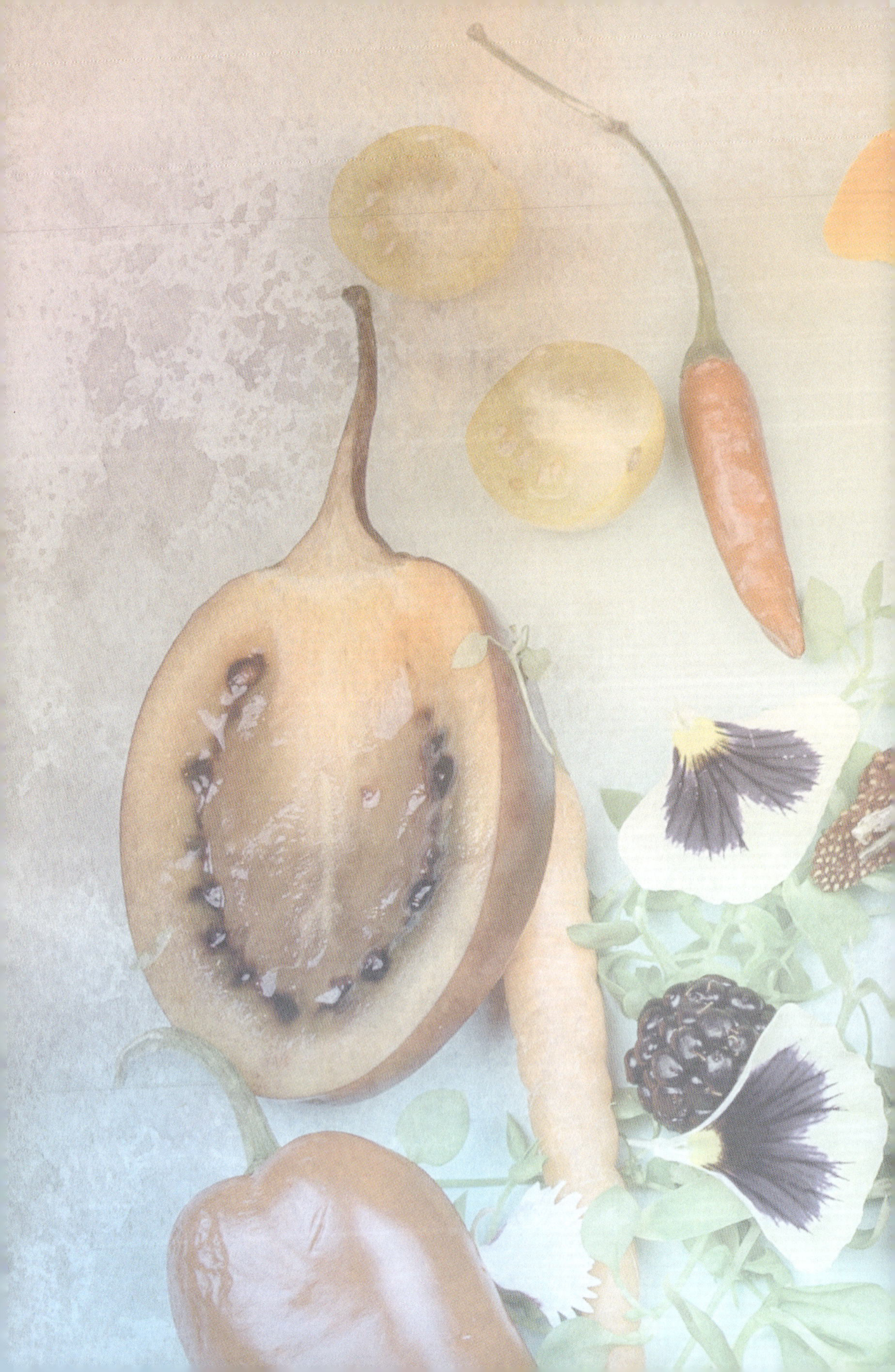

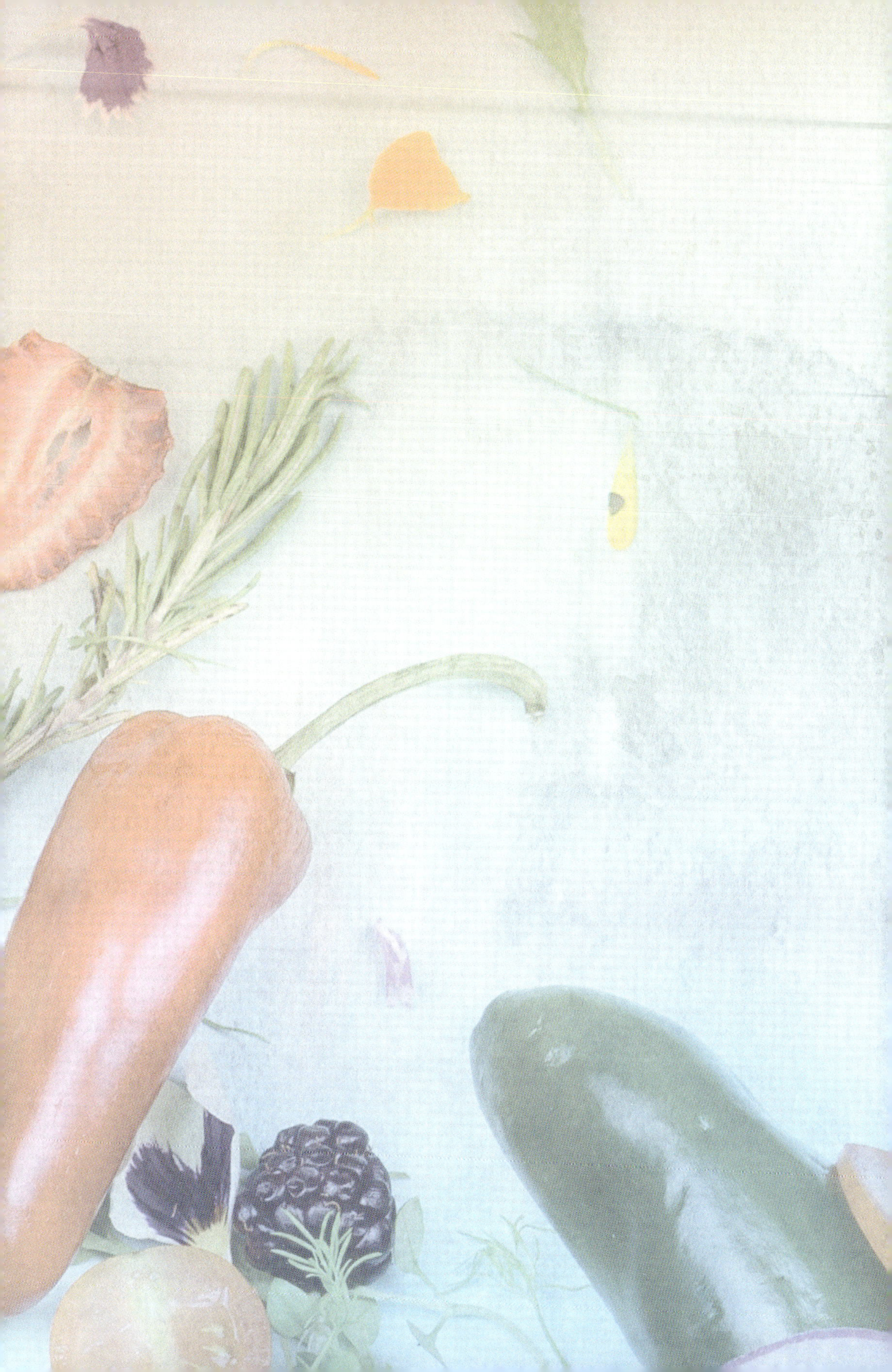

41°
slow vegan

En este apartado del libro vamos a cocinar a 41°. La técnica que usaremos es la deshidratación. La deshidratación consiste en eliminar casi por completo el agua de un alimento para conservarlo manteniendo sus nutrientes, aroma y sabor.

La Historia nos revela que todas las civilizaciones han desarrollado, con mayor o menor éxito, formas de conservar sus alimentos. La deshidratación, en concreto, se remonta al Neolítico, lo que la convierte en una de las formas más antiguas de conservación. El secado se realizaba entonces por la mera acción del sol y era habitual secar multitud de plantas, carnes y pescados.

Actualmente, además de deshidratar para conservar, podemos aplicar esta técnica para cocinar. Con ella podemos hacer gominolas naturales procedentes del secado de frutas, *snacks* naturales, masas para panes o galletas; o podemos secar verdura y molerla para obtener polvo de verduras. En realidad, la deshidratación ofrece multitud de posibilidades de manera que, si usamos nuestra creatividad, podremos emular con ella muchísimos platos cuya receta tradicional se elabora a temperaturas mucho más altas.

El deshidratado presenta, además de la simple conservación, varias ventajas:
— Su acción concentra los nutrientes de un alimento potenciando de esta forma su sabor.
— Con ella es posible recrear texturas parecidas a las del cocinado a temperaturas mucho más altas.

— Es una forma de cocinar muy saludable, sin grasas y sin degradar nutrientes.

Existen dos trucos para deshidratar sin necesidad de tener una deshidratadora:

— De la misma forma que se ha hecho siempre. Por la acción del sol. Para deshidrataciones muy largas tendremos que guardar el alimento en la nevera por la noche y volverlo a exponerlo al sol al día siguiente. Si vamos a secar un alimento al sol conviene que sea en un día de mucho calor.

Este método es desaconsejable por la alta probabilidad de que los ingredientes fermenten. No obstante, existen deshidratadoras solares que potencian la acción del sol y suben la temperatura ambiente reduciendo las posibilidades de fermentación.

— Por medio de un horno. Poniéndolo a 50° y dejando la puerta un poco abierta. Esta forma es también desaconsejable por el gasto energético y, por ende, económico que supone.

El deshidratado es, en definitiva, una forma de cocinar tan apta como cualquier otra. Su uso implica además recuperar una tradición milenaria. En esta parte os propongo tres deliciosas y sencillas recetas donde veremos cómo integrar deshidratados en nuestra cocina.

Coca *Raw Rainbow*

41°

Para 4 personas.   Preparación: 15 horas.

Ingredientes

Recetas

PARA LA MASA DE LA COCA
- 1 calabacín.
- 1 cebolla morada.
- 1 chirivía.
- ¼ de bulbo de hinojo.
- 1 diente de ajo.
- 2,5 CUP de semillas de calabaza.
- 1 CUP de lino dorado.
- 2 tomates pera.
- 6 tomates secos.
- 10 hojas de albahaca.
- 1 TSP cayena.
- 1 TSP de comino.
- 1 chorrito de aceite de oliva.
- ½ limón.
- Sal a gusto.

Masa de coca:
- Pela el calabacín y córtalo en dados de 2 cm de grosor.
- Pela la cebolla y córtala en juliana.
- Pela la chirivía y córtala en juliana.
- Pela el bulbo de hinojo con ayuda de un pelador o una puntilla. Separa ¼ de bulbo y córtalo en juliana.
- Lava y corta los tomates pera en cuartos.
- Haz un jugo con el medio limón.
- Tritura los ingredientes con una procesadora de la siguiente forma: con la trituradora en *off*, echaremos en el vaso de la procesadora en primer lugar los calabacines, después el resto de verduras y finalmente 2 tazas de semillas de calabaza y ½ taza de lino. Es importante hacerlo en este orden para ayudar a la máquina a triturarlo todo. Recuerda siempre empezar echando el calabacín. Pon la procesadora a funcionar y tritura todo durante un minuto y medio.
- Una vez la mezcla haya adquirido una textura de puré, para la procesadora y añade al vaso ½ taza de semillas de calabaza, ½ taza de lino dorado, el limón y el aceite de oliva. Vuelve a procesar, pero esta vez muy poco tiempo, unos cinco segundos, para poder después encontrarnos trozos enteros de cebolla y semillas en el *cracker*.
- Pon el resultado anterior en las bandejas de la deshidratadora. Encima de las láminas de paraflex y, con la ayuda de una espátula de cocina, extiende la mezcla a lo largo de la lámina. Es importante que el grosor sea uniforme y esté entre 2,5 y 3 mm.
- Mete las bandejas en la deshidratadora y prográmala a 41° durante dieciséis horas.
- Cuando hayan pasado ocho horas puedes dar la vuelta a la lámina. Es muy sencillo. Simplemente tendremos que sacar la bandeja del deshidratador y darle la vuelta, de forma que quede la lámina de paraflex encima del *cracker* y debajo del *cracker* la bandeja de la deshidratadora. A continuación, despega cuidadosamente la lámina de paraflex, mete de nuevo la bandeja y continúa deshidratando la masa otras 8 horas.
- Pasadas las dieciséis horas en total, saca la lámina y, con la ayuda de un cuchillo, corta los *crackers* en cuadrados de 10 cm.

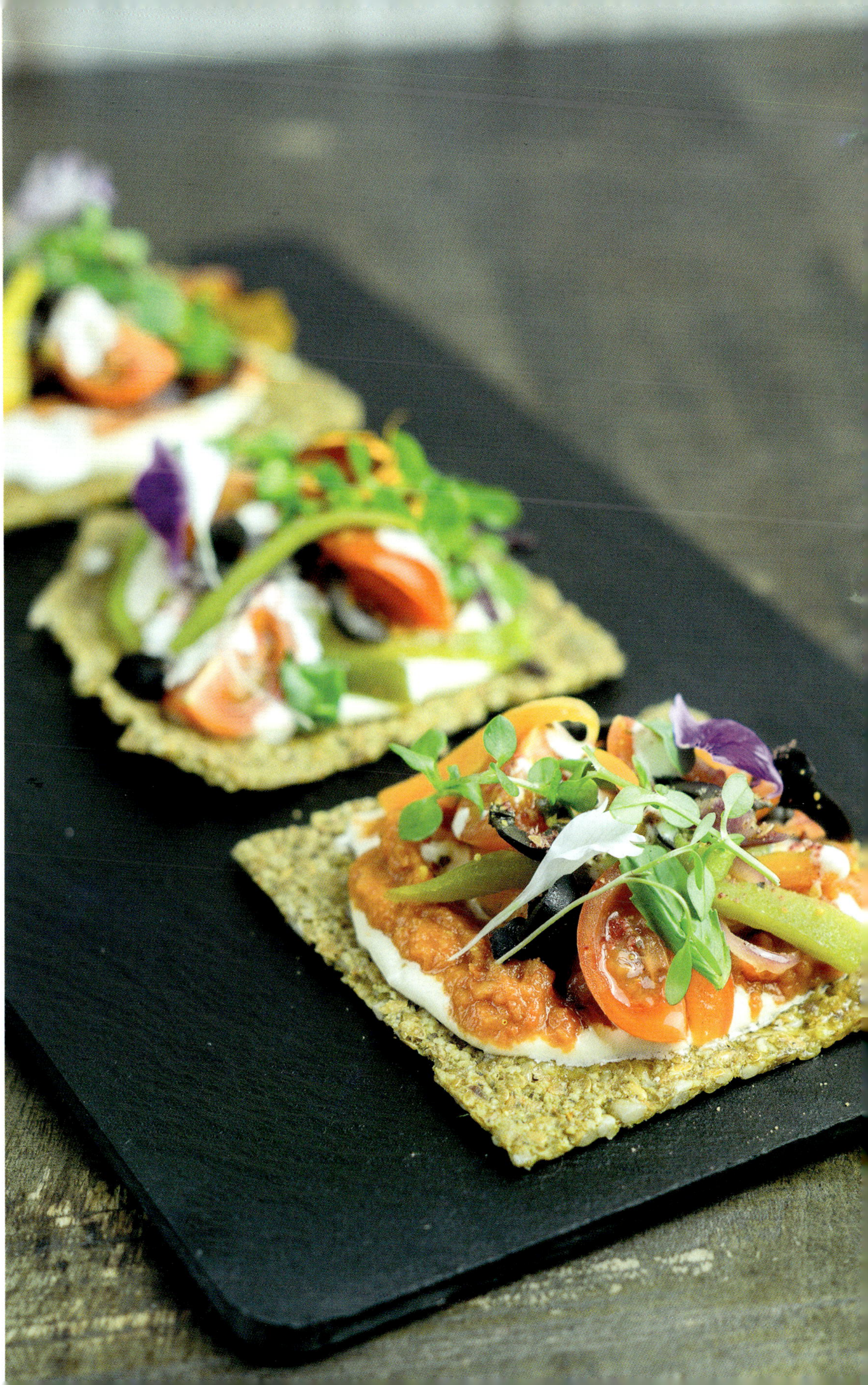

Coca Raw Rainbow
continuación

+ Ingredientes

■ PARA EL QUESO UNTABLE DE NUECES DE MACADAMIA:
– *1 CUP de nueces de macadamia.*
– *1 CUP de agua.*
– *1 TBSP de levadura nutricional.*
– *Sal al gusto.*

■ PARA LA SALSA DE TOMATE SECO:
– *3 tomates pera.*
– *5 tomates secos.*
– *6 hojas de albahaca fresca*
– *10 g de orégano.*
– *Un chorrito de aceite de oliva virgen extra.*
– *5 g de ajo granulado.*
– *Sal al gusto.*

■ INGREDIENTES TOPPINGS PARA LA COCA:
– *½ pimiento rojo.*
– *½ pimiento verde.*
– *1 pimiento amarillo.*
– *1 cebolla roja.*
– *1 TBSP gr mostaza.*
– *100 g tomates cherry.*
– *50 g pamplinas.*
– *Un puñado germinados.*
– *Sal al gusto.*
– *1 chorrito de aceite de oliva virgen extra.*

■ Queso untable de nueces de macadamia:
- Deja a remojo las nueces de macadamia una noche.
- Lávalas bien al día siguiente.
- Pon las nueces en una batidora de vaso (preferiblemente en el vaso de ingredientes secos) y añade el resto de ingredientes.
- Por último, bate todos los ingredientes hasta que adquiera una textura de queso cremoso como para untar.

■ Salsa de tomate seco:
- Pon todos los ingredientes en el vaso de la batidora. Es preferible que uses un vaso para ingredientes secos.
- Bate todos los ingredientes hasta que se integren. Tiene que quedar con una textura densa, parecida a las salsas de tomate cocinado.

■ *Toppings:*
- Corta los pimientos y la cebolla en juliana.
- Añádeles la cucharada de mostaza, un chorrito de aceite de oliva y una pizca de sal.
- Pon el resultado anterior en una bandeja de la deshidratadora, esta vez sin lámina de paraflex, y programa la deshidratadora diez horas a 41°.

■ Emplatado:
Pondremos encima de los *crackers* la salsa de tomate seco, encima el queso untable de macadamias y encima los pimientos y la cebolla deshidratada. Finalmente añadiremos los *cherrys*, las pamplinas y los germinados.

■ Nota:
En caso de no disponer de deshidratadora podemos hacer la receta en el horno. Para ello seguiremos los siguientes pasos:
- En vez de extender la masa encima de una bandeja de la deshidratadora hazlo sobre una bandeja de horno. Encima de la bandeja pon una lámina de paraflex y estirara la masa igual que en la receta. Si tampoco dispones de lámina de paraflex, puedes usar papel de hornear.
- Pon el horno a 50° y deja la puerta parcialmente abierta unos 5 cm. Deja la masa deshidratando quince horas.
- A las ocho horas dale la vuelta a la lámina igual que en la receta y déjala ocho horas más.
- Para deshidratar los pimientos y la cebolla en el horno ponlos directamente sobre la bandeja. Pon el horno a 50° y déjalos nueve horas con la puerta del horno abierta.

Sacos de coco y mango rellenos de gel de melocotón

Para 4 personas. *Preparación: 15 horas.*

Uno de los ingredientes que más me gusta deshidratar es la pulpa de coco. Hace que nuestros deshidratados sean moldeables y que los podamos trabajar de muchas formas. Tiene además un sabor suave que marida muy bien con otras frutas. Para poder separar la pulpa del coco es importante que este sea joven.

Ingredientes

– 1 coco joven o coco thai.
– 2 mangos.
– 5 melocotones.
– 1 TSP agar-agar en polvo.
– 1 TSPS de sirope de agave.
– 100 g de fresas.

Receta

- Saca la pulpa al coco joven. Para ello, corta la parte superior del coco, la que acaba en punta, de manera que quede un agujero de tamaño suficiente para poder meter una cuchara. Quítale el agua, mete la cuchara y ayúdate de ella para ir sacando poco a poco la pulpa.
- Pela los mangos y desecha su hueso.
- Bátelos junto a la pulpa del coco en una batidora de vaso.
- Pon la mezcla obtenida en las bandejas de la deshidratadora. Encima de la lámina de paraflex y, con la ayuda de una espátula de cocina, extiéndela bien a lo largo de la lámina hasta que tenga un grosor uniforme de unos 1,5 mm.
- Mete las bandejas en la deshidratadora y prográmala a 41° durante doce horas.
- Pasadas las doce horas, saca la lámina de la deshidratadora.
- Pela y deshuesa cinco melocotones. Bátelos junto al sirope de agave en una batidora de vaso hasta que adquiera una textura de puré.
- Pon a cocer 250 ml del puré de melocotón junto con el agar-agar en polvo. Una vez empiece a hervir, retira la olla del fuego.
- Vierte el resultado anterior en un recipiente que no sea metálico y mételo en la nevera. Con el frío se formará una gelatina. Tardará en formarse más o menos una hora y media.
- Bate la gelatina en una batidora de vaso hasta que no queden grumos. Será mucho más fácil hacer esto en un vaso para ingredientes secos.

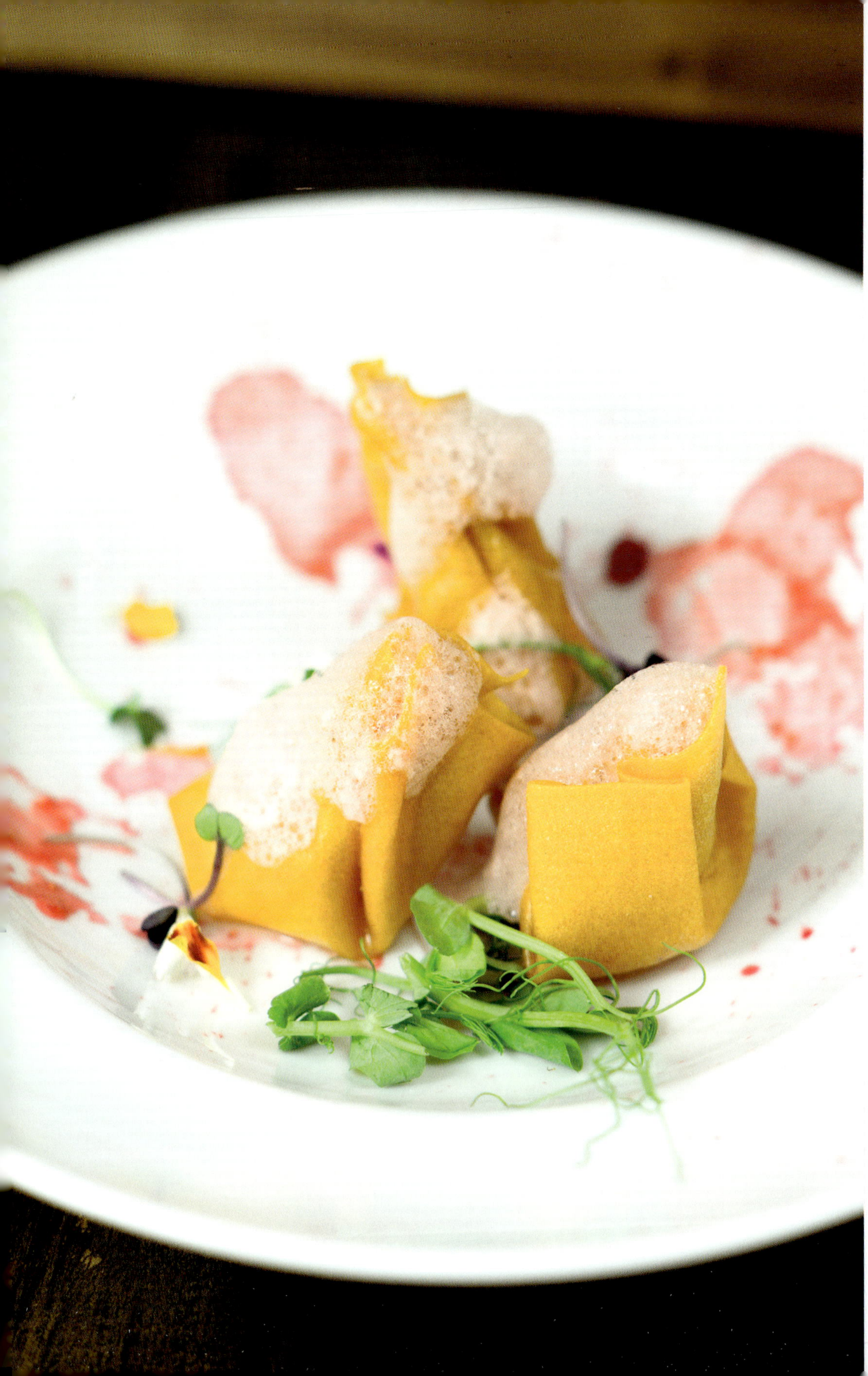

Sacos de coco y mango rellenos de gel de melocotón

continuación

- Corta círculos, de unos 10 cm de diámetro, del deshidratado de coco y mango, presionando con un aro de metal. Puedes encontrar estos aros, que sirven para emplatar, en cualquier tienda de utensilios de cocina o en cualquier comercio *low cost*.
- Una vez tengas los círculos, pon en el centro de cada uno de ellos un poco de gel y ciérralos formando un saquito. Para cerrarlos con facilidad, puedes humedecerte los dedos con agua para rehidratar un poco la parte del saco por donde lo vayas a cerrar.
- Lava las fresas y corta las hojas verdes. Ponlas en una batidora de vaso y bátelas hasta hacer otro puré con ellas.

■ Emplatado:

Dispararemos el puré de fresa por el plato de forma irregular. Pondremos los sacos encima. Añadimos algún germinado o flor para darle color.

■ Nota:

En caso de no disponer de deshidratadora podemos hacer la receta en el horno. Para ello seguiremos los siguientes pasos:

- En vez de estirar el puré de coco y mango encima de una bandeja de la deshidratadora hazlo sobre una bandeja de horno. Encima de la bandeja pon una lámina de paraflex y extiende la mezcla igual que en la receta. Si tampoco dispones de lámina de paraflex puedes usar papel de hornear. No te preocupes si se humedece, al deshidratarse podrás retirarlo con relativa facilidad.
- Pon el horno a 50° y deja la puerta abierta dejando un hueco de unos 5 cm. Ten el puré deshidratándose once horas.

Tartar de sandía

Para 4 personas. *Preparación: 12 horas.*

La sandía florece en los meses de junio y julio y podemos recogerla pasados unos cuarenta días. Una curiosidad poco conocida es que su corteza, que normalmente desechamos, es comestible. Y no solo es comestible, además hay estudios que defienden que tiene propiedades antioxidantes y que la parte verde, la cáscara, es un potente vasodilatador que mejora la circulación sanguínea y por eso funciona como una especie de Viagra natural. Quitando la cáscara, nos queda una parte blanquecina que se puede sofreír y después comer y su sabor recuerda al del chayote colombiano.
Un 90% de la sandía es agua y un 6% azúcares simples. Al deshidratarla y extraer el agua casi en su totalidad, los azúcares quedan mucho más concentrados potenciando de esta forma su dulzor. En este caso, como además vamos a deshidratarla con soja, el resultado quedará a medio camino entre lo dulce y lo salado, un contraste muy agradable al paladar.

Ingredientes

– ½ sandía.
– 2 aguacates.
– ½ CUP de semillas de lino.
– 2 CUP de agua.
– 50 g de mostaza antigua.
– 1 TBSP de sirope de agave.
– 1 cebolla morada.
– 50 g de alcaparras.
– 1 TSP de vinagre blanco.
– 4 TBSP de salsa de soja.
– ½ diente de ajo.
– ½ TSP de curry en polvo.
– 4 o 5 gotas de tabasco.
– 40 ml de aceite de oliva virgen extra.
– Sal y pimienta al gusto.

Receta

- Pela la sandía y córtala en *mirepoix*, cubos de 1,5 cm.
- Mézclala con la salsa de soja.
- Ponla en las bandejas de la deshidratadora con láminas de paraflex.
- Programa la deshidratadora a 41° durante doce horas.
- Pasadas las doce horas, pon la sandía deshidratada en un bol y resérvala.
- Pon a hervir las dos tazas de agua.
- Deja quince minutos en remojo el lino dorado en el agua hervida.
- Saca el lino y ponlo en un colador y remuévelo en círculos ayudándote de una cuchara en el propio colador. Poco a poco irá saliendo el mucílago del lino (un líquido viscoso parecido al huevo).
- Añade el mucílago a la sandía deshidratada.
- Corta la cebolla en *brunoise* y añade a la sandía todos los demás ingredientes menos la mostaza, el agave y los aguacates. Remuévelos.
- Haz una salsa de mostaza. Será tan simple como juntar la mostaza y el sirope de agave y remover.
- Pela el aguacate y, tras retirar el hueso, córtalo en dados de 1,5 cm. A continuación, sálalos a tu gusto.

■ **Emplatado:**
Con la ayuda de un aro para emplatar haremos un timbal. En la base pondremos el aguacate y encima la sandía aliñada. Al lado pondremos la salsa de mostaza.

■ **Nota:**
En caso de no disponer de deshidratadora podemos hacer la receta en el horno. Para ello seguiremos los siguientes pasos:
- En vez de poner la sandía encima de una bandeja de la deshidratadora, hazlo sobre una bandeja de horno. Encima de la bandeja pon una lámina de paraflex y encima la sandía. Si tampoco dispones de lámina de paraflex, puedes usar en su lugar papel de hornear.
- Pon el horno a 50° y deja deshidratar la sandía durante once horas con la puerta del horno parcialmente abierta, dejando un espacio de 5 cm.

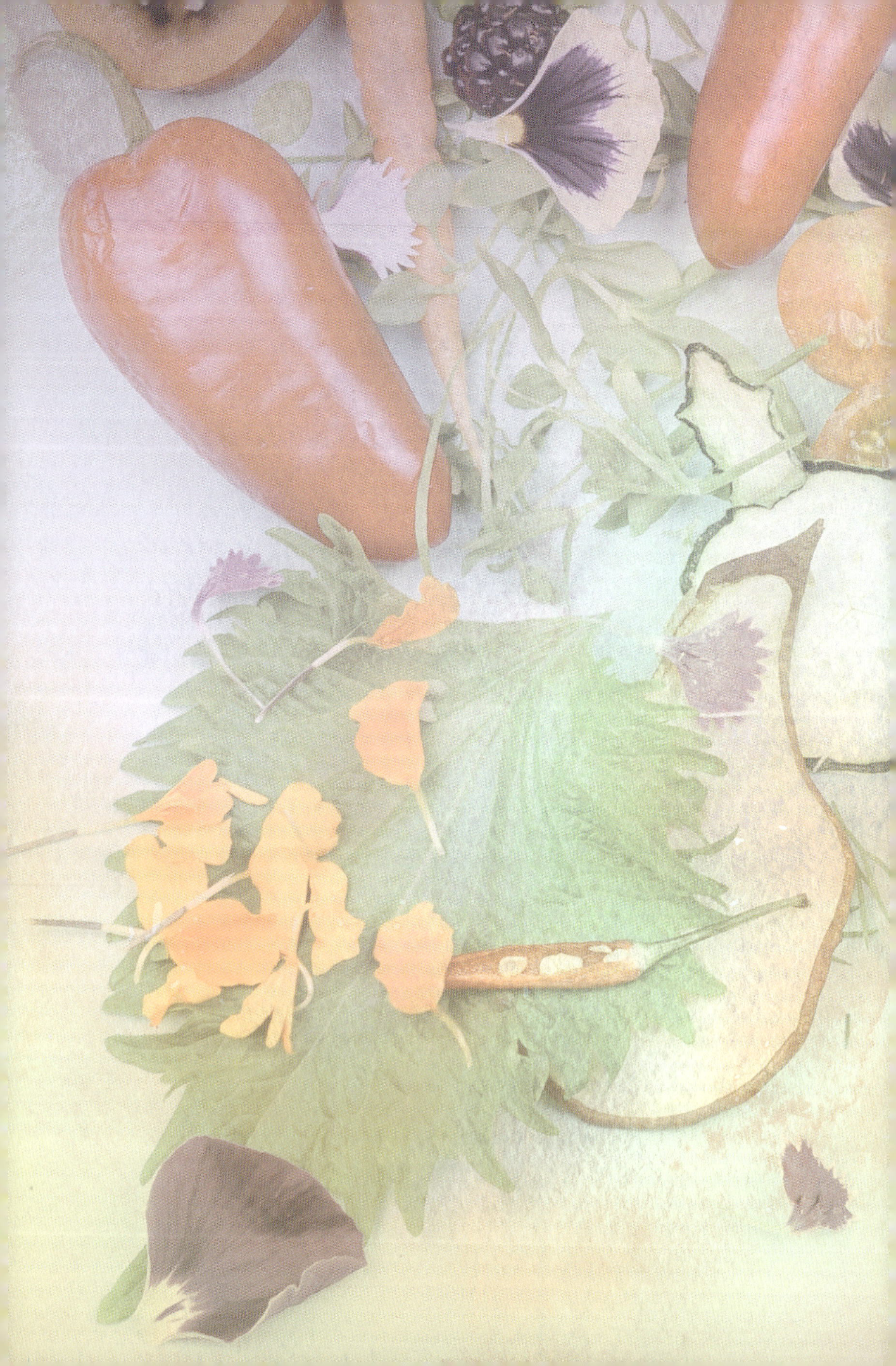

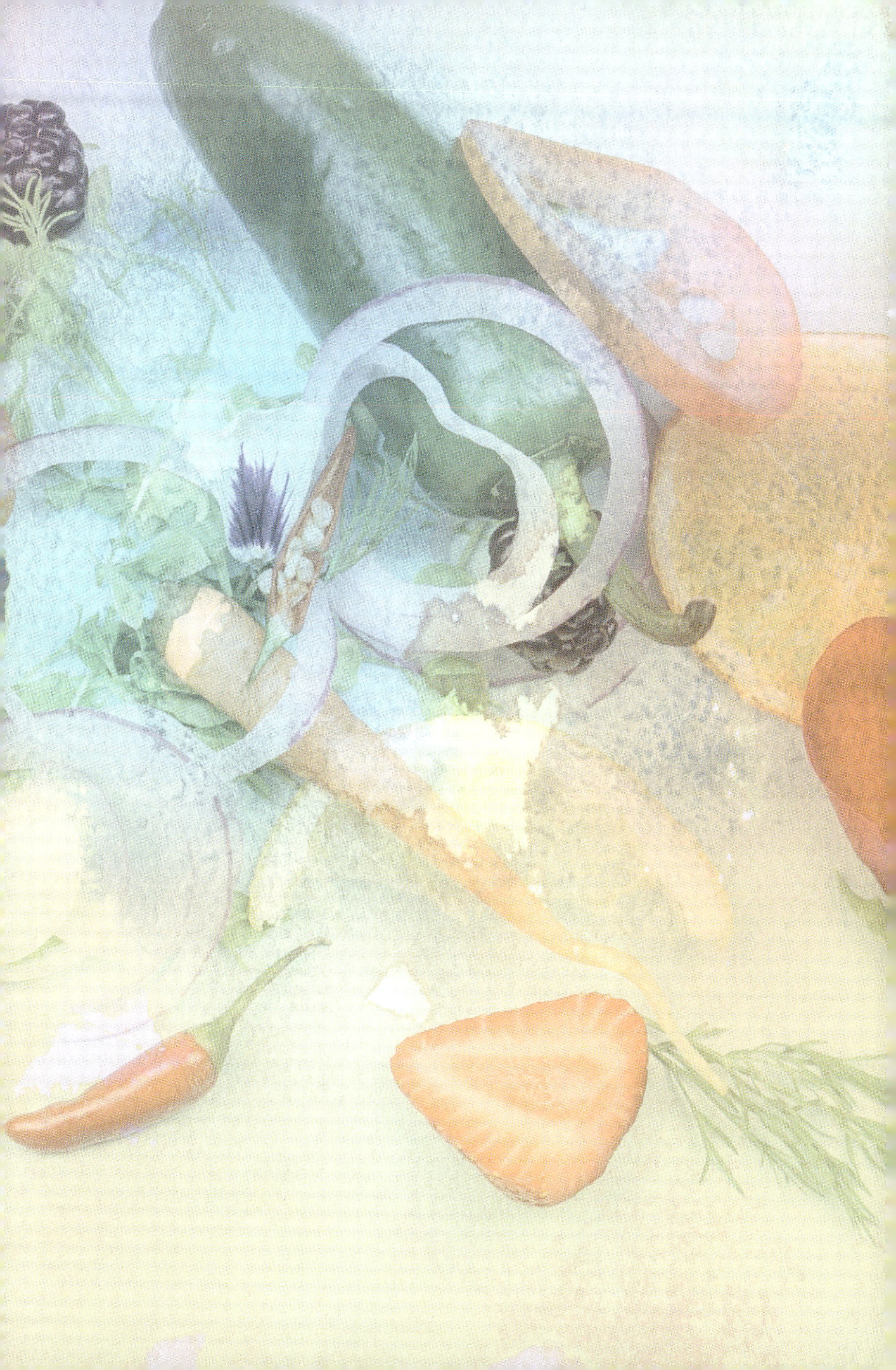

80°
slow vegan

La técnica que vamos a usar en las siguientes recetas es la cocina al vacío. Es una técnica con mucha y compleja teoría tras ella; tanta que, si pretendiéramos explicarla con el rigor que merece, nos daría para un libro entero. No obstante, vamos a ver de forma breve lo que significa cocinar al vacío y lo aplicaremos en tres recetas de manera sencilla, sin necesidad de tener que comprar carísima maquinaria.

En palabras de Joan Roca, máximo exponente de esta técnica: «la cocción al vacío consiste pues, en su definición básica, en aplicar calor a un alimento previamente envasado en un recipiente hermético y resistente al calor cuya atmósfera ha sido modificada. Esta cocción se caracteriza porque se realiza a baja temperatura y durante un periodo de tiempo más largo que la cocción tradicional, consiguiendo que la temperatura a corazón de cada producto sea exacta y la justa para mantener al máximo, e incluso resaltar todas sus cualidades, tanto dietéticas como organolépticas (texturas, aromas, sabores…)». *La cocina al vacío sous–vide cuisine*, Joan Roca. Editorial Salvador Brugués, pág. 14.

Vamos a analizar la definición

Aplicar calor a un alimento envasado en un recipiente hermético y resistente al calor. Para cocinar al vacío necesitaremos envasar al vacío los ingredientes que vayamos a cocinar y, en efecto, no todos los envases son resistentes al calor. Cuidado con esto. Si vamos a realizar estas recetas en nuestra casa es primordial que el recipiente de envasado que utilicemos nos permita cocinar con él. Os recomiendo bolsas de plástico aptas para cocción. Soportan una temperatura de máximo entre 100 y 121°.

Cuya atmósfera ha sido modificada. Al envasar al vacío es posible recrear una atmósfera artificial dentro del envase en el que pongamos los alimentos. Por ejemplo, podemos añadir otros gases como oxígeno, nitrógeno o anhídrido carbónico. Esto puede presentar múltiples ventajas, como retardar la oxidación de los alimentos, o, por el contrario, oxigenarlos, así como impedir crecimientos bacterianos, etc. Pero esto, para cocinar en nuestra casa, es ir demasiado lejos. Además, disponer de la maquinaria necesaria para hacerlo es una inversión económica implanteable a un nivel doméstico. De hecho, ni siquiera la mayoría de los restaurantes cocinan al vacío; los que lo hacen, por lo general, tampoco llegan tan lejos, y los que llegan hasta este punto suelen utilizar mezclas de gases que ya vienen hechas de fábrica. Para cocinar al vacío en nuestra casa, disponer de una envasadora no profesional será suficiente.

Esta cocción se caracteriza porque se realiza a baja temperatura y durante un periodo más largo que la cocción tradicional. La cocina al vacío cuece los alimentos a temperaturas muy bajas, por ello se tarda más tiempo en cocinar. Con esta técnica la verdura se suele

80°
slow vegan

cocinar entre los 70 y los 100°. La temperatura que he elegido en esta sección de recetas es de 80° y los tiempos de cocinado estarán ajustados a ella.

Consiguiendo que la temperatura a corazón de cada producto sea exacta y la justa para mantener al máximo, e incluso resaltar todas sus cualidades, tanto dietéticas como organolépticas (texturas, aromas, sabores…). Cuando hablamos de la «temperatura a corazón» nos referimos a la temperatura a la que están los alimentos en proceso de cocinar. Si estamos cocinando con agua a 80°, la temperatura a la que estarán los ingredientes será algo más baja. Cocinando al vacío conseguiremos que el punto de cocción de los alimentos sea exacto, gracias al control constante de la temperatura de estos.

Para cocinar al vacío es necesario una envasadora, un roner y un recipiente donde poner el roner, y agua. Podemos encontrar envasadoras no profesionales y roners para cocinar en casa muy económicos. No obstante, aquí tienes unos trucos para hacerlo sin roner y sin envasadora de vacío.

Si no tenemos envasadora

— Podemos envasar utilizando el borde de una mesa. En este caso, la bolsa de envasado debe tener autocierre. Para ello introduciremos el alimento en la bolsa con algún líquido que lo cubra. Sujetaremos la parte superior de la bolsa y la dejaremos caer de forma que resbale por el borde de la encimera. Al principio, el líquido debe quedar justo en el borde de la encimera y poco a poco la deslizaremos hacia abajo permitiendo que el aire salga. Cuando la parte abierta de la bolsa llegue al borde de la encimera la cerraremos rápidamente.

— También podemos cerrar la bolsa con autocierre dejando tan solo un pequeño hueco suficiente para meter una pajita de las de beber. Aspiraremos sorbiendo por la pajita hasta que veamos que ha salido todo el aire. Inmediatamente, presionaremos con un dedo el borde de la pajita y la sacaremos rápidamente terminando de cerrar la bolsa a la vez para impedir que el aire vuelva a entrar.

Podemos cocinar sin roner de dos formas

— Macerando al vacío los ingredientes y luego cocinándolos con un horno. Yo suelo poner el horno a algo más de temperatura de lo que pondría un roner, unos 20° más, y acorto un poco el tiempo de cocinado (más o menos un 40% menos del tiempo total con roner). Es recomendable dejar macerar los ingredientes un mínimo de dos horas antes de sacarlos de la bolsa para meterlos en el horno.

Ya sea de una forma o de otra, los sabores de la cocina al vacío resultan siempre intensos, deliciosos y sorprendentes.

— También podemos simular la función de roner poniendo los fogones o la vitrocerámica a fuego muy lento y retirando la olla del fuego cuando veamos que sube la temperatura. Con esta técnica necesitaremos un termómetro de cocina y estar muy pendientes de la temperatura del agua en todo momento. No lo recomiendo porque es un procedimiento que resulta muy pesado.

109

Osmosis de tomate rosa y albahaca

80°

Para 2 personas.　　*Preparación: 3 horas y media.*

Tomate y albahaca es uno de mis maridajes preferidos desde que era niño. Al hacer esta receta me pareció buena idea que el sabor de la albahaca penetrase directamente en un buen tomate como el rosa. Es una receta que además me encanta hacerla de cara al verano.

Ingredientes

– 1 tomate rosa.
– 50 g de albahaca.
– 100 ml de aceite de oliva virgen extra.
– Sal al gusto (y sin miedo, que no quede soso).

Receta

- Bate en una batidora de vaso la albahaca, el AOVE y la sal.
- Pela el tomate y pínchalo por varios sitios con un cuchillo.
- Envasa el tomate al vacío con la mezcla de aceite, albahaca y sal. Para ello, usa bolsas para envasar al vacío que admitan cocinar con ellas al baño María. Con ayuda de una envasadora de vacío quita todo el aire que puedas y, con la misma envasadora, sella la bolsa (las envasadoras de vacío, además de extraer el aire, permiten sellar las bolsas de plástico mediante un filamento caliente).
- Llena con agua una olla o un recipiente que tenga profundidad suficiente para que quepa bien el roner, de unos 40 cm. Sujeta el roner a la pared de la olla. Prográmalo a 80°. Cuando el roner marque que el agua llega a los 80°, añade la bolsa sellada.
- Deja cocinando el tomate durante noventa minutos.
- Saca la bolsa de la olla y ponla a enfriar durante dos horas en abundante agua con hielo.
- Abre la bolsa, saca el tomate y emplata.

■ Emplatado:

A la hora de presentar esta receta podemos hacerlo con el tomate entero o bien cortando el tomate en rodajas y añadiendo hojas de albahaca, como si fuese un *carpaccio* de tomate.

■ **Nota:**

En caso de no disponer de roner podemos hacer la receta en un horno de convección. El resultado no será el mismo, pero sí muy parecido.
Para ello:
- Envasa al vacío el tomate con la mezcla de aceite, albahaca y sal de la misma forma.
- Deja reposar la bolsa envasada al vacío a temperatura ambiente durante dos horas.
- Pasadas las dos horas, saca el tomate de la bolsa y ponlo en un recipiente apto para hornear.
- Precalienta el horno a 100° y, una vez los alcance, mete el tomate durante 45 minutos.

Pera osmotizada con jengibre y glaseado de fresa

80°

Para 4 personas.   *Preparación: 6 horas y cuarto.*

Esta receta me parece una forma sana y divertida de comer fruta. Veréis cómo, al cocinar al vacío las peras con el jengibre, los dos sabores se integran de maravilla. En este caso hemos elegido fresa para el glaseado, pero siguiendo este procedimiento, podemos hacerlo también de cualquier otra fruta.

Ingredientes

– 1 kg fresas.
– 4 peras conferencia maduras.
– 40 g de gel caliente sosa.
– 15 g de jengibre.
– 200 ml de agua.
– 50 g de azúcar.

Receta

- Pela el jengibre y córtalo en dados de 2 mm.
- Pon el agua a hervir en un cazo y, cuando esté cociendo, añade el jengibre cinco minutos para que infusione.
- Retira la olla del fuego y deja que la infusión enfríe durante una hora.
- Cuela el agua con un colador.
- Pela las peras con ayuda de una puntilla o un pelador.
- Envásalas al vacío con el agua infusionada con jengibre usando dos bolsas para envasar al vacío que nos admitan cocinar con ellas al baño María. Mete dos peras peladas en una bolsa y otras dos en la otra. Añade a cada bolsa la mitad del agua infusionada con jengibre y, seguidamente, con ayuda de una envasadora de vacío, quita todo el aire que puedas y, con la misma envasadora, sella la bolsa (las envasadoras de vacío, además de extraer el aire, permiten sellar las bolsas de plástico mediante un filamento caliente).
- Llena con agua una olla o un recipiente que tenga profundidad suficiente para que quepa bien el roner, de unos 40 cm. Sujeta el roner a la pared de la olla. Prográmalo a 80°. Cuando el roner marque que el agua llega a los 80°, introduce las bolsas con las peras y la infusión de jengibre. Deja que se cocine durante una hora. Recuerda que las peras deben estar bien maduras; de no ser así necesitarán más tiempo de cocción.
- Pasada la hora sacas las bolsas de la olla y sumérgelas en abundante agua con hielo para bajarles la temperatura. Tardarán otras dos horas en enfriarse. También puedes dejarlas en la nevera durante una noche y seguir la receta al día siguiente.
- Una vez que tengas las peras frías, comienza a preparar el glaseado. Lo primero para ello es extraer el jugo a las fresas. En caso de no tener

extractor de jugos, puedes batirlas y después colar el puré con una bolsa para hacer leches vegetales.
- Pon a cocer en una olla a fuego muy lento medio litro del jugo de las fresas junto con el azúcar y el gel caliente. Mueve lentamente con unas varillas hasta que empiece a hervir. Inmediatamente después de que hierva, retíralo del fuego y deja enfriar durante diez minutos.
- Saca las peras de la bolsa y báñalas en el glaseado.
- Mete las peras glaseadas en la nevera durante dos horas y pasado este tiempo las tendremos listas para servir.

Emplatado:
Serviremos las peras en un cuenco poco profundo.

Nota:
En caso de no disponer de roner podemos hacer la receta en un horno de convección. El resultado no será el mismo, pero sí muy parecido. Para ello:
- Envasa al vacío las peras de la misma forma que en la receta.
- Deja reposar la bolsa envasada al vacío a temperatura ambiente durante dos horas.
- Pasadas las dos horas saca las peras de la bolsa y las ponlas en un recipiente apto para hornear.
- Precalienta el horno a 100° y una vez los alcance, mete las peras durante veinticinco minutos.

Escalope de tofu y setas a la plancha

80°

Para 4 personas. *Preparación: 10 horas.*

Esta receta la creé junto al chef Jesús Almagro para el evento Nada Es lo Que Parece, *un ciclo de cenas* pop up *que tuvimos el honor de ofrecer en un invernadero del s.XIX.*

El tofu se caracteriza por absorber bien otros sabores y por medio del envasado al vacío se consiguen excelentes resultados. En este caso realizamos la ósmosis con los ingredientes de una salsa teriyaki. *Acompañado por la* chip *de kale y las setas, queda un plato realmente redondo.*

Ingredientes

– 1 bloque de tofu duro, de aproximadamente 200 g.
– 150 g de Amanita caesarea.
– 150 g de Boletus edulis.
– 150 g de níscalos.
– 200 g de kale.
– 75 g de anacardos crudos.
– 300 g de salsa tamari.
– 2 cucharadas soperas de sirope de agave.
– 250 g de agua.
– ½ cucharadita de jengibre molido.
– 1 cucharadita de ajo granulado.
– 4 cucharadas soperas de azúcar integral.
– 3 cucharadas soperas de sirope de arce.
– 1 cucharada sopera de levadura nutricional.
– 1 diente de ajo.
– 1 cucharada sopera de mirin.

Receta

■ **Para la *chip* de kale:**
- Lava y pela la kale quitando el tallo central. Resérvala.
- Bate en una batidora de vaso los anacardos con 150 g de *tamari*, las dos cucharadas soperas de sirope de agave, el diente de ajo, la cucharada sopera de levadura nutricional y la sal.
- Mezcla el resultado anterior con las hojas de kale.
- Ponlo encima de una bandeja de la deshidratadora (con lámina de paraflex), mete la bandeja en la deshidratadora y prográmala durante diez horas a 41°.

■ **Para el escalope de tofu:**
- Corta cuatro láminas de 2,5 cm de grosor del bloque de tofu.
- Mezcla en un cuenco los 150 g de *tamari*, el *mirin*, las tres cucharadas soperas de sirope de arce, las cuatro cucharadas de azúcar integral, el ajo granulado, el jengibre molido y los 250 ml de agua.
- Envasa al vacío el tofu y la mezcla anterior: para ello, usa bolsas para envasar al vacío que nos admitan cocinar al baño María. Pon una lámina de tofu por bolsa y añade a partes iguales en cada bolsa la mezcla obtenida en el unto anterior. Con ayuda de una envasadora de vacío quita todo el aire que puedas y, con la misma envasadora, sella la bolsa (las envasadoras de vacío, además de extraer el aire, permiten sellar las bolsas de plástico mediante un filamento caliente).
- Llena con agua una olla o un recipiente que tenga profundidad suficiente para que quepa bien el roner, de unos 40 cm. Sujeta el roner

a la pared de la olla. Prográmalo a 80°. Cuando el roner marque que el agua llega a los 80°, sumerge las bolsas de tofu selladas al vacío y déjalas que se cocinen en el agua durante una hora.
- Pasada la hora, saca el tofu y reserva el líquido junto al que estaba envasado.
- Antes de servir el plato, regenera el tofu, pásalo por una plancha precalentada a 210°, minuto y medio por cada lado.

Para las setas:
- Limpia las setas con un paño húmedo.
- Trocéalas en tiras de 1 cm de ancho.
- Añade sal y el limón exprimido.
- Ponlas en una plancha a 220° durante seis minutos con un chorrito muy pequeño de aceite de sésamo. Muévelas cada dos minutos.
- Retíralas del fuego.

Para la salsa:
- Pon los líquidos con los que hemos envasado al vacío el tofu en una olla y deja que reduzcan una cuarta parte. De esta forma harás una salsa *teriyaki* que acompañará de maravilla la receta.

Emplatado:
Pondremos en la base las setas, encima de ellas el tofu y encima la *chip* de kale. Terminaremos el plato con una cucharada de la salsa *teriyaki*.

Nota:
En caso de no disponer de roner, podemos hacer la receta en un horno de convección. El resultado no será el mismo, pero sí muy parecido. Para ello:
- Envasa al vacío el tofu con la mezcla de líquidos de la misma forma que en la receta.
- Mantén la bolsa envasada al vacío a temperatura ambiente durante dos horas.
- Pasadas las dos horas, saca el tofu de la bolsa y ponlo en un recipiente apto para hornear.
- Precalienta el horno a 100° y, una vez los alcance, mete el tofu durante veinticinco minutos.

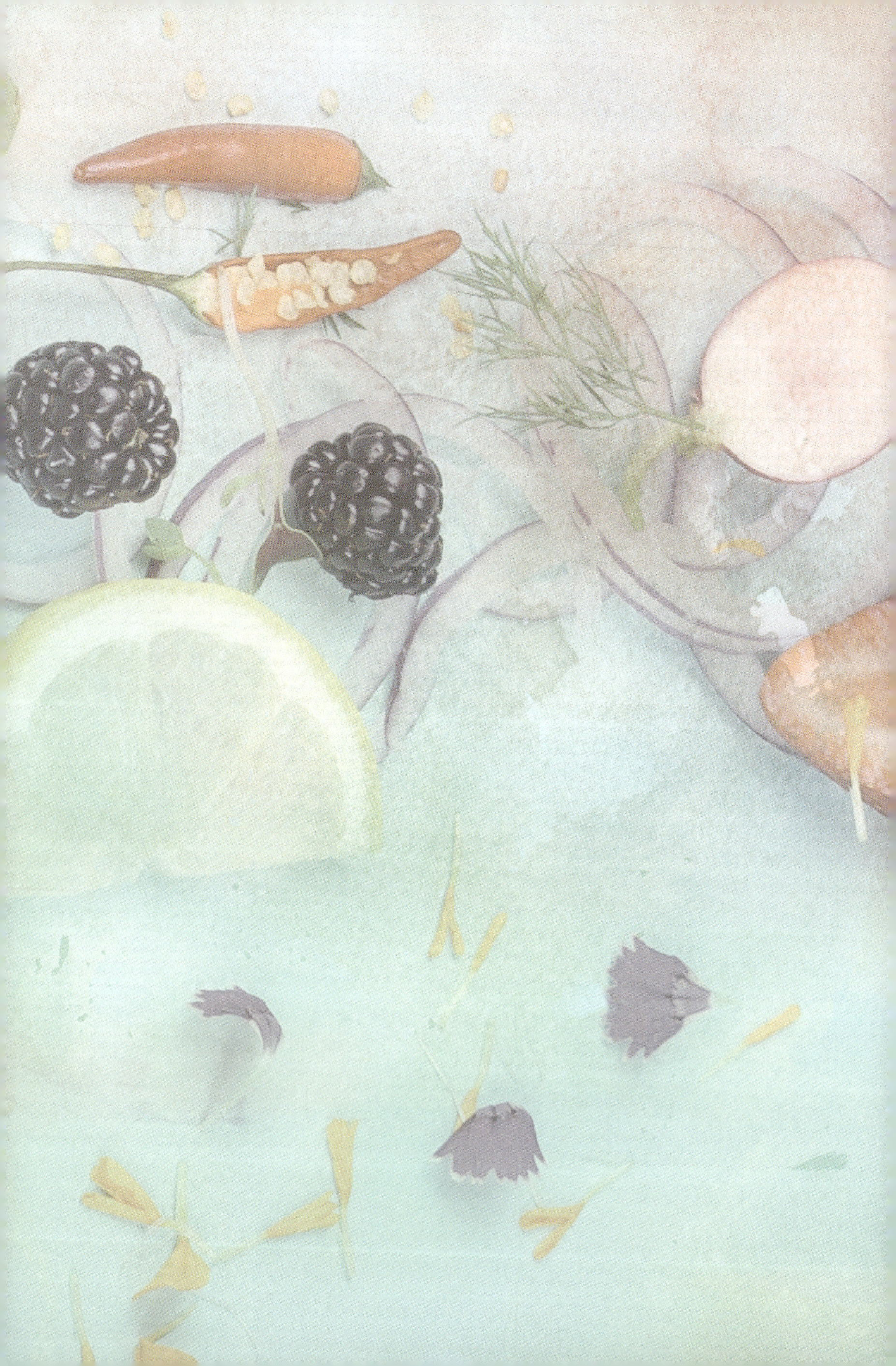

100°
slow vegan

A los 100° comienza la ebullición del agua, temperatura a la que podemos hacer cocciones simples de verduras o incluso podemos guisar legumbres y cereales.

La mejor forma de cocinar las legumbres es con una cocción muy suave, de esta forma no se descascarillarán y resultarán más tiernas y jugosas. Conviene siempre mantenerlas antes en remojo unas ocho horas, así las haremos más digestivas y nutritivas y, al hidratar su fibra, acortaremos el tiempo de cocinado. Con el remojo, las legumbres y semillas no solo se hidratan, sino que además liberan al agua algunos antinutrientes, que son sustancias que afectan a la absorción de otros nutrientes del mismo alimento o del resto de alimentos que consumamos a la vez. Por este motivo, no es recomendable usar el agua del remojo para su posterior cocción.

En líneas generales, el hervido a fuego lento será perfecto también para cocinar cereales. Aunque, en este caso, hay excepciones: algunos tipos de arroces, como los arborios o carnarolis, necesitarán más temperatura. Conviene además «nacarar» los arroces antes de hacerlos para que no pierdan el almidón, esto es, sofreírlos un poco antes de añadirles el agua. De esta forma, el arroz se transparenta un poco asemejándose al aspecto tornasolado del nácar, similitud que da nombre a este proceso.

Por medio de la ebullición a fuego lento, podemos también hacer caldos de verduras. El procedimiento consiste en sofreír verduras y después añadir agua, dejando que se cueza todo a fuego muy lento durante unas dos horas. Podemos además ir un poco más lejos a la hora de hacer un caldo por medio de dos procesos:

— El **desgrasado**: consiste en dejar el caldo en la nevera durante veinticuatro horas. Entonces nos encontraremos en la superficie del caldo con una capa grasa procedente del aceite, que podemos retirar con ayuda de una cuchara. No obstante, las grasas contienen abundante sabor además de nutrientes que aportan sustancias liposolubles, como algunas vitaminas. Por eso recomiendo desgrasar solamente si en el proceso hemos utilizado más aceite del necesario.

— El **texturizado**: consiste en aportar algo de espesor a los caldos por medio de la xantana, un espesante procedente de la fermentación del maíz.

Como hemos señalado, a los 100° empieza la ebullición y con ella se inicia también el vapor. Por medio del vapor también es posible cocinar. El agua evaporada es un buen transmisor del calor. Es una forma perfecta de cocinar las verduras porque así resultan muy agradables al paladar y también muy saludables, porque no se introducen grasas en el cocinado y se conservan la mayoría de los nutrientes.

Con fuego lento podemos también **sofreír**. Es decir, hervir aceite a poca temperatura. En este proceso, además de cocinarse la verdura, absorberá el aceite poco a poco, de manera que la grasa se integrará con la verdura.

También podemos cocinar sin llegar a poner el aceite a hervir, manteniéndolo a una temperatura de unos 70 – 90°. A este proceso se le llama **confitar**. Es una técnica que se suele aplicar en carnes y pescados, pero podemos usarla también con verduras. Consiste en poner abundante aceite en una olla, introducir la verdura que vayamos a cocinar y mantenerlo a fuego lento para no permitir que el aceite llegue a hervir en ningún momento. La temperatura permanecerá cercana al punto de ebullición, pero sin alcanzarlo ni sobrepasarlo. Esta técnica la veremos en la receta «*Tempeh* con champiñones y cebolla francesa confitada».

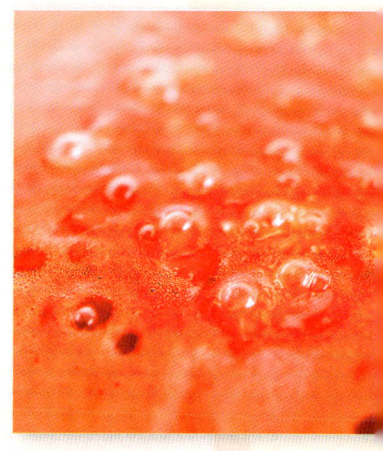

Arroz *venere* con cardillos y mojo de frutos rojos

100°

Para 4 personas.   *Preparación: 1 hora.*

El venere *es un arroz integral originario de China aunque también se cultiva en Italia, donde se le dio el nombre de* Venere. *Es un arroz poco glutinoso y al cocinarlo el grano queda suelto, lo que le hace muy apropiado para su uso en ensaladas.*

Ingredientes

■ PARA EL MOJO DE FRUTOS ROJOS:
– 5 dientes de ajo.
– 1 pizca de cayena.
– 1 guindilla.
– 1 TSP pimentón.
– 1 TSP de comino.
– 50 ml de vinagre blanco.
– 250 ml de aceite de oliva virgen extra.
– 2 TBSP de frutos rojos.
– Sal al gusto.

■ PARA EL ARROZ:
– 500 g de arroz venere.
– 2,5 litros de fondo de champiñones.
– 1 cebolla morada.
– 2 dientes de ajo.
– 2 TSP de chile merkén.
– 1 pizca de pimienta.
– Un chorrito de aceite de oliva virgen extra.
– Sal al gusto.

Recetas

■ Para el caldo de champiñones:
- Corta la cebolla morada en juliana.
- Limpia los champiñones con ayuda de un paño húmedo y córtalos en láminas.
- Haz un sofrito con la cebolla y el ajo. El ajo sofríelo entero, no es necesario quitarle la piel tampoco.
- Una vez tengas dorados los ajos y la cebolla, añade al sofrito la piel de la calabaza y los champiñones. Deja que se haga todo bien durante quince minutos.
- Añade el agua y sube los fogones al máximo para llevarla a ebullición.
- Cuando el agua esté hirviendo baja el fuego al mínimo, tapa la olla y deja que se haga el caldo durante dos horas.
- Cuela los ingredientes y desecha la verdura.
- Pon el caldo en un recipiente.

■ Para el arroz:
- Pela los ajos y la cebolla. Córtalos en daditos muy pequeños y sofríelos a fuego bajo en una olla.
- Una vez dorados, añade al sofrito el arroz, el chile merkén y la sal. Deja que el arroz se haga durante cinco minutos en el sofrito.
- Mientras se sofríe el arroz, pon a hervir 2,5 litros de caldo de champiñones.
- Añade el caldo al arroz y deja que se haga a fuego muy lento. Una vez se haya evaporado el caldo, el arroz estará hecho.

Para el mojo de frutos rojos:
- Pela los dientes de ajo.
- Bate todos los ingredientes en una batidora de vaso.

Para los cardillos:
- Pon un chorrito de aceite de oliva virgen extra en una sartén y saltéalos con la sal gorda a fuego medio hasta que estén bien dorados.

Para la veganesa:
- Pon en un vaso de batidora de mano la leche de soja, 100 ml de aceite de girasol y el resto de ingredientes.
- Bate todo junto con la batidora de mano.
- Poco a poco ve incorporando el aceite de girasol hasta que emulsione. En el proceso mientras bates haz movimientos de abajo a arriba, pero sin sacar la batidora de la mezcla en ningún momento para no meter aire en la emulsión.
- Pon la veganesa en un biberón de cocina o en una manga pastelera.

Emplatado:
Pondremos el arroz en un lado del plato y al lado dibujaremos una línea con el mojo de frutos rojos, ayudándonos de un pincel de cocina. Iremos colocando los cardillos de forma irregular encima del arroz y del mojo. Terminaremos el plato añadiendo puntos de veganesa con la manga pastelera.

+ Ingredientes

PARA EL FONDO DE CHAMPIÑONES:
- 1 cebolla morada.
- ½ cabeza de ajo.
- ½ kg de champiñones.
- La piel de una calabaza.
- 4 hojas de laurel.
- 4 litros de agua.

PARA LOS CARDILLOS:
- 300 g de cardillos.
- Sal gorda al gusto.

PARA LA VEGANESA:
- 100 ml de leche de soja.
- 300 ml de aceite de girasol.
- 1 diente de ajo.
- El jugo de ½ limón exprimido.
- Una pizca de sal.

Arroz rojo con verduras y zanahoria glaseada con naranja

100°

Para 4 personas. *Preparación: 30 minutos.*

El rojo es un tipo de arroz completamente integral originario de China. Tiene la particularidad de tener más proteína y menos hidratos de carbono que los demás tipos de arroz.

Ingredientes

■ PARA EL ARROZ:
– 500 g de arroz rojo.
– 2,5 litros de fondo blanco de verduras.
– 150 ml de vino blanco.
– 1 manojo de perejil.
– 1 cebolla morada.
– 1 diente de ajo.
– 4 alcachofas.
– 250 g de pak choi.
– Una pizca de sal.
– Una pizca de pimienta.

■ PARA LAS ZANAHORIAS GLASEADAS CON NARANJA:
– 12 mini zanahorias.
– Una naranja.

Recetas

■ Para el caldo blanco de verduras:
- Pela la cebolla y córtala en juliana.
- Pela los ajos.
- Pela el nabo y córtalo en cuatro partes.
- Pela los champiñones.
- Lava las chirivías y córtalas en rodajas.
- Pela el puerro y córtalo en rodajas.
- Pon todos los ingredientes en una olla, excepto el agua, y sofríelos a fuego bajo durante diez minutos.
- Añade el agua y llévala a ebullición con el fuego al máximo. Una vez se ponga a hervir baja el fuego al mínimo, tapa la olla y deja que se haga el caldo durante dos horas.
- Cuela todos los ingredientes. Desecha las verduras, pon el caldo en un recipiente y resérvalo.

■ Para las zanahorias glaseadas con naranja:
- Pela las mini zanahorias.
- Precalienta el horno a 180°.
- Mételas en el horno hasta que se hagan. Tardarán unos veinticinco minutos.
- Exprime el zumo de la naranja.

- Pon las zanahorias en una sartén junto con el jugo de naranja y cocínalas a fuego fuerte hasta que se evapore el jugo.

■ Para el arroz:
- Limpia el arroz, para ello sumérgelo en agua y luego cuélalo.
- Llena un bol con abundante agua y un manojo de perejil.
- Pela las alcachofas dejando solo el corazón. Para ello corta el rabo y las hojas más superficiales. A continuación, corta la alcachofa por la mitad, quita el pelo de la parte central y termina de cortarla en cuartos.
- A medida que vayas pelando las alcachofas, ve depositándolas inmediatamente en el bol para que no se oxiden.
- Lava y corta el *pak choi* en juliana.
- Pela la cebolla y el ajo. Córtalos en pequeños daditos y sofríelos en una olla.
- Cuando estén dorados, añade al sofrito el *pak choi* y las alcachofas y deja que se hagan cinco minutos.
- Añade al sofrito el arroz y la sal y mantenlos sofriéndose durante cinco minutos con todos los ingredientes.
- Pon 2,5 litros de caldo a hervir.
- Añade el caldo hirviendo en el arroz hasta que se evapore.
- Saca el arroz de la olla y emplata.

■ Emplatado:
Pondremos el arroz en un plato sopero y distribuiremos por encima las mini zanahorias.

+ Ingredientes

■ PARA EL CALDO BLANCO DE VERDURAS:
– 1 cebolla dulce.
– 2 dientes de ajo.
– 1 nabo.
– 3 chirivías.
– La parte blanca de un puerro.
– 200 g de champiñones.
– 4 hojas de laurel.
– 4 litros de agua.
– 1 chorrito de aceite de oliva virgen extra.

Calabaza rellena de *curry* de verduras

100°

Para 2 personas.   Preparación: 40 minutos.

La calabaza pertenece a la familia de las curcubitáceas, junto al pepino, los melones o los calabacines. En esta receta usaremos la variedad de calabaza redonda. En crudo tiene un olor muy fresco, a medio camino entre el pepino y el melón; su sabor es más dulce que el de la calabaza violín y si bien es algo más cara, merece la pena. Cuando uso calabaza para cocinar, me gusta guardar su piel y sus semillas para incluirlas en caldos vegetales.

Ingredientes

– 1 calabaza redonda de tamaño pequeño, de 1 kg, aproximadamente.
– 1 diente de ajo.
– 1 cebolla morada.
– 2 patatas tamaño intermedio.
– ½ coliflor.
– ½ litro de agua.
– ½ litro de leche de coco.
– 100 g de olivas negras sin hueso.
– 2 cucharadas soperas de pasta de curry *amarillo*, (podemos encontrarlo en tiendas de alimentos indios).
– Una pizca de sal.
– Un chorrito de aceite de oliva virgen extra.

Recetas

▪ Para la calabaza:
- Pela la calabaza y córtala por la mitad.
- Quita las semillas con la mano.
- Ponla en el horno con un poco de aceite de oliva a 180° durante treinta minutos.

▪ Para el polvo de olivas:
- Pon las olivas en una bandeja de la deshidratadora. En este caso no es necesario usar la lámina de paraflex. Prográmala a 45° durante ocho horas. O bien ponlas en una bandeja de horno y deja que se hagan a 50° con la puerta parcialmente abierta (unos 5 cm) durante ocho horas.
- Después bate las olivas en una batidora de vaso. Preferiblemente en un vaso para ingredientes secos.

▪ Para el *curry*:
- Pela y corta la cebolla y el ajo. Sofríelos en abundante aceite con el fuego al mínimo para no superar los 100°.
- Una vez estén dorados, añade al sofrito la pasta de *curry* y la sal. Al estar en forma de pasta, nos costará un poco integrar el *curry* en el sofrito, por lo que nos ayudaremos con una cuchara.
- Corta las patatas y la coliflor. Pela las patatas y córtalas en dados de 1,5 cm de grosor. Lava y corta la coliflor dejando solamente los bulbos más superficiales de la misma. Añade ambas al sofrito.

- Echa la leche de coco y el agua en el sofrito y deja hervir unos 35 minutos a fuego muy lento, hasta que la patata esté hecha.
- Saca la calabaza del horno y rellénala con el *curry* de verduras.
- Una vez rellena, vuelve a meterla al horno a 180° otros cinco minutos.

Emplatado:

Pondremos la calabaza en el plato y esparciremos el polvo de aceituna alrededor.

100° Cardo con salsa de almendras

Para 3 personas. *Preparación: 45 minutos.*

Existen distintos tipos de cardo. Mis favoritos son el cardo enterrado y el cardo rojo. Es una planta que no tolera heladas, por ello lo normal es sembrarlo en primavera y recogerlo a finales del verano. No obstante, si el cultivo se produce en interior puede sembrarse también en invierno y recogerse cuatro meses después.
La parte central de las pencas del cardo bien cocinadas son una auténtica delicia. Son tremendamente tiernas. Al cocinarlas parece que se trasparentan.

Ingredientes

– *1,5 kg de cardo enterrado.*
– *2 tazas de almendras crudas peladas.*
– *1 cebolla blanca.*
– *1 diente de ajo.*
– *250 g de leche de soja.*
– *1 chorrito de vino blanco.*
– *1 manojo de perejil.*
– *Una pizca de sal.*
– *Una pizca de pimienta.*

Recetas

Para el cardo:
- Pela el cardo. Es importante hacerlo bien, las hebras superficiales del tallo son muy fibrosas e incómodas de comer y debes asegurarte de retirarlas todas. Usa una puntilla y corta en primer lugar la parte de abajo, la que ha estado en contacto con la tierra. Después corta los extremos laterales de la hoja y, finalmente, saca las hebras centrales del tallo.
- Córtalo en láminas de 3 cm y resérvalo en un bol con agua y perejil para que no se oxide.
- Pon agua a hervir a fuego lento en una olla (el agua tiene que ocupar más o menos ⅓ de la olla) y encima una vaporera con el cardo. Añade sal y cocínalo hasta que esté tierno. Tardará de 30 a 40 minutos.
- Saca el cardo de la vaporera.

Para la salsa de almendras:
- Tritura la almendra en un procesador o bien en un mortero.
- Corta la cebolla y el ajo en trocitos pequeños y sofríelos a fuego muy bajo.
- Añade un chorrito de vino blanco al sofrito y cocina todo a fuego lento durante diez minutos, de forma que los alcoholes del vino se evaporen.
- Añade la leche de soja y deja que empiece a hervir.
- Añade la almendra molida, la sal y la pimienta y déjalo cocinar durante cinco minutos más.

Emplatado:
Dispondremos el cardo en el plato y lo regaremos con la salsa de almendras. Podemos añadir una hoja de perejil y unas gotas de aceite de oliva para darle brillo.

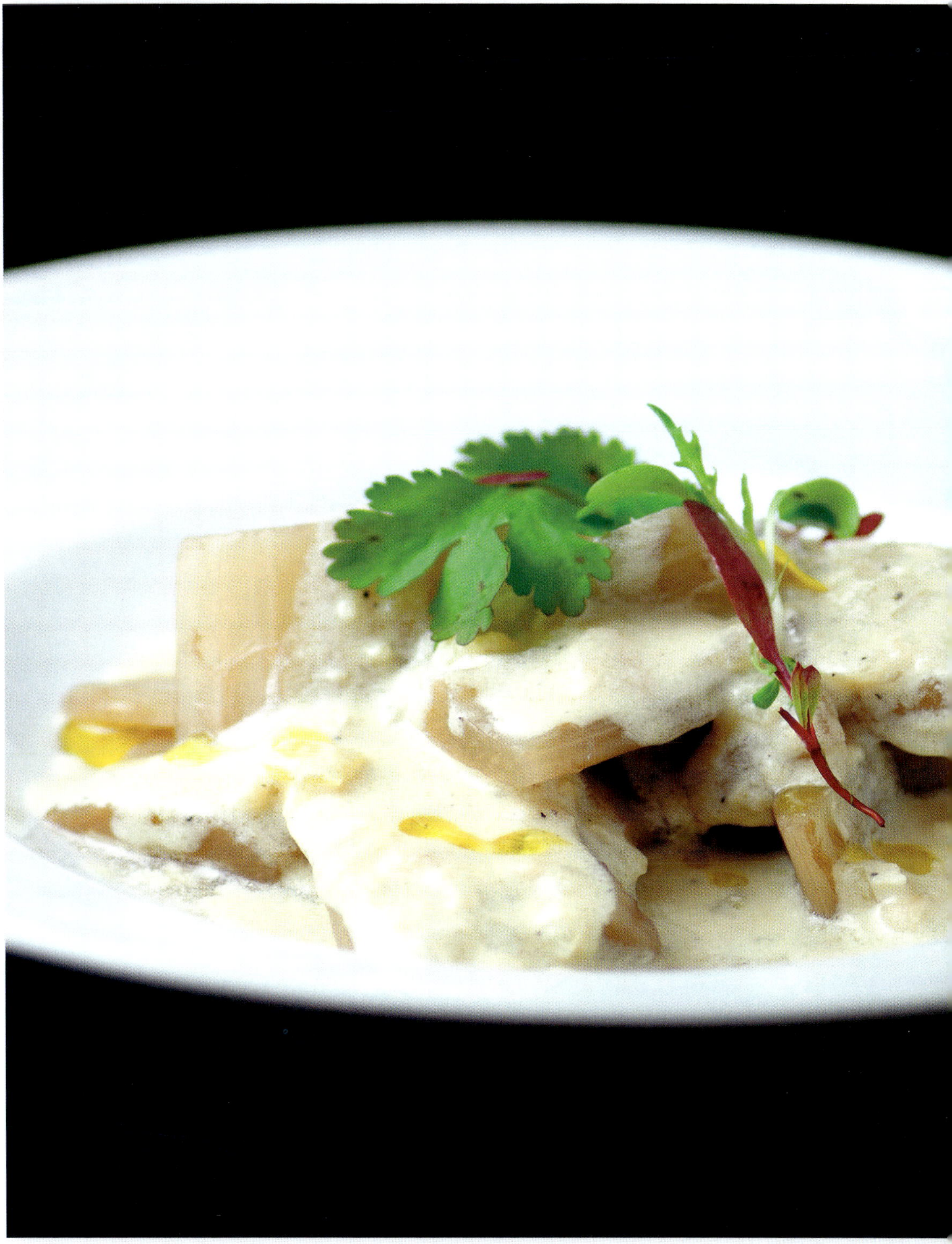

100° *Ceci neri* con senderuelas y puré de patatas

Para 4 personas.   Preparación: 5 horas.

Los ceci neri *son un tipo de garbanzo de color negro que se cultivan en Italia, en concreto son típicos de la región de la Murgia. Es una leguminosa particularmente almidonada, por eso es necesario mantenerla a remojo veinticuatro horas y su tiempo de cocción se alarga considerablemente. Ocho horas de remojo serán suficientes para los garbanzos normales y tardarán mucho menos tiempo en cocinarse. Es conveniente cocinarlos a fuego muy bajo para que la semilla no se descascarille.*

La senderuela es una seta que se encuentra en toda la península y se da tanto en primavera como en otoño.

Ingredientes

- *350 g de* ceci neri.
- *1 cebolla morada.*
- *1 diente de ajo.*
- *1 manojo de espárragos trigueros.*
- *5 hojas de kale.*
- *150 g de senderuelas.*
- *4 patatas de tamaño intermedio.*
- *1 cucharada de margarina.*
- *½ taza de leche de soja.*
- *Una pizca de sal.*
- *Una pizca de pimienta negra.*
- *Un chorrito de aceite de oliva virgen extra.*

Recetas

▪ Para el guiso de *ceci neri* y senderuelas:
- Deja a remojo los *ceci neri* durante veinticuatro horas.
- Pela y corta en dados muy pequeños la cebolla y los ajos, ponlos en una olla con chorrito de aceite y haz un sofrito con ellos.
- Lava los espárragos trigueros y córtalos en finas rodajas. Añádelos al sofrito cuando la cebolla esté dorada.
- Añade los *ceci neri*, la sal y la pimienta y cúbrelos con agua.
- Deja que se hagan durante cinco horas con el fuego al mínimo. Como el tiempo de cocción en este caso es largo, será necesario ir añadiendo agua a medida se vaya evaporando.
- Pasadas más o menos cuatro horas y media, añade al guiso las senderuelas y la kale. Deja que se cuezan a fuego lento con los demás ingredientes durante media hora.

▪ Para el puré de patata:
- Lava las patatas y hiérvelas con piel.
- Pélalas una vez estén cocinadas y tritúralas con un tenedor.
- Calienta la leche de soja en una cazuela.
- Mezcla, con ayuda de un tenedor, todos los ingredientes: las patatas cocidas y trituradas, la leche de soja caliente, la sal, la pimienta y la margarina. La margarina es recomendable que la añadamos a temperatura ambiente.
- Mete el puré en una manga pastelera.

■ **Emplatado:**
Serviremos el guiso en un plato sopero y encima agregaremos puntos de puré con la manga pastelera.

Ceviche de remolachas de colores

100°

Para 3 personas.   *Preparación: en función del grosor de la remolacha, de 40 a 50 minutos..*

Esta receta combina el sabor terroso de las remolachas con los aromas cítricos de los ceviches. Siempre que pensamos en ceviches, imaginamos pescados, pocos adivinarían que las combinaciones con verduras son realmente deliciosas.
Uso remolachas de colores porque, si bien es cierto no difieren mucho en cuanto al sabor, el emplatado agradece mucho la energía visual que aporta el contraste de colores.

Ingredientes

– 1 remolacha rosa.
– 1 remolacha amarilla.
– 1 remolacha roja.
– ½ cebolla roja.
– ½ aguacate.
– El jugo de 4 limas.
– 1 chorrito muy pequeño de aceite de sésamo.
– 1 ají rocoto.
– Una pizca de sal.

Recetas

- Cuece las remolachas de tamaño intermedio durante ½ hora a 100°. Si son más grandes tardarán más tiempo y si son más pequeñas algo menos. Podemos pinchar la remolacha para ver si está hecha; lo sabremos si el cuchillo entra en ella sin dificultad.
- Sácalas del fuego, déjalas enfriar y después pélalas.
- Corta en dados pequeños las cebollas y las remolachas ya peladas.
- Pela el aguacate y retira el hueso. Bátelo, junto con el jugo de una lima y sal, en una batidora de vaso. Preferiblemente, usa el vaso para ingredientes secos. Pon la crema resultante en una manga pastelera.
- Corta el ají por la mitad y quítale las semillas. A continuación, bátelo en una batidora de vaso. Usa también en este paso el vaso para ingredientes secos.
- Junta las remolachas, la cebolla, el jugo restante de las otras tres limas, ¼ de cucharada de café del batido de ají y un chorrito de aceite de sésamo. Deja macerar todo durante treinta minutos.

■ Emplatado:

Para emplatar nos ayudaremos de un molde con forma de aro.
Lo pondremos en el plato, echaremos dentro nuestro ceviche y lo desmoldaremos de forma que nos quede un timbal. Añadiremos por encima, con la ayuda de la manga pastelera, el aguacate batido.

131

100º Tarta de queso sin queso

Para unas 13 raciones.   *Preparación: 3 horas.*

Esta es una de las recientes creaciones para Pizzi&Dixie. El resultado es sencillamente fabuloso, parece una tarta de queso de verdad y es además bien fácil de hacer. Eso sí, procura que las porciones no sean muy grandes ya que es un postre contundente.

Ingredientes

PARA LA BASE:
- *250 g de galletas María veganas.*
- *100 g de margarina vegana (fíjate bien en el envase porque la mayoría de las margarinas no son veganas. Yo utilizo la marca Flora 100% vegetal).*

PARA EL RELLENO:
- *1 kg de queso vegano para untar. Yo utilizo los quesos veganos cremosos que venden en tarrinas de 250 g y suelen ser de soja.*
- *2 CUP de nata vegetal para montar.*
- *250 g de azúcar.*
- *90 g de gel caliente. Yo lo uso de la marca Sosa. Lo podéis encontrar en tiendas especializadas. Es almidón de maíz tratado a altas presiones. Actúa como espesante, y para que haga efecto es necesario llevarlo a ebullición.*

Recetas

Para la base:
- Con una procesadora de cocina tritura las galletas y la margarina. Ambas deben quedar integradas, no pueden tener grumos. En caso de no disponer de procesadora puedes hacerlo en una batidora de vaso, pero será mucho más fácil con una procesadora.
- Lleva el resultado al fondo un molde redondo para hacer tartas y bizcochos. Presiona fuerte con las palmas de las manos para aplastar la mezcla de galletas y margarina en la base del molde. No pueden quedar huecos, el fondo debe estar enteramente cubierto con un grosor uniforme.

Para el relleno:
- Pon todos los ingredientes del relleno en una olla con el fuego al mínimo y, con la ayuda de unas varillas, mueve hasta que hierva.
- Bate el resultado en una batidora de vaso. De esta forma te asegurarás de quitar posibles grumos.
- Echa la mezcla anterior encima de la base de la tarta.
- Mete la tarta en la nevera, con molde incluido, durante un mínimo de tres horas. De esta forma, el relleno solidificará y adquirirá la textura deseada.

Para la mermelada:
- Lava las fresas, quita sus hojas verdes y pártelas por la mitad.
- Exprime el limón.
- Pon las fresas cortadas, el jugo del limón y el azúcar en una sartén con el fuego muy bajo, al mínimo. Déjalas en la sartén unos cuarenta minutos.
- Bate el resultado.

■ **Emplatado:**
Una vez el relleno de la tarta esté firme, tan solo tendremos que echar por encima la mermelada.

+Ingredientes

– *1 TSP de agar-agar en polvo. También uso la marca Sosa. El agar-agar es una mezcla de algas que tiene la propiedad de gelatinizar.*

■ **PARA LA MERMELADA DE FRESA:**
– *650 g de fresas.*
– *350 g de azúcar.*
– *1 limón.*

Espárragos blancos al vapor con *praliné* salado de piñones

100°

Para 4 personas.   *Preparación: 25 minutos.*

Los espárragos blancos se obtienen al evitar la exposición de la planta a la luz mientras crece. Su origen se remonta a Mesopotamia, pero fueron los romanos los que los popularizaron. Es una verdura de primavera.

Ingredientes

– 8 espárragos blancos.
– 100 g de guisantes crudos.
– 100 g de piñones.
– 2 hojas de kale
– Un chorrito de aceite de oliva virgen extra.
– Sal al gusto.

Recetas

■ Para los espárragos:
- Llena de agua un tercio de una olla y llévala a ebullición. A continuación, pon una vaporera encima y dentro los espárragos. Baja el fuego al mínimo.
- Deja que se hagan al vapor durante veinticinco minutos.

■ Para el *praliné* de piñones:
- Pon en el horno los piñones a 180° durante ocho minutos.
- Una vez estén dorados, tritúralos en una procesadora con un chorrito de aceite de oliva y sal. Tiene que quedar una textura lisa, sin grumos.

■ Para la *chip* de kale:
- Lava y pela la kale y, al pelarla, desecha el tallo.
- Coloca las hojas en un recipiente para horno, añade sal, y mételas a 180° durante diez minutos. Pasado este tiempo la kale estará dorada y ya puedes sacarla del horno.

■ Para los guisantes:
- Cuécelos con el fuego al mínimo durante diez minutos.
- Sácalos de la olla con ayuda de un colador.
- Ponlos en una sartén con un chorrito de aceite de oliva y sal y rehógalos a fuego medio durante dos minutos.

■ **Emplatado:**

Con un pincel de cocina pintaremos una línea en el plato con el *praliné* de piñones. Pon encima dos espárragos por ración. Añade de forma irregular los guisantes. Termina colocando dos *chips* de kale.

100º Flores de alcachofa

Para 4 personas.   *Preparación: 30 minutos.*

Las alcachofas son una de las verduras que más me gustan, siento verdadera predilección por ellas. Su temporada va, más o menos, desde diciembre hasta mediados de junio. En nuestro país, tiene distintos momentos de recolección en función de la zona. Las alcachofas de la Comunidad Valenciana empiezan a recolectarse antes y pasan el testigo a Navarra, donde suelen recolectarse ya en mayo.

Son dos las denominaciones de origen principales: unas las de Benicarló en Castellón y otras las de Tudela en Navarra. Si me hicieran elegir, me quedaría con las primeras, aunque en realidad, ambas son de una calidad extraordinaria. Sea cual sea la procedencia que escojamos, la parte central de la alcachofa cocinada es tan tierna y suave al paladar que, al pelarlas, no recomiendo escatimar en la cantidad de hojas más externas que quitemos, ya que son mucho más fibrosas y resultan un bocado más tosco.

Ingredientes

– 10 alcachofas.
– Un manojo de perejil.
– 4 ramitas de romero.
– ¼ de calabaza.
– Sal al gusto.
– 1 chorrito de aceite de oliva virgen extra.

Recetas

▪ Para la salsa de calabaza y romero:
- Pela la calabaza y quítale las semillas.
- Córtala en dados de un centímetro de grosor.
- Pon el romero en una bolsa de infusión.
- Mete ambos en una olla con agua, añade sal y ponla a hervir durante veinte minutos.
- Retira la bolsa de infusión y bate la calabaza en una batidora de vaso junto con 100 ml del agua que hemos usado para hervir la calabaza.

▪ Para las alcachofas:
- Llena un bol con abundante agua y un manojo de perejil.
- Pela las alcachofas dejando solo el corazón. Para ello corta el rabo y las hojas más superficiales. A continuación, corta la alcachofa por la mitad, quita el pelo de la parte central y termina de cortarla en cuartos.
- A medida que vayas pelando las alcachofas, ve depositándolas inmediatamente en el bol para que no se oxiden.
- Llena una olla con abundante agua y llévala a ebullición. Una vez esté hirviendo, pon las alcachofas y deja que se cocinen durante veinte minutos a fuego lento.
- Saca las alcachofas y sécalas un poco con papel de cocina.
- Pon al fuego una sartén con un chorrito de aceite de oliva. Cuando el aceite esté caliente baja el fuego al mínimo y añade las alcachofas. Sofríelas

a fuego muy lento durante cinco minutos (dos minutos y medio por cada lado).

■ **Emplatado:**
Con la ayuda de un pincel de cocina pintaremos una línea con la crema de calabaza en el fondo del plato. A continuación, distribuiremos los corazones de alcachofa a lo largo de la línea.

Guiso silvestre de castañas, *perretxikos*, collejas y cardillos

100°

Para 4 personas.   *Preparación: 40 minutos.*

Este es un guiso que he cocinado infinidad de veces para el menú del día. Me encanta hacerlo porque sus ingredientes principales son plantas silvestres, de las que vemos por todas partes cuando vamos al campo y nunca hemos reparado en ellas.

Me parece divertido hacer un guiso sustituyendo el tradicional ingrediente básico, las legumbres, por castañas, que no estamos acostumbrados a comer guisadas. Sin embargo, de esta forma quedan muy tiernas y dulces. En otoño siempre congelo una buena cantidad de castañas peladas para tenerlas disponibles en otras épocas de año, como en este caso, donde el resto de ingredientes son de primavera.

Los perretxikos *son setas muy típicas del País Vasco, Navarra y La Rioja. Crecen principalmente en abril y mayo y tienen una carne muy compacta. Los cardillos, también conocidos como tagarninas, son una de mis verduras predilectas. Suelen brotar en abril en sembrados y márgenes de caminos. Y por último, las collejas, que crecen a los pies de los olivos y de los almendros, y también en las márgenes de los caminos. Era costumbre salir a recogerlas en los pueblos hasta hace no mucho.*

Ingredientes

- *2 puerros.*
- *2 dientes de ajo.*
- *1 calabacín.*
- *3 alcachofas en cuartos.*
- *½ kg de castañas.*
- *100 g de perretxikos.*
- *200 g de cardillos.*
- *100 g de collejas.*
- *Tomillo fresco al gusto.*
- *Romero fresco al gusto.*

Recetas

- Pela las castañas frescas y congélalas hasta la primavera. O bien cómpralas congeladas y peladas.
- Pela con un guante los cardillos dejando solamente el tallo. A continuación, corta el tallo en trozos de 2 cm.
- Corta los puerros, el ajo y el calabacín en *brunoise*.
- Limpia con ayuda de un paño húmedo los *perretxikos* y córtalos en juliana.
- Pela las alcachofas:
    — Llena un bol con abundante agua y perejil.
    — Corta las hojas más superficiales.

— Pela el rabo con un pelador.
— Corta la alcachofa con el rabo incluido por la mitad y quítale el pelo del interior.
— Córtala en cuartos e introdúcelos en el bol hasta el momento de usarlas para que no se oxiden.
- Sofríe los puerros y dientes de ajo a fuego bajo. Una vez dorados añade al sofrito el calabacín y los cardillos. Una vez estén dorados, añadiremos los *perretxikos* y dejaremos que se hagan durante tres minutos.
- A continuación, añade todos los demás ingredientes, excepto las collejas y cúbrelos con agua. El tomillo y el romero ponlos en una bolsa de infusión cerrada.
- Sube el fuego al máximo y, en el momento en que el agua rompa a hervir, bájalo al mínimo. Mantén el guiso al mínimo hasta que las castañas estén hechas. Tardarán, aproximadamente, treinta y cinco minutos.

■ **Emplatado:**

Emplataremos en un cuenco y, para adornar, añadiremos hojas de collejas en crudo por encima.

+Ingredientes

– Pimienta al gusto.
– Pimentón al gusto, que sea de La Vera.
– Agua.
– Sal al gusto.

Lentejas con criadilla de tierra y grelos

100°

Para 4 personas.   *Preparación: Una hora y media.*

La lenteja pardina es muy típica de Castilla y León y recibe su nombre del color pardo de su piel. Es muy conveniente hervirlas a fuego muy lento para que no se despellejen.

De Galicia nos llegan los grelos, en mi opinión, una de las verduras más ricas por su sabor ligeramente amargo. En realidad, son las hojas del nabo, en concreto y para ser rigurosos, son las hojas que crecen justo antes de la floración del nabo, de enero a marzo. A las hojas que da el nabo de octubre a noviembre se les llama nabizas.

Las criadillas son hongos típicos de zonas áridas de Extremadura que encontramos en los meses de febrero a mayo. Su textura es parecida a la de la trufa, pero sin ese penetrante olor tan característico.

Ingredientes

- 350 g de lentejas pardinas.
- 1 cebolla morada.
- 2 dientes de ajo.
- 100 g de criadillas de tierra.
- 1 manojo de 250 g de grelos.
- 1 chorrito de AOVE.
- 1 pizca de pimentón de La Vera.
- Pimienta y sal al gusto.

Recetas

- Deja a remojo las lentejas durante ocho horas. Al día siguiente quita el agua del remojo y límpialas. Es muy importante limpiarlas porque suelen venir con pequeños trozos de arena y piedras.
- Corta la cebolla y el ajo en *brunoise* (dados muy pequeños) y sofríelos en una olla a fuego muy lento.
- Añade las lentejas y cúbrelas con agua. El agua debe sobresalir tres dedos. Sube el fuego al máximo hasta que empiece a hervir y luego baja el fuego al mínimo.
- Una vez el agua empiece a hervir, verás como en la superficie del agua sale una pequeña espuma de color marrón, la cual debes retirar con ayuda de una cuchara ya que contiene impurezas de la piel de las lentejas.
- Deja que se hagan a fuego muy lento.
- Mientras se hacen las lentejas, lava bien las criadillas de tierra y pélalas con una puntilla. A continuación, córtalas en rodajas finas, añade sal y sofríelas con el fuego al mínimo durante diez minutos. Resérvalas.
- Pasada una hora, añade los grelos al guiso. Es importante lavarlos primero.
- Una vez estén hechas las lentejas, tardarán una hora y media más o menos, las podremos retirar del fuego. Siempre puedes ir probándolas y apartarlas cuando estén a tu gusto.

■ **Emplatado:**
Pondremos las lentejas en un plato sopero y encima las láminas de criadillas de tierra.

Tempeh de garbanzos con champiñones y cebolla francesa

100°

Para 2 personas.   *Preparación: 2 horas.*

El tempeh es una fermentación de la soja. No es un ingrediente de cercanía, sin embargo, podemos usarlo de garbanzo, una leguminosa muy nuestra que nos ofrecerá un resultado muy parecido. Al ser un fermento, el tempeh en crudo presenta un sabor tan fuerte que puede ser incluso desagradable al paladar, por ello siempre lo preparo macerado o cocinado con salsa de soja.

Ingredientes

– *150 g de* tempeh *macerado en* tamari.
– *4 champiñones Portobello pequeños.*
– *100 g de setas* shiitake.
– *5 cebollas francesas.*
– *8 cucharadas soperas de* tamari.
– *2 cucharadas soperas de mirin.*
– *2 cucharas soperas de aceite de sésamo.*
– *1 cucharada soperas de sirope de agave o de arce.*
– *Un dado de jengibre fresco de unos 2 cm de grosor.*

Recetas

- Pela las cebollas francesas y córtalas por la mitad.
- Ponlas en abundante aceite de oliva a fuego mínimo durante dos horas para confitarlas. Intenta que el aceite no llegue a hervir en ningún momento, tiene que estar a unos 90°. Para controlarlo, ayúdate de un termómetro de cocina. Si hierve, retíralas del fuego y deja que baje la temperatura antes de volver a ponerlas a fuego mínimo.
- Pasadas las dos horas retíralas del fuego y sácalas de la sartén.
- Corta el *tempeh* y los champiñones en dados gruesos.
- Lava las setas *shiitake* y déjalas enteras.
- Pela y corta el jengibre en trocitos muy pequeños.
- Pon todos los ingredientes, incluidas las cebollas francesas previamente confitadas, en una sartén a fuego muy lento. Moveremos de vez en cuando y dejaremos que los líquidos se reduzcan más o menos a la mitad.

■ **Emplatado:**
Lo presentaremos en un cuenco no muy grande y poco profundo.

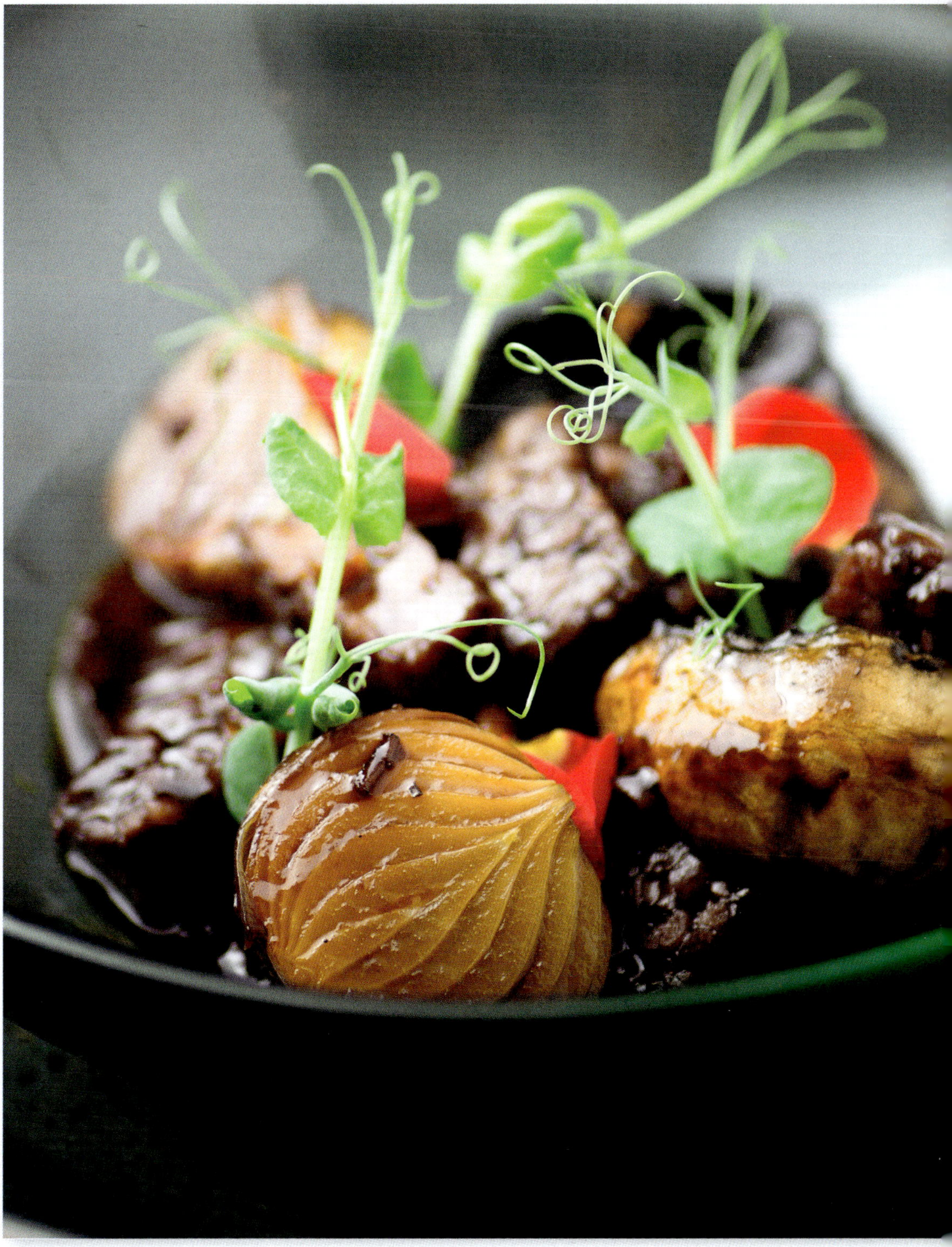

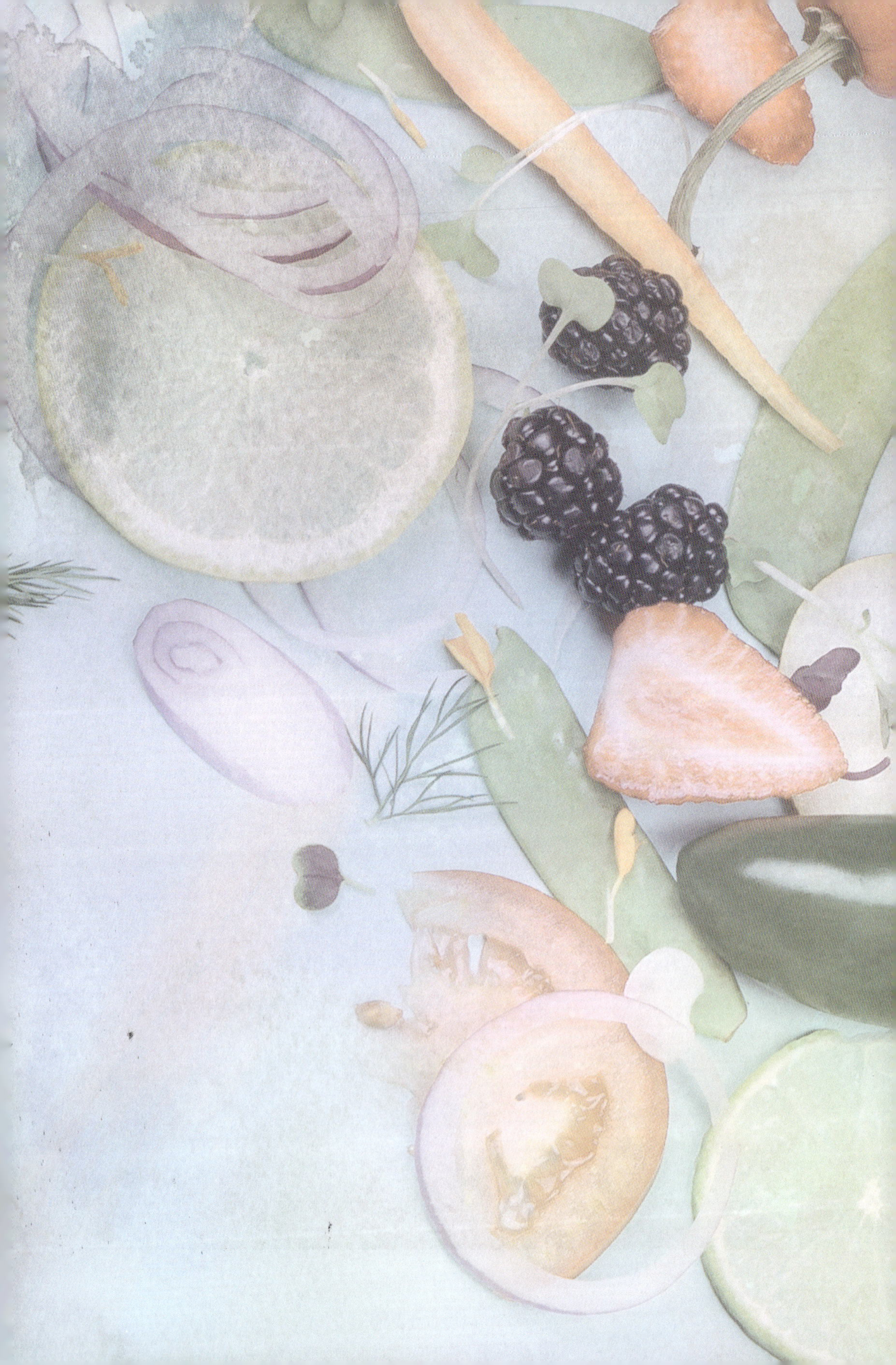

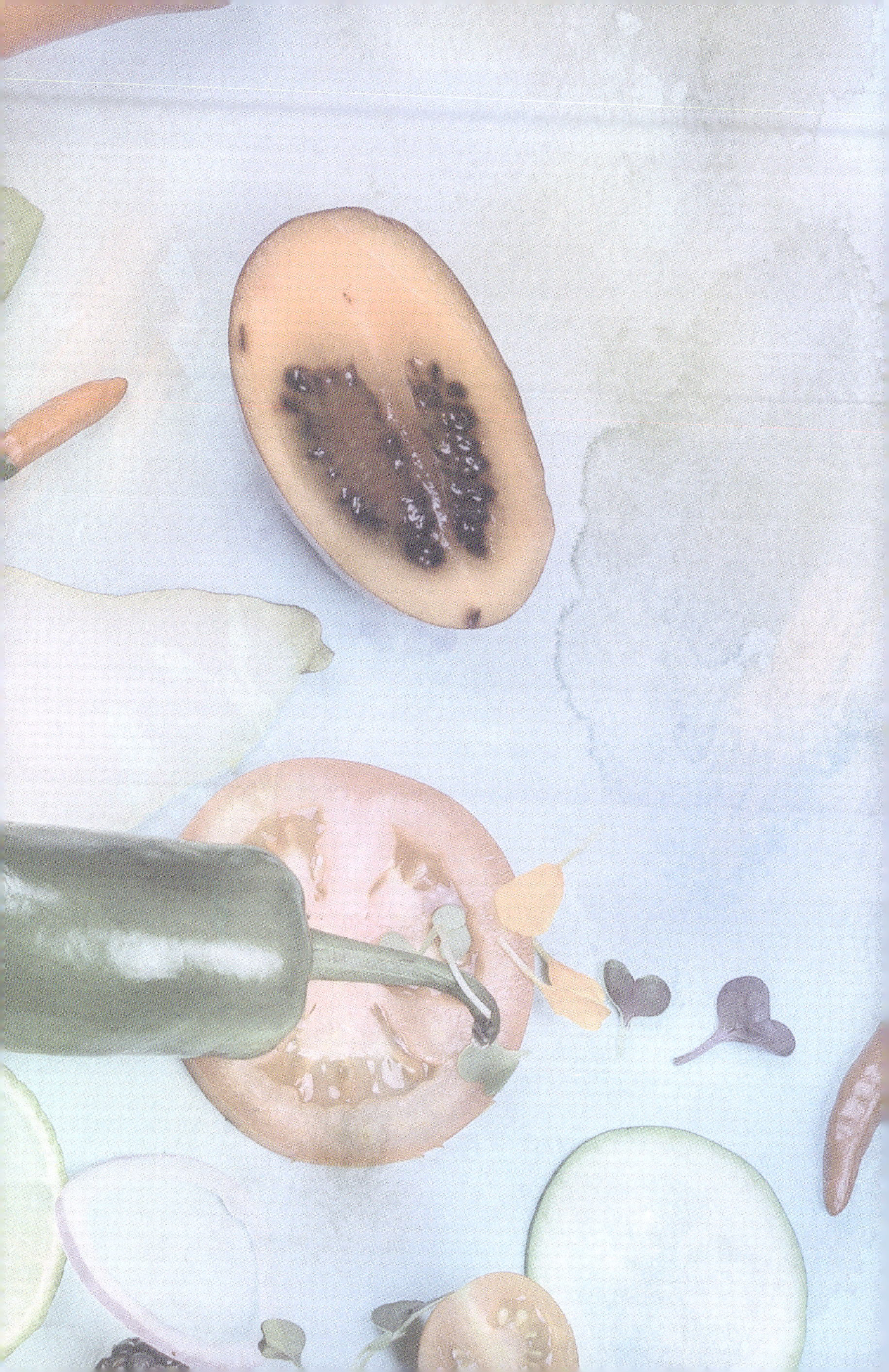

146

180°
slow vegan

Los 180 grados suponen una temperatura para cocinar que podríamos considerar estándar, de hecho, es habitual que el cálculo de los tiempos en las recetas se haga tomándola como referencia. Es una elección muy lógica si tenemos en cuenta que es una temperatura ideal para obtener un óptimo resultado en gran cantidad de procesos en la cocina, como son:

— **Cocinar pastas.** En cocciones a menor temperatura, las piezas de pasta se pegan unas a otras; y a temperatura superior, corremos el riesgo de pasarnos de cocción, especialmente con pastas frescas que tardan mucho menos en cocinarse que las secas.

— **Elaborar** *risottos*. Si bien los arroces es mejor cocerlos a temperaturas más bajas, los arroces arborios y carnarolis suelen secarse demasiado en cocciones lentas y tienden a pegarse los granos. La característica fundamental de la tipología de arroces que usamos para *risottos* es que suelta mucho almidón en la cocción, lo que hace que quede casi meloso, efecto que se perdería cocinándolo a otras temperaturas.

— **Cocinar muchos preparados de repostería**, entre ellos bizcochos.

— **Hacer frituras no demasiado fuertes.** Perfectas para freír determinados tubérculos como patatas, boniatos, yuca o plátanos macho.

180° Vichyssoise de manzana

Para 4 personas. *Preparación: 30 minutos.*

Esta es una receta que di durante algún tiempo en Botanique. La vichyssoise *es una crema tradicional de puerro y patata. En este caso sustituyo la patata por manzana, siendo el resultado más liviano.*

Ingredientes

■ PARA LA *VICHYSSOISE*:
– 10 puerros.
– 4 manzanas Golden.
– 1 cebolleta.
– 300 ml de nata de arroz.
– Sal al gusto.
– 1,5 litros de caldo de verduras.
– Un chorrito de aceite de oliva virgen extra.

■ PARA EL CALDO DE VERDURAS:
– 3 zanahorias.
– 2 puerros.
– 1 cebolla dulce.
– 1 ramita de apio.
– 1 nabo.
– 3 hojas de laurel.
– Sal al gusto.
– 1 chorrito de aceite de oliva virgen extra.
– 2,5 litros de agua.
– 10 g de sésamo para emplatar.

Recetas

■ **Para el caldo de verduras:**
- Lava las zanahorias y córtalas en rodajas de 2 cm.
- Corta la parte verde de dos de los puerros, lávala bien y córtala en rodajas de 4 cm de grosor. Reserva la parte blanca para la *vichyssoise*.
- Pela la cebolla y córtala por la mitad.
- Pela el nabo y córtalo por la mitad.
- Añade todos los ingredientes a una olla y sofríelos a fuego lento durante diez minutos.
- Añade el agua y deja que el caldo se haga a fuego lento durante dos horas.

■ **Para la *vichyssoise*:**
- Corta los puerros y desecha la parte verde, exceptuando la de dos de ellos que usaremos para hacer el caldo. Quita la parte más superficial del puerro y córtalo en rodajas de 1 cm de grosor.
- Pela la cebolleta y córtala en juliana.
- Añade el puerro y la cebolleta a una olla junto con el aceite de oliva virgen extra y sofríelos a fuego lento durante quince minutos.
- Mientras se hace el sofrito pela tres manzanas y descorazónalas. Córtalas en dados de 2 cm.
- Añade las manzanas a la olla y deja que se hagan junto a los puerros y la cebolleta cinco minutos más.
- Añade la nata de arroz al sofrito y deja que se cocine durante cinco minutos.
- Añade el caldo de verduras, sube el fuego de lento a medio y deja que se cocine todo durante diez minutos.
- Bate en una batidora de vaso las verduras con el caldo, usa preferiblemente un vaso para líquidos.

■ **Emplatado:**
- Pelaremos una manzana, la descorazonaremos y cortaremos en dados de 1 cm de grosor.
- Pondremos la crema en un plato sopero y añadiremos en el borde sésamo, los dados de manzana y algún germinado.

Texturas de coliflor 180°

Para 2 personas. *Preparación: 30 minutos.*

Esta receta la elaboré para un showcooking *de Cocina de Aprovechamiento para Veggie World.*

Me encanta sacar todo el partido a una verdura aprovechándola al máximo. Uno de los objetivos que me he marcado en Pizzi&Dixie es tener muy poca merma en la cocina. Entendemos por merma las partes de un alimento que tiramos. Si desechamos la parte verde del puerro, por ejemplo, tendremos una merma de puerros del 50%. Al hacer escandallos de un plato, es decir, calcular cuánto nos cuesta la materia prima, es necesaria una estimación del porcentaje de merma o estaremos incurriendo en un error. Para entendernos, si tiramos la parte verde del puerro, el cálculo del mismo para un escandallo será del doble de lo que hemos pagado por él, porque estamos tirando la mitad de lo que hemos comprado.

Hay muchas partes de las verduras que tiramos sin pensarlo, sin embargo, en muchos casos se pueden cocinar y aprovechar. La coliflor es un ejemplo perfecto de ello. Cuando la cocinamos tiramos el tallo y sus hojas.

Ingredientes

– 1 coliflor.
– 1 TSP *de* miso *blanco.*
– 1 TSP *de* tamari *(salsa de soja fermentada)*
– 300 ml de agua.
– 1 diente de ajo.
– Aceite de oliva virgen extra.
– Sal al gusto.

Recetas

- Lava la coliflor, corta las hojas y resérvalas.
- Corta la parte de arriba de la coliflor y resérvala.
- Corta los laterales de la coliflor teniendo cuidado de no cortar el tallo.
- Corta los troncos de los bulbos de la coliflor. Reserva la parte más superficial de los bulbos.
- Pon a hervir 300 ml de agua en una olla a fuego medio durante veinte minutos con los troncos de los bulbos. Pasados los veinte minutos, cuélalos y bátelos en una batidora de vaso (usa el vaso para ingredientes líquidos) con 100 ml del agua de la cocción de la coliflor, el *miso*, la sal y un chorrito de aceite de oliva virgen extra.
- Pon en una bandeja antiadherente la parte más superficial de los bulbos. Añádeles un poco de aceite, sal y pimienta negra. Precalienta el horno a 180° y hornéalos durante veinte minutos.
- Separa las hojas de la coliflor del tallo de estas.
- Pasa las hojas a la plancha con el *tamari* y un chorrito de aceite de sésamo.
- Corta en *brunoise* (dados de 1,5 mm de grosor) el tallo de las hojas y el ajo previamente pelado. Ponlos en una sartén y sofríelos a fuego lento con una pizca de sal durante diez minutos.

- Ralla la parte más superficial de la coliflor. Parecerá cuscús. Ponla en un

cazo pequeño con 200 ml de agua y una pizca de sal y cuécela durante veinte minutos a fuego lento. A continuación, cuela el agua de la cocción y reserva el resultado.
- Haz espirales con el tronco de coliflor. Tienen que salir parecidas a espaguetis. Para ello necesitarás un espiralizador. Si no tienes, puedes cortar láminas de 0,5 mm de grosor del tronco con ayuda de una mandolina o de un pelador de patatas; córtalas a lo largo como si fuesen *tagliatelle*. Pasa las espirales a la plancha, a fuego alto, con un chorrito de aceite de oliva virgen extra y una pizca de sal.

Emplatado:

Pondremos en la base del plato la crema de coliflor. Encima el sofrito con el tallo de las hojas y el ajo. Encima los bulbos de coliflor con las espirales y las hojas de la coliflor a la plancha. Terminaremos el plato poniendo por encima el cuscús de coliflor.

Tarta Ferrero Rocher

180°

Para una tarta de 15 porciones. *Preparación: Una hora y media.*

Esta tarta nos acompaña en la carta del Pizzi&Dixie desde que abrimos, es el bestseller *de los postres con diferencia.*

Ingredientes

PARA EL BIZCOCHO:
– 2 CUP de harina integral de trigo.
– ¼ CUP de cacao.
– 2 TSP de levadura en polvo para repostería.
– 1 CUP de azúcar.
– 1 CUP de leche de soja.
– 1 CUP de agua.
– ½ CUP de aceite de girasol.

PARA LA GANACHE:
– 250 g de nata para montar vegana.
– 200 g de chocolate al 70%.
– 85 g de margarina vegana.
– 300 g de praliné de avellanas.
– ¼ CUP de azúcar.

PARA LA COBERTURA:
– 200 g de chocolate al 70%.
– 85 g de margarina vegana.

Recetas

Para el bizcocho:
- Mezcla todos los ingredientes sólidos en un bol y todos los líquidos en otro.
- Vierte el de los líquidos en el de los sólidos y bátelos con una batidora de varillas.
- Pon el resultado en un molde redondo para tartas y bizcochos y métdlo en el horno precalentado a 180° durante 35 minutos.
- Sácalo del horno, desmóldalo y deja que se atempere a temperatura ambiente durante dos horas.

Para la *ganache*:
- Deja la nata una noche en la nevera.
- Ponla en un bol y móntala con una batidora de varillas junto con el azúcar y el *praliné*.
- Pon el chocolate y la margarina en un bol. Lleva agua a ebullición con el fuego al mínimo en una olla y pon encima el bol con el chocolate y la margarina hasta que se derritan.
- Añade el resultado anterior a la nata montada con el azúcar y el *praliné* y mezcla todo con la batidora de varillas.
- Mete la mezcla en la nevera media hora.

Para la cobertura:
- Pon el chocolate y la margarina en un bol. Pon en una olla dos litros de agua, llévala a ebullición a fuego lento y pon encima el bol con el chocolate y la margarina hasta que se derritan.

Montaje de la tarta:
- Pondremos el bizcocho en la base y encima la *ganache*. Estiraremos la *ganache* por encima de todo el bizcocho y la aplanaremos con ayuda de una espátula de cocina.
- Pondremos el bizcocho y la *ganache* encima de una rejilla de repostería y cubriremos la tarta con la cobertura de chocolate. Dejaremos que el

chocolate fundido se deslice por encima de la *ganache* y nos ayudaremos de una espátula de cocina para dejar la cobertura lisa. En caso de no disponer de rejilla para repostería podemos utilizar la rejilla del horno y poner debajo una bandeja grande que recoja el chocolate que se caiga.
- Trituraremos unas nueces o unas avellanas en la procesadora y las esparciremos por encima. Si no tenemos trituradora, lo haremos con un mortero.
- La meteremos en la nevera y la sacaremos media hora antes de servir.

Tarta de cacao con *coulís* de cereza

180°

Para 2 tartas individuales.   Preparación: 45 minutos.

Esta es una tarta muy simple y fácil de hacer. Sin embargo, está tan rica que parece que tiene vida.

Ingredientes

■ **PARA EL BIZCOCHO:**
– 2 CUP de harina integral de trigo.
– ¼ CUP de cacao en polvo.
– 2 TSP de levadura en polvo para repostería.
– ½ CUP de azúcar.
– 1 CUP de leche de soja.
– 1 CUP de agua.
– ½ CUP de aceite de girasol.

■ **PARA EL *COULÍS* DE CEREZA:**
– 500 g de cerezas.
– Jugo de medio limón.
– ¼ CUP de agua.
– 200 g de azúcar glas.

Recetas

■ **Para el bizcocho:**
- Mezcla todos los ingredientes sólidos en un bol y todos los líquidos en otro.
- Vierte el contenido del bol de los líquidos en el de lo sólidos.
- Pon el resultado anterior en una bandeja rectangular refractaria y métela en el horno precalentado a 180° durante 35 minutos.
- Saca la bandeja del horno, desmolda el bizcocho y deja que se atempere a temperatura ambiente durante dos horas.
- Con ayuda de un aro de cocina para emplatar saca tres redondeles y córtalos por la mitad con un cuchillo de sierra para que no se deforme ni se aplaste.

■ **Para el *coulís* de cerezas.**
- Lava las cerezas, desecha el rabito y descorazónalas con una pajita o unas pinzas de quirófano.
- Pon las cerezas en una sartén junto con todos los demás ingredientes a fuego muy bajo durante cuarenta minutos.
- A continuación, bate el resultado con batidora de mano.

■ **Montaje de la tarta:**
- Pondremos tres círculos de bizcocho por tarta.
- Entremedias de ellos añadiremos *coulís* de cereza.
- Terminaremos bañando la tarta con el *coulís*.
- Pondremos encima unas cerezas para decorar.

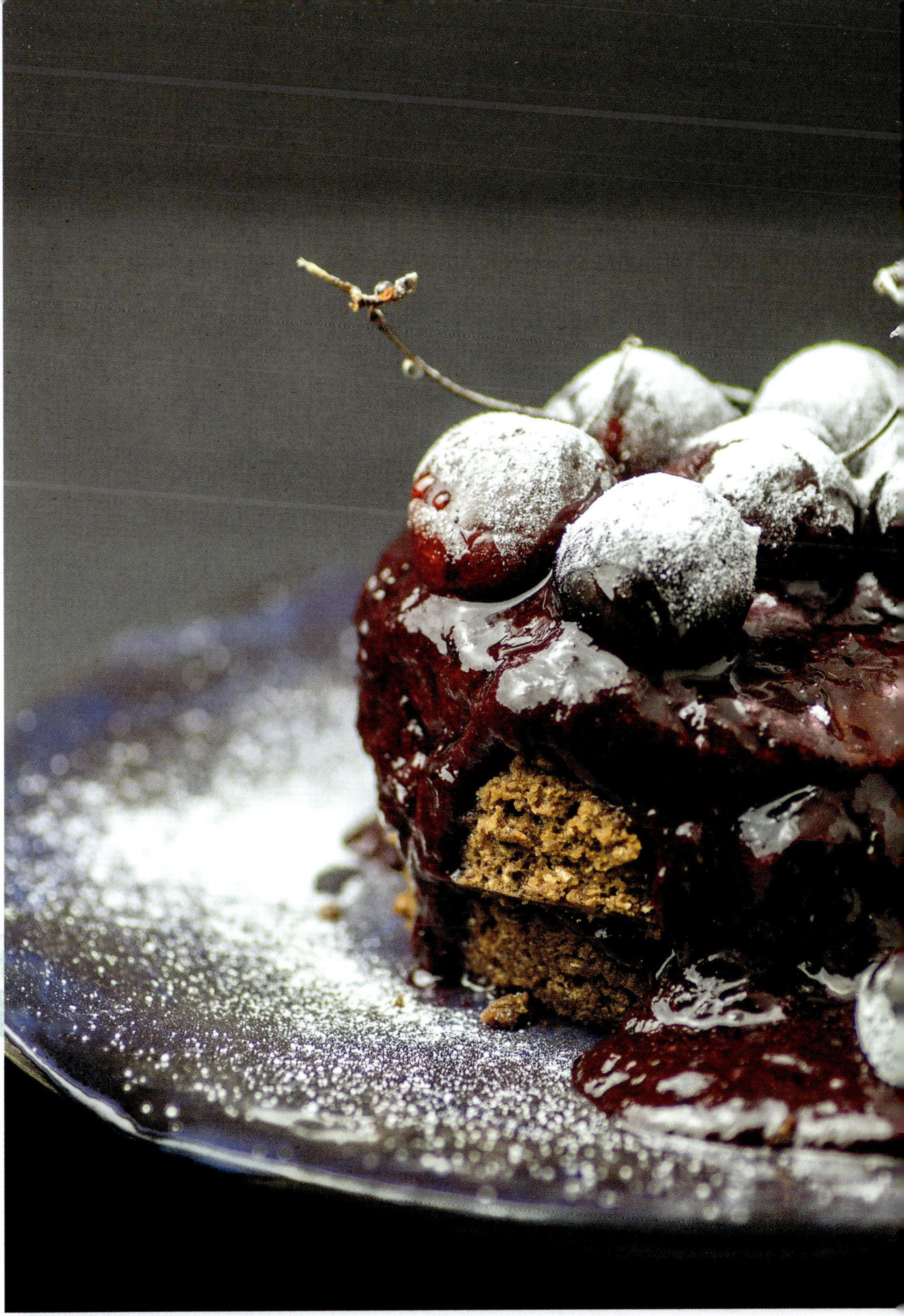

Sopa *Tom Kha* de verduras

180°

Para 4 personas. *Preparación: 2 horas para el caldo y 30 minutos para la sopa.*

Esta receta es un plato que cocinamos a menudo en nuestros menús. Es muy fácil de hacer y muy agradecida. Cierto es que requiere de ingredientes que no son habituales en nuestras despensas o nuestros mercados, pero podemos encontrarlos fácilmente en tiendas hindúes de alimentación.

Ingredientes

■ PARA EL CALDO:
– *1,5 litros de agua.*
– *1,5 litros de leche de coco.*
– *2 calabacines.*
– *2 zanahorias.*
– *1 cebolla blanca.*
– *1 trozo de galanga de 2 cm de grosor.*
– *1 lemongrass*
– *7 hojas de lima* kafir.
– *2 chiles rojos.*
– *Un chorrito de aceite de oliva virgen extra.*
– *Sal al gusto.*

■ PARA LA SOPA:
– *100 g de* shiitake *fresco.*
– *1 manojo de espárragos trigueros.*
– *100 g de* noodles.
– *2 tomates pera.*
– *100 g de tofu.*
– *1 pimiento rojo.*
– *Hojas de cilantro al gusto.*
– *Jugo de una lima.*
– *1 cebolleta china.*

Recetas

■ **Para el caldo:**
- Lava y corta los calabacines en dados de 1,5 cm de grosor.
- Lava y corta las zanahorias en rodajas de 1 cm.
- Pela la cebolla y córtala por la mitad.
- Añade estos tres ingredientes en la olla y sofríelos con el aceite de oliva virgen extra a fuego lento durante diez minutos.
- Quiebra con la mano sin llegar a cortar las hojas de la lima *kafir*.
- Corta el *lemongrass* por la mitad y machácalo sin llegar a romperlo.
- Lava la galanga y córtala por la mitad.
- Corta por la mitad los chiles rojos y retira sus semillas.
- Añade todos los ingredientes en la olla y deja que se cocinen a fuego lento una hora y media.
- Filtra el caldo con ayuda de un colador y desecha los restos de verduras.

■ **Para la sopa:**
- Pon a hervir a fuego medio los *noodles* hasta que estén hechos. Consulta el tiempo de cocción recomendado en el envase. Puedes probarlos para ver si están a tu gusto.
- Corta la parte blanca de los espárragos (puedes añadirla al caldo anterior). Corta en rodajas de 1 cm de grosor la parte verde.
- Corta el pimiento en juliana.
- Sofríe en una olla ambos ingredientes durante diez minutos.
- Pela y despipa los tomates y córtalos en *brunoise* (dados de 1,5 mm de grosor).
- Pela y corta los *shiitakes* en juliana.
- Añade el tomate y los *shiitakes* al sofrito.
- Corta el tofu en dados de 2 cm de grosor. Pica el cilantro en trocitos muy pequeños. Extrae el jugo de la lima y añade las tres cosas al sofrito.

- Cuando esté lista la pasta añádela también a la olla junto al caldo y ya puedes servir.

■ Emplatado:
Dividiremos la olla en cuatro cuencos. Cortaremos muy fino el tallo de la cebolleta china y añadiremos un poco encima de cada plato.

180° Sopa de *galets*

Para 4 personas.   *Preparación: 40 minutos.*

Esta es una receta típica catalana. En este caso he sustituido la carne por la carne vegetal de la beyond meat, *una hamburguesa vegana de origen americano hecha con proteína de guisante. Tiene un sabor y una textura muy parecida a la de la carne picada.*

Ingredientes

PARA EL CALDO:
– La parte blanca de dos puerros.
– El tronco de una coliflor.
– ¼ cebolla dulce.
– 5 dientes de ajo.
– Los tallos de 200 g de champiñones.
– 2 hojas de laurel.
– ½ litro de vino blanco.
– 3,5 litros de agua.
– Un chorrito de aceite oliva virgen extra.
– Sal al gusto.

PARA LA SOPA:
– 12 caracolas de pasta grandes (galets).
– 300 g de carne vegetal beyond meat.
– 50 g de miga de pan blanco.
– ½ litro de leche de soja.
– 2 dientes de ajo.
– 1 manojo de perejil fresco.
– Sal al gusto.

Recetas

Para el caldo:
- Pon todas las verduras en una olla junto con la sal y el aceite. Sofríelas durante diez minutos a fuego lento.
- Añade el vino y deja que se cocine durante diez minutos.
- Añade el agua y deja que hierva durante dos horas a fuego lento.
- Con ayuda de un colador filtra el caldo y desecha las verduras.

Para la sopa:
- Remoja el pan en la leche de soja durante cinco minutos.
- Corta los ajos en dados de 1,5 mm.
- Pica el perejil en trocitos pequeños.
- Pon todos los ingredientes menos las caracolas en un bol y júntalo presionando con un tenedor.
- Rellena las caracolas con la carne de forma que quede bien prensada.
- Pasada una hora, saca las verduras del caldo.
- Pon a cocer la pasta rellena con tres litros de agua en una olla a fuego medio. Sigue las instrucciones del fabricante para ver el tiempo de cocción.

Emplatado:
Pondremos tres caracolas por plato y añadiremos un poco de caldo de verduras en cada una de ellas.

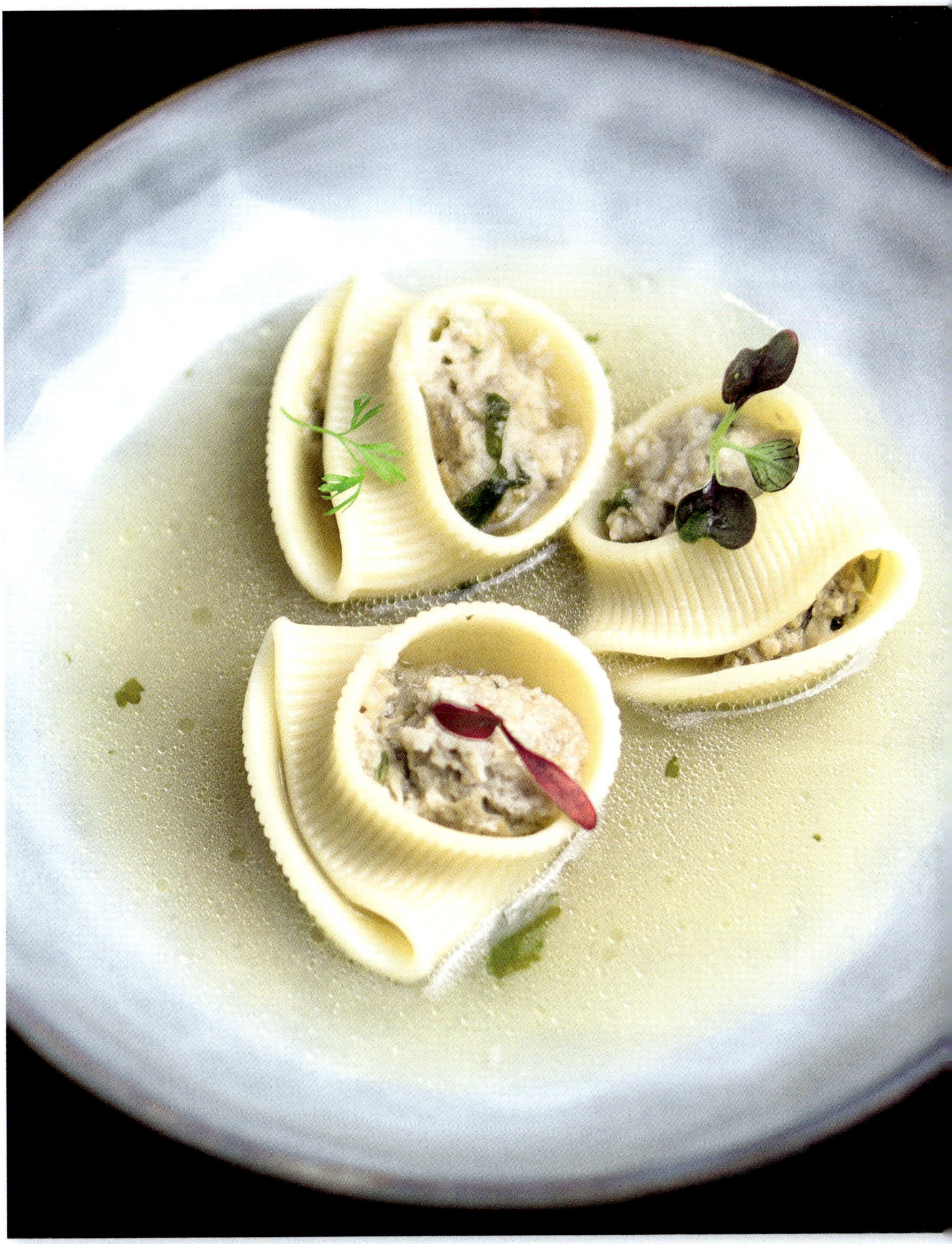

Crema de cebolla y té negro ahumado con bizcocho de oliva

180°

Para 4 personas. *Preparación: Dos horas para el caldo.*
Una hora y media para la crema.

Esta fue otra de las recetas que preparamos en el evento pop up *con Jesús Almagro. Creo que es la crema de verduras con la que más disfruto cuando la como. Tanto es así que la suelo cocinar en ocasiones señaladas, como la cena de Nochebuena.*

Ingredientes

■ PARA LA CREMA:
– 2 kg de cebollas blancas.
– 500 ml de caldo de verduras.
– 500 ml de leche de arroz.
– 50 ml de agua.
– 1 TBSP de té negro ahumado.
– Sal al gusto.
– 6 cebollas francesas.
– 1 chorrito de aceite de oliva virgen extra.

■ PARA EL CALDO:
– 1 nabo.
– 3 zanahorias.
– 1 rama de apio.
– 1 cebolla blanca.
– 2 hojas de laurel.
– 2 litros de agua.
– Un chorrito de aceite de oliva virgen extra.

Recetas

■ **Para el caldo:**
- Lava las zanahorias y córtalas en rodajas de 1,5 cm de grosor.
- Pela la cebolla y pártela por la mitad.
- Pela el nabo y córtalo por la mitad.
- Lava la rama de apio y córtala en dos mitades.
- Sofríe en una olla a fuego lento durante diez minutos todos los ingredientes.
- Añade el agua a la olla y deja que hierva durante dos horas a fuego lento.
- Filtra el caldo con ayuda de un colador y desecha los restos de verduras.

■ **Para la crema:**
- Sofríe las cebollas francesas con piel a fuego lento durante veinte minutos. Resérvalas para emplatar.
- Pela las cebollas dulces y córtalas en juliana.
- Sofríe en una olla las cebollas con el fuego al mínimo durante 45 minutos. Tienen que caramelizarse.
- Añade el caldo de verduras y la leche de arroz y sube el fuego de suave a medio.
- Deja que se cocine todo durante veinte minutos.
- Bate en una batidora de vaso el resultado anterior. Preferiblemente, en un vaso para ingredientes líquidos.
- Infusiona el té negro ahumado con el agua y añádelo a la crema.

■ Para el bizcocho:

- Deshidrata durante ocho horas a 50° las olivas negras. Pon la olivas en la bandeja del deshidratador sin lámina de paraflex y prográmalo ocho horas a 50°. O bien pon las olivas en una bandeja del horno y deja la puerta abierta dejando un hueco de unos 5 cm durante ocho horas a 50°.
- Bate el resultado anterior en una batidora de vaso. Usa el vaso para ingredientes secos.
- Mezcla todos los ingredientes sólidos en un bol (incluido el polvo de aceitunas) y todos los líquidos en otro.
- Vierte el contenido del bol de los líquidos en el de los sólidos.
- Mezcla bien y pon el resultado en un molde rectangular para hornear y métlo en el horno precalentado a 180° durante treinta minutos.

■ Emplatado:

Pelaremos las cebollas francesas, las cortaremos por la mitad y deharemos sus capas. Romperemos el bizcocho en trozos y los pondremos en la base de un plato sopero. Añadiremos aceituna cortada al lado del bizcocho y unas flores. Presentaremos la crema aparte en una jarra, para que se la sirva el comensal. Queda muy visual poner en la base de la jarra hielo seco (un hielo congelado a -80°) de forma que generará vapor y simulará al humo.

+Ingredientes

■ PARA EL BIZCOCHO DE OLIVAS:

- 100 g de olivas negras.
- 1 CUP de harina integral.
- 1 TSP de levadura en polvo de repostería.
- Una pizca de sal.
- ½ CUP de leche de soja.
- ¼ CUP de agua.
- ¼ CUP de salsa de soja.
- ¼ CUP de aceite de girasol.
- 10 aceitunas más para emplatar.

Risotto de boletus y trufa

180°

Para 4 personas. *Preparación: 25 minutos.*

Esta receta la tenemos en la carta de Pizzi&Dixie desde el día en que abrimos nuestras puertas. Uno de los maridajes más clásicos es el de boletus y trufa, ya que ambos encajan a la perfección dentro de un arroz.

Ingredientes

■ PARA EL CALDO:
– Un puerro.
– 2 zanahorias.
– Un diente de ajo.
– 3 litros de agua.
– 1 calabaza.
– 1 cebolla blanca.
– Unas hojas de laurel.
– 200 g de champiñones.
– 1 chorrito de aceite de oliva virgen extra.

■ PARA EL *RISOTTO*:
– 280 g de arroz carnaroli o arborio.
– 1,2 litros del caldo vegetal.
– 150 ml de vino blanco
– 1 cebolla blanca.
– 1 puerro.
– ½ calabacín.
– ½ berenjena.
– Un diente de ajo.
– 200 g de boletus.
– 4 TBSP de salsa trufada (la puedes conseguir en tiendas gourmet. Por lo general son salsas de champiñones y trufa).
– 100 g de margarina vegana.
– Un chorrito de aceite de oliva virgen extra.

Recetas

■ Para el caldo
(la misma que la del caldo del risotto de codium y fitoplancton).
- Corta la parte verde del puerro y lávala bien. Córtala en rodajas de 1,5 mm de grosor. Reserva la parte blanca para sofreírla luego.
- Lava las zanahorias y pélalas. Guarda la piel para el caldo. Reserva las zanahorias para hacer otras recetas.
- Pela la cebolla. Guarda la piel para el caldo y reserva la cebolla para sofreírla luego.
- Pela la calabaza. Reserva la piel para el caldo. Guarda la calabaza para otras recetas.
- Pela los champiñones y quítales el pie. Guarda la piel y el pie para el caldo. Guarda el champiñón para otras recetas.
- Pela el ajo. Guarda la piel para el caldo y el ajo para sofreírlo luego.
- Sofríe en una olla a fuego lento durante diez minutos la parte verde del puerro, las pieles de la zanahoria, la piel de la cebolla, la piel de la calabaza, la piel y el pie de los champiñones y la piel del ajo.
- Añade el agua a la olla y deja que hierva durante dos horas a fuego lento.
- Filtra el caldo con ayuda de un colador y desecha los restos de verduras.

■ Para el arroz:
- Corta en *brunoise* (dados de 1,5 mm) la cebolla, la parte blanca del puerro y el ajo.
- Corta la berenjena y el calabacín en dados de 1 cm de grosor.
- Sofríe la cebolla, el calabacín y el ajo en una olla a fuego lento con un chorrito de aceite de oliva virgen extra durante diez minutos.
- Añade al sofrito la berenjena y el calabacín y deja que se pasen durante otros diez minutos.
- Añade el vino, el arroz y la sal y deja que se cocine todo durante cinco minutos a fuego lento.
- Añade la mitad del caldo y sube el fuego de suave a medio.

- Añade poco a poco el resto del caldo a medida que se vaya evaporando. Tienes que ir moviéndolo a medida que vayas añadiendo hasta que el arroz esté hecho. En función de la fuerza del fuego es posible que sobre un poco del batido. Para ver si el arroz está hecho puedes probarlo.
- Retira el arroz del fuego y añádele la margarina. Remueve bien para integrarlo todo.

▪ Emplatado:

Emplataremos en un plato de *risotto*. Esparciremos por encima un poco de queso vegano rallado imitación al parmesano.

Risotto de alga codium y fitoplancton

180°

Para 4 personas.   Preparación: 25 minutos para el risotto y 2 horas para el caldo.

El alga codium, también conocida como ramallo de mar o percebe de los pobres, es el alga que tiene, en mi opinión, el mejor sabor. Un gusto intenso muy parecido al de los percebes. Su temporada va de abril a noviembre.

El fitoplancton es la parte vegetal del plancton. En la naturaleza está compuesto por infinidad de tipos de microalgas, no obstante, los que venden para consumo humano contienen solo unas cuantas clases de microalgas cultivadas. Según la marca comercial que escojamos, tendremos más o menos sabor a mar y más o menos color.

Por otra parte, el caldo que me gusta hacer para los risottos *es un caldo de «sobras». Aprovecho los restos de limpiar verduras para hacer caldos que acompañen al* risotto. *En el restaurante es una forma de ahorrarme merma (pérdidas) al cocinar; en casa nos sirve para ahorrar en la cesta de la compra; y en ambos, nos ayuda a cocinar de manera más responsable.*

Ingredientes

■ **PARA EL CALDO:**
– 1 puerro.
– 2 zanahorias.
– Un diente de ajo.
– 3 litros de agua.
– 1 calabaza.
– 1 cebolla blanca.
– Unas hojas de laurel.
– 200 g de champiñones.
– 1 chorrito de aceite de oliva virgen extra.

Recetas

■ **Para el caldo:**
- Corta la parte verde del puerro y lávala bien. Córtala en rodajas de 1,5 mm de grosor. Reserva la parte blanca para sofreírla luego.
- Lava las zanahorias y pélalas. Guarda la piel para el caldo. Reserva las zanahorias para hacer otras recetas.
- Pela la cebolla. Guarda la piel para el caldo y reserva la cebolla para sofreírla luego.
- Pela la calabaza. Reserva la piel para el caldo. Guarda la calabaza para otras recetas.
- Pela los champiñones y quítales el pie. Guarda la piel y el pie para el caldo. Guarda el champiñón para otras recetas.
- Pela el ajo. Guarda la piel para el caldo y el ajo para sofreírlo luego.
- Sofríe en una olla a fuego lento durante diez minutos la parte verde del puerro, las pieles de la zanahoria, la piel de la cebolla, la piel de la calabaza, la piel y el pie de los champiñones y la piel del ajo.
- Añade el agua a la olla y deja que hierva durante dos horas a fuego lento.
- Filtra el caldo con ayuda de un colador y desecha los restos de verduras.

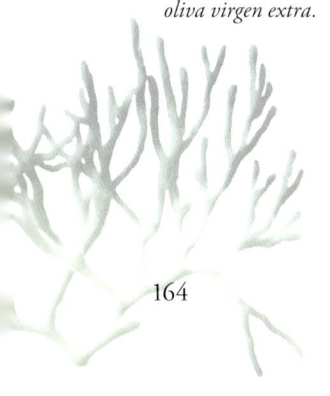

Para el arroz:

- Corta en *brunoise* (dados de 1,5 mm) la cebolla, la parte verde del puerro y el ajo.
- Sofríe las tres cosas en una olla a fuego lento con un chorrito de aceite de oliva virgen extra durante diez minutos.
- Añade el vino, el arroz y la sal y deja que se cocinen durante cinco minutos a fuego lento.
- Bate el fitoplancton junto con el caldo vegetal en una batidora de vaso, usa preferiblemente vaso para líquidos. Tiene que quedar muy bien batida, no pueden quedar trozos de alga.
- Añade la mitad del batido al arroz y sube el fuego de suave a medio.
- Añade poco a poco el resto del batido de caldo y codium a medida que se vaya evaporando. Tienes que ir moviéndolo a medida que vayas añadiendo hasta que el arroz esté hecho. En función de la fuerza del fuego es posible que sobre un poco del batido. Para ver si el arroz está hecho puedes probarlo.
- Extrae el jugo del limón e hidrata el fitoplancton. Usa solamente 4 ml de jugo para los 1,5 g de fitoplancton. Pon ambos ingredientes en un cuenco pequeño y remuévelos con una cuchara hasta integrarlos. Tiene que quedar una textura parecida al sirope.
- Retira el arroz del fuego y añádele la margarina y el fitoplancton. Remueve bien para integrarlo todo.

Para el aire de plancton:

- Exprime el jugo del limón.
- Ponlo en un bol junto con el agua.
- Añade el resto de los ingredientes y mézclalos bien con ayuda de una batidora de varillas.
- Bate con una batidora de mano la parte más superficial del resultado anterior.

Emplatado:

Pondremos el arroz en un plato para *risotto* e incorporaremos encima el aire y añadiremos algún germinado para dar color al plato.

+Ingredientes

PARA EL *RISOTTO*:
- 280 g de arroz carnaroli o arborio.
- 1,2 litros del caldo de vegetales.
- 150 ml de vino blanco
- 1 cebolla blanca.
- 1 puerro.
- Un diente de ajo.
- 200 g de alga codium.
- 1,5 g de fitoplancton.
- 1 limón.
- 100 g de margarina vegana.
- Un chorrito de aceite de oliva virgen extra.

PARA EL AIRE DE PLANCTON:
- 1 TSP de proteína de soja.
- 125 g de agua.
- 1 limón.
- 0,5 g de fitoplancton.
- 3 g de lecitina de soja.

Ravioli con salsa de nuez

180°

Para 4 personas.   *Preparación: 2 horas y media.*

Hay muchísima diferencia entre la pasta fresca y la seca. Hacer buena pasta fresca lleva tiempo, pero se disfruta el doble. Esta receta de ravioli la tenemos actualmente en carta en Pizzi&Dixie. En el restaurante, si no nos queda tiempo par a producir la pasta en el momento, la traemos hecha de un obrador especializado, de modo que sea igualmente artesanal y fresca, como si la hubiésemos hecho nosotros.

Ingredientes

■ PARA LA MASA DE LA PASTA:
– 400 g de harina de trigo 00.
– 200 g de harina de sémola de trigo.
– 4 TBSP de maicena.
– 4 CUP de agua.
– 4 TBSP de aceite de oliva virgen extra.
– Sal al gusto.

■ NOTA:
– En función de la fuerza del tipo de harina que usemos es posible que tengamos que variar ligeramente la cantidad que usemos. Las harinas de mucha fuerza contienen más gluten y por ello es necesario hidratarlas más que aquellas que tienen una fuerza menor.

Recetas

■ Para el relleno:
- Pela la berenjena y córtala en dados de 0,5 cm de grosor.
- Pela y despipa el tomate y córtalo en dados de 1,5 mm.
- Lava y corta el pimiento verde en dados de 1,5 mm de grosor.
- Pela la cebolla y córtala también en dados de 1,5 mm de grosor.
- Pon todos los ingredientes en una bandeja de horno. Precalienta el horno, mete la bandeja y deja que se cocine a 180° durante cuarenta minutos.

■ Para la masa:
- Pon en un bol todos los ingredientes sólidos.
- Añade el aceite de oliva virgen extra.
- Añade después el agua poco a poco mientras la vas mezclando con los ingredientes sólidos. Para ello puedes ayudarte de una cuchara.
- Una vez mezclados, saca la masa del bol y haz con ella una bola.
- Amasa la mezcla con ayuda de una amasadora. Hay robots de cocina que tienen la capacidad de amasar. En caso de no disponer de amasadora, hazlo a mano siguiendo estos pasos:
  — Es una técnica que seguro has visto hacer muchas veces para amasar pan o para preparar una base de *pizza*. Comienza espolvoreando un poco de harina de sémola de trigo encima de la mesa o la encimera para que no se pegue la masa al trabajarla.
  — Coloca la masa encima de la harina formando una bola.
  — Sujetaremos un borde de la bola de masa con una mano y la aplastaremos alejándola de nuestro cuerpo haciendo fuerza con la parte abultada de la palma de la mano que está más próxima a la muñeca.

— Una vez estirada, la recogeremos otra vez hacia nosotros para volver a formar la bola de la que partíamos.
— Gira la bola antes de volver a estirarla para asegurarte de que ninguna parte de la masa se queda sin amasar y repite el proceso estirándola y volviendo a recogerla una y otra vez durante cinco minutos. Gira la bola, aplasta, estira, recoge y repite.
- Una vez amasada, cúbrela con film y déjala reposar en la nevera durante media hora.
- Corta la masa en cuatro partes iguales. Para ello puedes ayudarte con una espátula de cocina o un cuchillo.

Raviolis con salsa de nuez

continuación

■ PARA EL RELLENO DE LOS *RAVIOLI*:
– 1 berenjena.
– 1 tomate.
– 1 pimiento rojo.
– 1 cebolla.
– 1 chorrito de aceite de oliva virgen extra.
– 1 chorrito de vinagre.
– 2 TSP de azúcar.
– Sal al gusto.

■ PARA LA SALSA:
– 200 g de nueces peladas crudas.
– 200 g de agua.
– 200 g de leche de arroz.
– 1 TBSP de levadura nutricional.
– 1 diente de ajo.
– Sal al gusto.

- Estira cada una de las partes hasta formar un rectángulo de 1 mm de grosor. Puedes hacerlo con una máquina para hacer pasta o con un rodillo.
- Dibuja con un cuchillo rectángulos de masa de unos cuatro centímetros de largo por tres de ancho. Uno al lado del otro. Simplemente marca una línea con ellos, pero no llegues a cortar la masa.
- Pon en el centro de cada rectángulo el relleno.
- Pon encima de la lámina con los rectángulos marcados otra lámina de masa.
- Corta los rectángulos con un corta pastas. Esta vez sí, corta del todo los rectángulos formados por dos partes iguales de masa con relleno en el centro. Si no tienes cortador de pasta, puedes usar uno de *pizzas* o incluso un cuchillo. Sella todos los laterales de cada rectángulo aplastando los bordes con ayuda de un tenedor para que no se salga el relleno, como si fueran empanadillas.
- Pon en una olla cuatro litros de agua con 34 gramos de sal y llévala a ebullición a fuego medio.
- Añade los *ravioli*. Al ser pasta fresca tardarán en hacerse aproximadamente un minuto. En el momento que floten en el agua estarán hechos, sácalos del agua con ayuda de un colador.

■ Para la salsa:
- Pon en una bandeja antiadherente las nueces y métalas en el horno precalentado a 180°. Deja que se tuesten durante quince minutos. Cada cinco minutos abre el horno y remuévelas para se hagan de manera uniforme.
- Pon a hervir en una olla a fuego alto la leche de arroz y el agua. Una vez rompa a hervir, retírala.
- Bate todos los ingredientes en una batidora de vaso, usa preferiblemente un vaso para ingredientes líquidos.

■ Emplatado:
Pondremos los *ravioli* en un plato rectangular. Añadiremos por encima la salsa de nuez y terminaremos el plato con alguna hoja silvestre. En Pizzi&Dixie, yo añado pamplinas y collejas.

180° Tarta *Red Velvet*

Para una tarta de 13 raciones.   *Preparación: 45 minutos de elaboración y 2 horas en nevera.*

La tarta Red Velvet *o pastel de Terciopelo Rojo es un clásico de la repostería americana. En este caso he cambiado los de origen animal que incluye la receta tradicional, por otros de origen vegetal. Igualmente, en lugar de usar tinte vegetal de repostería se podría usar jugo de remolacha aunque el color del bizcocho de esta forma toma un tono más marrón que rojo.*

Ingredientes

■ PARA EL BIZCOCHO ROJO:
– 2 CUP de harina integral de trigo.
– 1 y ¼ CUP de azúcar.
– 2 TSP de levadura en polvo.
– 1 CUP de agua.
– 1 CUP de leche de soja.
– ½ CUP de aceite de girasol.
– 1 g de tinte vegetal líquido de repostería rojo.

■ PARA EL *FROSTING*:
– 150 g de azúcar.
– 140 g de margarina vegana.
– 200 g de nata para montar vegana.
– 225 g de queso vegano para untar.

Recetas

■ **Para el bizcocho:**
• Mezcla en un bol los ingredientes sólidos y en otro bol los ingredientes líquidos.
• Junta el contenido de los dos boles y bate con una batidora de varillas para que no queden grumos en la mezcla.
• Divide la mezcla en dos partes iguales y pon cada una en un molde para hornear bizcochos. Precalienta el horno a 180° y mete ambos moldes durante 35 minutos.
• Desmolda los bizcochos.

■ **Para el *frosting*:**
• Pon la nata y el azúcar en un bol. Con ayuda de una batidora de varillas, monta la nata.
• Añade el queso y la margarina y sigue batiendo con la batidora hasta que quede una cobertura homogénea.

■ **Para montar la tarta:**
• Pon parte del *frosting* como relleno entre los dos bizcochos y después cubre la tarta con él. Extiéndelo con la ayuda de una espátula de cocina.
• Deja la tarta en la nevera durante un mínimo de dos horas.

180° Ramen vegetal

Para 4 personas.   *Preparación: 2 horas.*

El ramen es un plato típico japonés con influencias chinas. No existe una receta única, la única característica esencial es que se trata de una sopa de fideos y cada cocinero lo prepara de una forma diferente y personal. Los caldos varían mucho en función del tipo de ramen, pero siempre que pruebo un ramen vegetariano, siento que falta contundencia en el caldo, ya que en muchos casos se preparan exclusivamente con agua y miso. *A fin de corregirlo, he creado un caldo con mucho sabor para esta receta, un gusto mucho más intenso que convierte este plato en una experiencia mucho más completa.*

Ingredientes

■ **PARA EL CALDO UMAMI:**
- 3 litros de agua.
- 200 g de calabacín.
- 1 nabo daikon.
- 1 ramillete de apio.
- 2 zanahorias.
- 1 puerro.
- 1 cebolleta china.
- 4 TBSP de *miso blanco* (shiro miso).
- 1 cucharada de *sam jang*.
- 20 g de té negro ahumado.
- 3 gr de *shichimi togarashi*.
- Sal al gusto.
- Un chorrito de aceite de oliva virgen extra.

Recetas

■ **Para el caldo umami:**
- Pela y corta en juliana la cebolleta china.
- Pela y corta en cuartos el nabo *daikon*.
- Pela y corta en rodajas de 2 cm el puerro. Desecha la parte verde.
- Pela y corta la zanahoria en rodajas de 2 cm.
- Lava y corta en dados de aproximadamente 1,5 cm el calabacín y el apio.
- Sofríelo todo en una olla a fuego lento durante quince minutos.
- Añade el agua y deja que hierva todo durante dos horas a fuego lento.
- Pasadas dos horas, cuela el caldo.
- Infusiona el té negro ahumado en una olla con 100 ml de agua. Cuela la infusión y añádela al caldo.
- Añade el *sam jang*, el miso blanco, el *shichimi togarashi* y remuévelo hasta que se integren en el caldo.

■ **Para el ramen:**
- Pon a hervir los *noodles* en una olla con los tres litros de agua y la sal a fuego medio. Dependiendo de la marca de pasta que usemos tardarán más o menos en cocerse. Lo mejor es que consultes los tiempos de cocción del envase o vigílalos hasta que estén hechos.
- Lava y corta el *pak choi* en juliana.
- Lava y corta en juliana las setas *shiitake*.
- Corta en dados de 2 cm el tofu.
- Saltea en una sartén con fuego medio el *pak choi* con el aceite de sésamo y la sal durante tres minutos.
- A continuación, añade el *tamari*, el tofu, las setas *shiitake* y el sésamo negro, deja que se cocinen junto al *pak choi* durante tres minutos.

■ Emplatado:

Dividiremos el sofrito y los *noodles* en partes iguales en cuatro cuencos grandes. Entonces añadiremos caldo en todos los platos y finalmente pondremos por encima el tallo de la cebolleta china cortada muy fina.

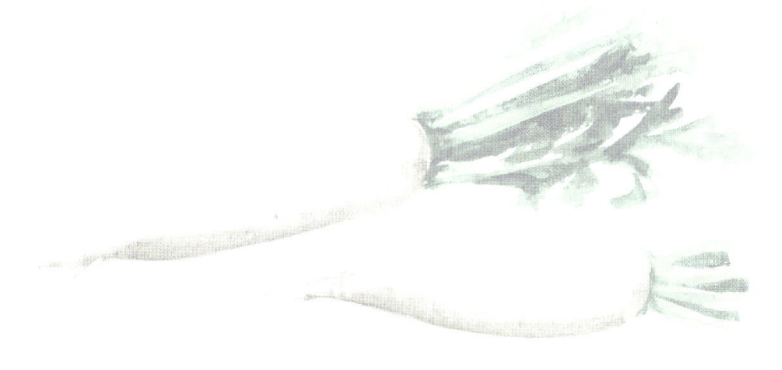

■ PARA EL RAMEN:
- 500 g de pak choi.
- 2 cucharadas de tamari *(salsa de soja fermentada)*.
- 2 cucharadas de aceite de sésamo.
- 300 g de shiitake *fresco*.
- 15 g de sésamo negro.
- Medio tallo de cebolleta china.
- 250 g de tofu duro.
- 300 g de noodles *finos*.
- 3 litros de agua.
- Sal al gusto.

180° *Tagliatelle* con salsa norma

Para 4 personas.   *Preparación: 2 horas.*

Esta es una pasta muy típica en Italia. Es muy sencilla, consiste simplemente en una reducción de tomate y albahaca. En Italia es muy típica servirla con queso.

Ingredientes

- *400 g de tagliatelle.*
- *4 litros de agua.*
- *1 berenjena.*
- *1 manojo de 125 g de albahaca fresca.*
- *1 kg de tomate muy maduro (en su defecto, puedes poner tomate en conserva de San Marzano. Lo venden en algunas tiendas gourmet).*
- *1 cebolla morada.*
- *1 diente de ajo.*
- *1 chorrito de aceite de oliva virgen extra.*
- *32 g de sal.*

Recetas

- Pela y pica la cebolla y el ajo en dados de 1,5 mm de grosor. Sofríelos en una olla a fuego muy lento durante diez minutos.
- Lava y pica la berenjena en dados de 1 cm y añádela al sofrito. Deja que se cocine a fuego muy lento todo durante quince minutos.
- Escalda los tomates. Para ello pon agua a hervir en una olla, haz dos cortes superficiales en la parte de abajo del tomate y sumérgelos en el agua durante un minuto.
- Pela los tomates.
- Pasa los tomates por un pasapurés de forma que el puré de tomate caiga dentro un bol.
- Añade el puré de los tomates al sofrito junto con la albahaca.
- Deja que el puré reduzca con el fuego muy lento durante una hora.
- Pon los *tagliatelle* a hervir en una olla a fuego medio con los cuatro litros de agua y los 32 g de sal hasta que estén *al dente*. Puedes ver el tiempo de cocción de la pasta en las instrucciones del fabricante. También puedes probarla para ver si está hecha.
- Añade la pasta a la salsa cuando esté hecha. Sube el fuego de suave a medio y deja que se integre durante dos minutos removiéndola constantemente para que no se pegue.

■ Emplatado:
Pondremos la pasta en un plato de pasta con unas hojas de albahaca encima.

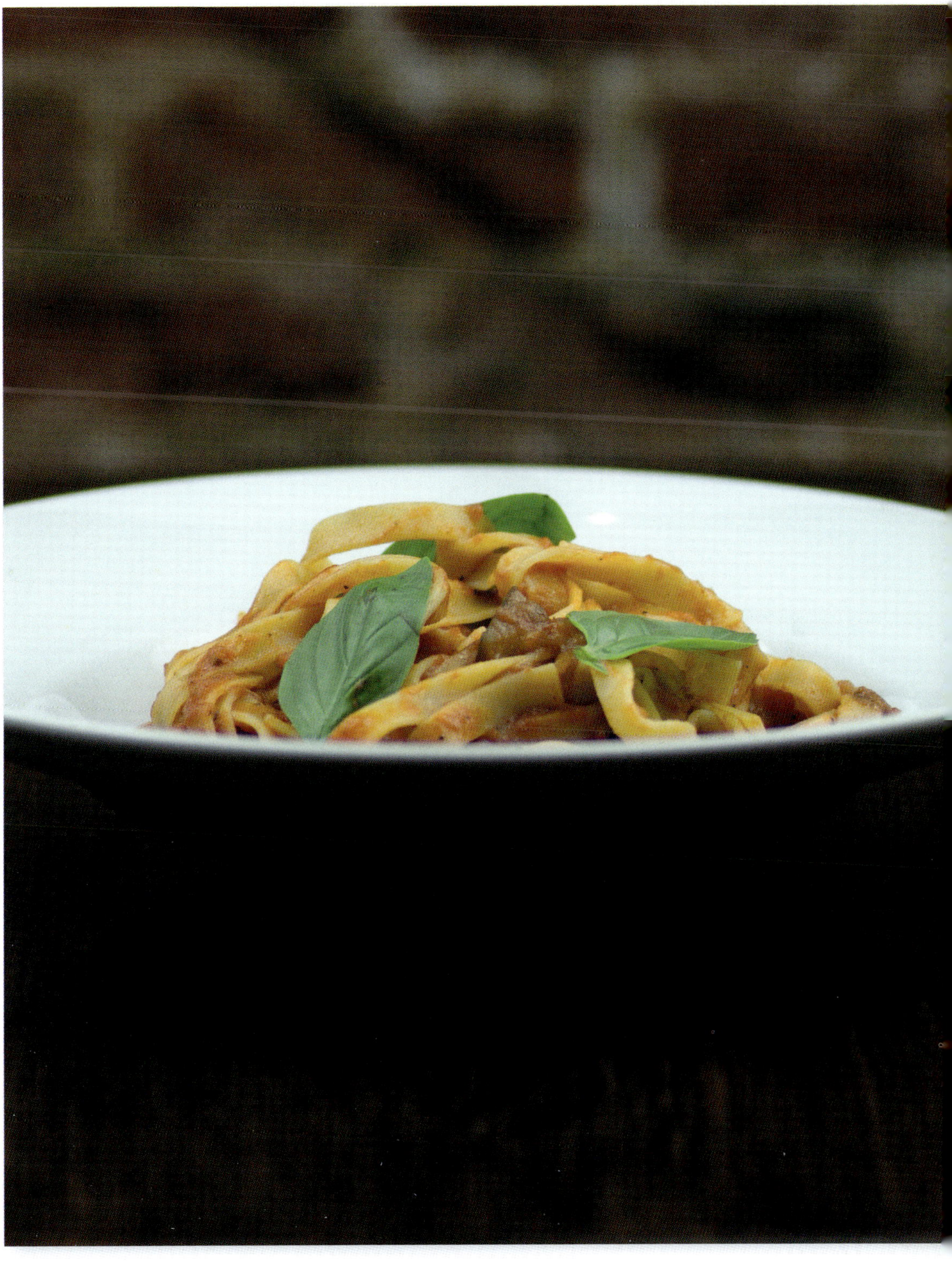

180° *Paccheri* con alcachofas

Para 4 personas.   *Preparación: 30 minutos.*

Los paccheri *son un tipo pasta gruesa muy sabroso. Se pueden hacer muchas cosas con ellos, en este caso escogí cocinarlos con alcachofas simplemente por mi declarada pasión por ellas.*

Ingredientes

- *400 g de* paccheri.
- *10 alcachofas frescas.*
- *50 g de setas enoki.*
- *1 cebolla.*
- *2 dientes de ajo.*
- *2 puerros.*
- *1 nabo.*
- *1 bulbo de hinojo.*
- *3 litros de agua.*
- *2 cucharadas soperas de harina de trigo.*
- *2 TSP de polvo de alcachofa liofilizado (opcional).*
- *Un buen chorro de aceite de oliva virgen extra.*
- *Sal y pimienta negra al gusto.*

Recetas

- Llena un bol con abundante agua y un manojo de perejil.
- Pela las alcachofas dejando solo el corazón, para ello corta el rabo y las hojas más superficiales. A continuación, corta la alcachofa por la mitad, quita el pelo de la parte central y termina de cortarla en cuartos.
- A medida que vayas pelando las alcachofas, ve depositándolas inmediatamente en el bol con agua y perejil para que no se oxiden.
- Hierve las alcachofas en una olla con agua durante veinte minutos aproximadamente. Una vez hervidas, resérvalas.
- Pela el bulbo de hinojo con ayuda de un pelador y córtalo por la mitad.
- Pela los puerros, desecha los extremos y córtalos en rodajas de 2 cm de grosor.
- Pon en una olla los puerros, el nabo, el bulbo de hinojo y las sobras de pelar las alcachofas con los tres litros de agua y llévalo todo a ebullición. Una vez esté el agua hirviendo, baja el fuego al mínimo y deja que el caldo se haga poco a poco durante unas dos horas.
- Transcurridas dos horas sacaremos todas las verduras de la olla y reservaremos el caldo.
- Pondremos al fuego abundante agua con sal en una olla y añadiremos los *paccheri* cuando rompa a hervir. El tiempo de cocción dependerá de las indicaciones del fabricante.
- Mientras se hacen los *paccheri*, pela las cebollas y el ajo y córtalos en *brunoise* (1,5 mm de grosor).
- Haz un sofrito en una sartén grande a fuego lento con la cebolla y el ajo. Para ello debes echar un buen chorro de aceite de aceite de oliva virgen extra.
- Desgrasa al 50% el sofrito, es decir, quítale la mitad de aceite. Puedes ayudarte de un colador.
- Añade la pasta a la sartén una vez cocida *al dente*.

- Añade también a la sartén la harina, el polvo de alcachofa liofilizado y los 100 ml del caldo. Sube el fuego de lento a medio y remueve constantemente hasta que la harina, el polvo de alcachofa, el caldo y el aceite del sofrito se liguen.

■ **Emplatado:**
Emplataremos en un plato de pasta añadiendo algún brote para dar color.

180° *Orecchiette* con salsa de boletus

Para 4 personas.   *Preparación: 15 minutos.*

De todas las pastas que tenemos en Pizzi&Dixie esta es mi favorita. Adoro este plato, el contraste entre los tomates cocinados y el boletus es sencillamente delicioso.

Ingredientes

- *400 g de orecchiette.*
- *4 litros de agua.*
- *32 g de sal para la cocción de la pasta.*
- *12 tomates secos.*
- *Dos puñados de tomates cherry.*
- *1 cebolla morada.*
- *1 diente de ajo.*
- *300 g de boletus.*
- *300 ml de nata de arroz para cocinar.*
- *1 chorrito de aceite de oliva virgen extra.*
- *Una pizca de sal para el sofrito.*
- *Una pizca de pimienta negra.*

Recetas

- Pon los cuatro litros de agua con los 32 gramos de sal en una olla y llévala a ebullición.
  Nota: La ración de pasta por comensal oscila entre los 80 y los 100 g. Personalmente prefiero las raciones generosas, por eso he puesto 100. Como regla general, por cada 100 g de pasta se pone un litro de agua para cocerla. A cada litro de agua se le añaden entre 7 y 10 g de sal.
- Añade la pasta cuando el agua esté hirviendo y deja que se cocine *al dente*. Puedes mirar el tiempo de cocción de la pasta según el fabricante, y también puedes probarla para ver si está hecha.
- Pela y corta una cebolla y el ajo en *brunoise* (dados de 1,5 cm de grosor) y sofríelos en una sartén a fuego lento con un chorrito de aceite de oliva virgen extra. Cocínalos hasta que estén dorados. Unos cinco minutos.
- Corta los tomates secos y los *cherrys* por la mitad y añádelos al sofrito.
- Limpia los boletus con un paño húmedo y córtalos en dados de 2 cm de grosor. Añádelos al sofrito y deja que se cocine todo junto durante diez minutos más.
- Desgrasa el sofrito, es decir, quítale el aceite. Puedes ayudarte de un colador.
- Añade a la sartén la nata de arroz y deja que se haga junto al resto de ingredientes durante cinco minutos.
- Añade la pasta junto con dos cucharadas del agua de la cocción y deja que se cocine todo durante tres minutos más.

▪ Emplatado:

Pondremos los *orecchiette* en un plato de pasta y les añadiremos algún brote para darles color.

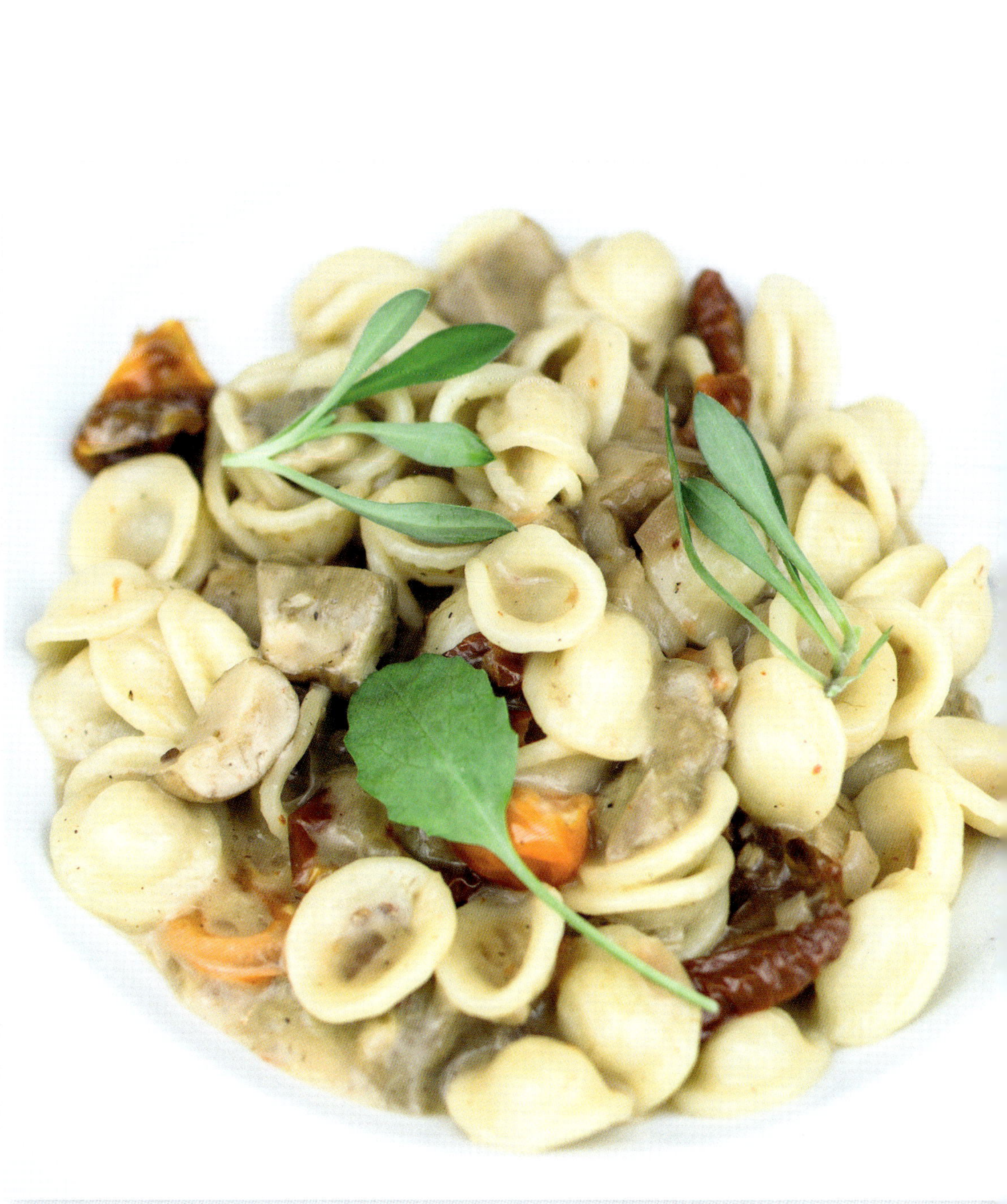

Magret de seitán con patatas *soufflé*

180°

Para 4 personas.   Preparación: 1 hora y 15 minutos.

El seitán es una carne vegetal hecha a base de gluten. Es una forma de sustituir a la carne muy tradicional en la cocina vegana y vegetariana, si bien es cierto que cada vez se usa menos porque está dejando paso a nuevas formas de carne vegetal. Yo lo preparo ya muy de cuando en cuando, quizá debido a que tiene demasiado gluten para mi gusto, pero un sabor tan clásico no podía faltar en esta selección de recetas. En la carta de Botanique tuvimos un plato muy parecido a este que recuerdo con cariño.

Ingredientes

■ **PARA EL SEITÁN:**
– 2 CUP de gluten de trigo.
– 2 remolachas.
– ⅓ CUP de agua.
– ⅓ CUP de té negro ahumado.
– 1 TSP de pimienta negra.
– 3 TSP de sal para la masa del seitán.
– 1 TBSP de salsa de soja.
– 2 TBSP de sal para el agua de la cocción.
– 1 zanahoria.
– 1 nabo.
– 1 cebolla blanca.

■ **PARA LAS PATATAS:**
– 3 patatas Mona Lisa.
– Una pizca de sal.
– Un chorrito de aceite de oliva virgen extra.

Recetas

■ **Para el seitán:**
- Infusiona el té negro ahumado, cuélalo y reserva.
- Con ayuda de un extractor de jugos o licuadora extrae el jugo a dos remolachas. Reserva una taza de este.
- Pela el nabo y córtalo en cuartos.
- Lava la zanahoria y córtala en tres partes.
- Pela la cebolla y córtala por la mitad.
- Pon abundante agua en una olla y ponla a hervir a fuego medio junto con el nabo, la zanahoria y la cebolla.
- Pon en un bol el gluten, el agua, el té negro ahumado, la salsa de soja, la pimienta, la sal y la taza de jugo de remolacha. Mézclalos bien con ayuda de una cuchara.
- El seitán no es necesario amasarlo. Simplemente haz una bola e intenta que quede lisa en su superficie. Con ayuda de una espátula de cocina o de un cuchillo corta la bola en dos y vuelve a dar forma de bola a cada trozo. Intenta de nuevo que la superficie de la bola quede lisa. En realidad, el seitán cuando se estira es como chicle, así que puedes estirar un poco con las manos la parte más superficial y quedará totalmente lisa. Cierra la bola por abajo para que el seitán no se deshaga en la olla.
- Pon las bolas de seitán en la olla que tenemos hirviendo con las verduras y deja que se cocinen durante una hora.
- Pasada la hora, sácalas y córtalas en láminas de 1 cm de grosor.
- Echa un chorrito de AOVE en una sartén y ponlo a fuego bajo.
- Cocina las láminas por ambos lados durante dos minutos en la sartén.

Para las patatas *soufflé*:
- Pela las patatas y córtalas en rectángulos de 5 cm de largo por 0,5 cm de ancho.
- Llena dos sartenes hasta la mitad de aceite de oliva virgen extra.
- Una de las sartenes ponla a fuego bajo. El aceite tiene que llegar a 120° de temperatura. Otra de las sartenes ponla a fuego medio. El aceite tiene que llegar a 180°. Puedes ayudarte de un termómetro de cocina.
- Pon las patatas en la sartén que tiene el aceite a 120°. Deja que se hagan a esta temperatura durante cinco minutos.
- Pasados los cinco minutos saca con ayuda de una espumadera las patatas e inmediatamente después trasládalas a la sartén que está a 180°. Poco a poco se irán inflando. Esto se debe al choque térmico entre una sartén y otra. Déjalas hasta que estén doradas.

Emplatado:
Pondremos los filetes de seitán en el plato e iremos intercalándolos con las patatas *soufflé*. Añade algún brote para darle color.

180° *Lemon pie*

Para una tarta de 7 raciones.   Preparación: 45 minutos.

Esta receta de procedencia inglesa ha formado durante un tiempo parte de la carta del Pizzi&Dixie. Es un postre especialmente indicado para los amantes del limón, entre los que me cuento. A mí me encanta el equilibrio de sabores entre la masa, el limón y el merengue.

Ingredientes

▪ PARA LA BASE:
– 300 g de harina de trigo.
– 200 g de margarina.
– 100 g de azúcar.
– 40 ml de agua.

▪ PARA LA CREMA DE LIMÓN:
– ¾ CUP de jugo de limón.
– ½ CUP de Maicena.
– 1 CUP de azúcar.
– 2 CUP de agua.
– 2 TBSP de margarina.
– 1 g de colorante líquido amarillo de repostería.

▪ PARA EL MERENGUE:
– 200 g de azúcar.
– 130 ml de agua.
– 4 g de proteína de soja.
– 2 g de proteína de patata.

Recetas

▪ Para la base:
- Mezcla todos los ingredientes en un bol.
- Espolvorea un poco de harina encima de la encimera y amasa con la palma de la mano.
- Una vez amasado haz una bola y estírala con ayuda de un rodillo. Tiene que quedar redonda y tener unos 4 mm de grosor.
- Pon una pizca de aceite de girasol en el molde y extiéndelo con ayuda de un pincel de cocina. Si no tienes, puedes hacerlo también con una servilleta de papel, o un trozo de papel de cocina, mojada en el aceite.
- Pon la masa dentro del molde cubriendo la base. Retira aquellas partes que sobren (presionando con la mano la masa sobre el borde del molde). Pincha la base de masa de forma irregular con un tenedor.
- Métela en el horno previamente calentado a 180° y deja que se haga durante veinticinco minutos.
- Sácala del molde, ponla en un plato grande y reserva.

▪ Para la crema de limón:
- Pon todos los ingredientes en una olla. Ponla con el fuego al mínimo y ve removiendo hasta que espese. Tardará unos diez minutos en espesarse y quedarse con una textura parecida a la de una crema catalana.
- Pon el resultado anterior encima de la base de la tarta.
- Mete la tarta en la nevera durante dos horas.

▪ Para el merengue de Toni:
(ver receta de Delicias dulces de Italia)
- Pon en un bol la proteína de soja, la proteína de patata y 90 ml de agua. Con ayuda de una batidora de varillas montaremos las tres cosas hasta que quede una espuma consistente.
- Pon en una olla los 200 g de azúcar y 40 ml de agua. Pon el fuego al mínimo y deja que hiervan mientras remueves constantemente. Una vez haya alcanzado la ebullición retira del fuego.

- Añade el resultado anterior a la espuma mientras bates de nuevo con las varillas durante unos dos minutos.
- Pon el merengue en una manga pastelera.

■ Emplatado:

Con una mano sujetaremos la parte superior de la manga, con la otra la inferior. Iremos sacando pequeñas partes de merengue haciendo montoncitos. Pondremos uno al lado del otro cubriendo toda la superficie de la tarta, no pueden quedar huecos amarillos. Terminaremos quemando un poco el merengue con un soplete de cocina.

180° *Gnocchi* de patata morada con salsa de calabaza

Para 4 personas.   *Preparación: Una hora y 15 minutos.*

Este plato es sin duda uno de los hits *del Pizzie&Dixie. A mí personalmente me parece redondo. Tiene matices de sabor muy mediterráneos y además es una forma original y divertida de comer gnocchi.*

Ingredientes

PARA LA MASA DE LOS *GNOCCHI* DE PATATA MORADA:
— 1 kg de patata morada.
— 350 g de harina de trigo 00.
— 75 ml de aceite de oliva virgen extra.
— ½ calabaza.
— 1 manojo de romero.
— 1 cebolla morada.
— 6 tomates secos.
— ¼ de calabacín.
— ¼ de berenjena.
— 2 puñados de tomates cherry.
— 40 g de olivas Kalamata sin hueso.
— 1 cucharada sopera de orégano.
— 1 cucharada sopera de ajo granulado.
— 1 pizca de cayena.
— 1 pizca de pimienta negra.
— 12 hojas de albahaca.
— 1 pizca de queso parmesano vegano rallado.
— Sal al gusto.

Recetas

Para la salsa de calabaza:
(misma salsa que la que acompaña a las alcachofas confitadas).
- Pela la calabaza y despípala.
- Córtala en dados de 1 cm.
- Pon el romero en una bolsa de infusión.
- Mete ambas en una olla con agua, añade sal y deja que hierva durante veinte minutos.
- Retira la bolsa de infusión y bate la calabaza en una batidora de vaso junto con 100 g de la misma agua que has usado para hervir la calabaza.

Para la masa de los *gnocchi*:
- Pela la patata morada y ponla a cocer a fuego medio hasta que esté hecha (unos veinticinco minutos).
- Una vez cocida, tritúrala con un tenedor.
- Ponla en un bol y añade 300 g de harina de trigo, sal y el aceite de oliva y mézclalos.
- Saca la mezcla del bol y amásala con la palma de la mano hasta que estén todos los ingredientes totalmente integrados. Tardaremos unos cinco minutos.
- Espolvorea los 50 g de harina restantes sobre la encimera.
- Corta trozos de masa de 150 g.
- Toma un trozo, dale forma de esfera y hazla rodar adelante y atrás mientras vas estirándola poco a poco, por encima de la harina de la encimera para que no se pegue, hasta que hagas con ella un rollo estirado de 1 cm de grosor.
- Corta el rollo en trozos de un 2 cm de largo con ayuda de una espátula de cocina o un cuchillo y resérvalos.

■ **Terminado del plato:**
- Corta la cebolla morada en juliana y la berenjena y calabacín en dados de ½ cm.
- Corta los tomates secos y los tomates *cherry* por la mitad.
- Haz un sofrito a fuego bajo en una sartén grande con la cebolla morada. Una vez esté dorada, añade la berenjena y el calabacín.
- Desgrasa el sofrito, es decir, retira el aceite de la sartén. Para ello puedes colarlo todo y retornar a la sartén la cebolla, la berenjena y el calabacín.
- Añade a la sartén los tomates secos, los *cherrys*, las olivas, el orégano, la cayena, la pimienta, el ajo granulado y la sal.
- Pon abundante agua con sal en una olla y llévala a ebullición a fuego medio. Una vez esté el agua hirviendo, añade los *gnocchi* y deja que cuezan hasta que suban a la superficie. Tardarán un minuto más o menos.
- Sácalos del agua y ponlos en la sartén donde tenemos todas las verduras junto con dos cucharas soperas del agua de la cocción de los *gnocchi*.
- Pon la sartén a fuego alto y deja que se cocine todo junto hasta que se evapore el agua de la cocción de los *gnocchi*.

■ **Emplatado:**
Pondremos en la base del plato la salsa de calabaza, encima los *gnocchi* y finalmente le añadiremos un poco de parmesano vegano y tres hojas de albahaca por plato.

■ **Nota:**
— En función de la fuerza del tipo de harina que usemos es posible que tengamos que variar ligeramente la cantidad que usemos. Las harinas de mucha fuerza contienen más gluten y por ello es necesario hidratarlas más que aquellas que tienen una fuerza menor.

Gnocchi sin gluten con pesto de pistachos
180°

Para 4 personas. *Preparación: 1 hora.*

Esta receta es un buen ejemplo de las alternativas sin gluten que ofrecemos en la carta de Pizzi&Dixie. Es un plato de pasta que podemos calificar de saludable. Además el pesto no lleva parmesano y sin embargo veréis que en él están presentes en perfecto equilibrio todos los sabores de un pesto tradicional.

Ingredientes

■ PARA LOS *GNOCCHI* SIN GLUTEN:
– *1 kg de patata Mona Lisa.*
– *400 g de harina de arroz integral.*
– *75 ml de aceite de oliva virgen extra.*
– *Sal al gusto.*

■ PARA EL PESTO:
– *100 g de pistachos.*
– *130 g de aceite de oliva virgen extra.*
– *1 manojo de albahaca de 60 g.*
– *1 diente de ajo.*
– *1 TBSP de levadura nutricional.*
– *Sal en abundancia.*

Recetas

■ Para los *gnocchi* sin gluten:
- Pela las patatas y ponlas a cocer a fuego medio hasta que estén hechas (unos veinticinco minutos).
- Una vez cocida, tritúrala con un tenedor.
- Ponla en un bol y añade 350 g de harina de arroz, sal y el aceite de oliva y mézclalos.
- Saca la mezcla del bol y amásala con la palma de la mano hasta que estén todos los ingredientes totalmente integrados. Tardaremos unos cinco minutos.
- Espolvorea los 50 g de harina restantes sobre la encimera.
- Corta trozos de masa de 150 g.
- Toma un trozo, dale forma de esfera y hazla rodar adelante y atrás mientras vas estirándola poco a poco, por encima de la harina de la encimera para que no se pegue, hasta que hagas con ella un rollo estirado de 1 cm de grosor.
- Corta el rollo en trozos de un 2 cm de largo con ayuda de una espátula de cocina o un cuchillo y resérvalos.

■ Para el pesto de pistachos:
- Bate todos los ingredientes en una batidora de vaso, usa preferiblemente un vaso para líquidos.

■ Terminado del plato:
- Pon abundante agua a hervir en una olla con el fuego al medio.
- Una vez esté el agua hirviendo, añade los *gnocchi*.
- Cocínalos durante siete minutos (la harina de arroz necesita un poco más de cocción que la de trigo).

- Pon el pesto de pistachos en un bol con 30 ml del agua de la cocción de los *gnocchi*.
- Retira los *gnocchi* de la olla con ayuda de un colador.
- Ponlos en el bol.
- Mézclalos con el pesto. Para hacerlo y que no se rompan puedes ayudarte de otro bol, trasladando los *gnocchi* con el pesto de un bol a otro hasta que estén integrados.

■ Emplatado:

Pondremos los *gnocchi* en un plato de pasta y decoraremos poniendo encima unos tomates *cherrys* crudos cortados por la mitad y unas hojas de albahaca.

180° Delicias dulces de Italia

Para 4 postres.   *Preparación: 6 horas.*

Actualmente esta receta forma parte de la carta del Pizzi&Dixie. Unifica dos postres que teníamos anteriormente, la panna cotta *y las trufas de* amaretto *y café. Decidí fusionarlas con la receta de merengue Italiano que me enseñó mi querido amigo Toni Rodríguez. Cuando descubrí el resultado de ese merengue me pareció fabuloso. Siempre que había hecho merengue, lo hacía con el agua de cocer garbanzos, pero el merengue de Toni es sencillamente de otro nivel.*

Ingredientes

■ PARA LA PANNA COTTA:
– 340 g de nata de soja.
– 170 g de leche de soja..
– ¼ CUP de azúcar.
– 1 TSP de agar-agar en polvo.

■ PARA LA TRUFA DE AMARETTO Y CAFÉ:
– 125 g de nata para montar vegana.
– 85 g de margarina.
– 250 g de chocolate.
– ½ CUP de azúcar.
– 40 ml de amaretto.
– 1 TBSP de café.
– 2 TBSP de cacao en polvo.

■ PARA EL MERENGUE VEGANO:
– 200 g de azúcar.
– 130 ml de agua.
– 4 g de proteína de soja.
– 2 g de proteína de patata.

Recetas

■ Para la *panna cotta*:
- Añade todos los ingredientes a una olla y llévalos a ebullición. Una vez empiece a hervir retira la olla del fuego.
- Pon el resultado anterior en moldes para hacer flanes individuales. Suelen ser moldes de unos 130 ml de capacidad.
- Mete los moldes rellenos en la nevera durante seis horas.

■ Para la trufa de *amaretto* y café:
- Deja la nata toda la noche en la nevera.
- Pon al baño María la margarina y el chocolate. Para ello pon una olla con agua con el fuego al mínimo. Encima del agua coloca un bol con la margarina y el chocolate. Muévelo de vez en cuando hasta que se funda la mezcla.
- Pon la nata en un bol y móntala con ayuda de una batidora de varillas.
- Una vez montada, añade el chocolate y margarina derretidos, el *amaretto* y el café y vuelve a batir con las varillas durante dos minutos.
- Deja el resultado anterior en la nevera durante dos horas.
- Saca el resultado anterior de la nevera y haz bolas.
- Extiende el cacao en polvo en la encimera y haz rodar las bolas por encima.
- Consérvalas en la nevera en un recipiente no metálico hasta servirlas.

■ Para el merengue de Toni:
- Pon en un bol la proteína de soja, la proteína de patata y 90 ml de agua. Con ayuda de una batidora de varillas montaremos las tres cosas hasta que quede una espuma consistente.

- Pon en una olla los 200 g de azúcar y 40 ml de agua. Pon el fuego al mínimo y deja que hiervan mientras remueves constantemente. Una vez haya alcanzado la ebullición retira del fuego.
- Añade el resultado anterior a la espuma mientras bates de nuevo con las varillas durante unos dos minutos.
- Pon el merengue en una manga pastelera.

Para el *coulís* de frutos silvestres:
- Pon todos los ingredientes en una sartén, y con el fuego al mínimo, deja que se cocine durante media hora.
- Pon el resultado anterior en un recipiente no metálico. Baja la temperatura del *coulís* poniendo el recipiente sobre un bol con agua con hielo (con cuidado de que no entre agua en el recipiente) durante treinta minutos. A continuación, mételo en la nevera hasta que llegue el momento de servir.

Emplatado:
Pondremos el merengue en el plato con ayuda de la manga pastelera (la cantidad de una cucharada sopera colmada), y lo extenderemos haciendo una línea con la propia cuchara.
- Quemaremos el merengue con ayuda de un soplete de cocina (opcional).
- Desmoldaremos la *panna cotta* con ayuda de una puntilla y la pondremos en un extremo del plato y en el otro extremo la trufa.
- Verteremos el *coulís* encima de la *panna cotta*.

+Ingredientes

■ PARA EL *COULÍS* DE FRUTOS DEL BOSQUE:
– *100 g de frutos del bosque.*
– *70 ml de agua.*
– *½ taza de azúcar.*
– *El jugo de medio limón.*

Coulant de chocolate relleno de *ganache* de chocolate blanco

180°

Para 4 coulant. *Preparación: 2 horas para la* ganache *y 4 horas para el* coulant.

Una receta sin gluten muy fácil de elaborar y muy vistosa en la mesa.

Ingredientes

PARA EL *COULANT*:
– 85 g de harina de maíz.
– 80 g de azúcar.
– 4 TBSP de sustituto vegano de huevo.
– 85 g de chocolate al 70%.
– 50 g de margarina vegana.
– 120 g de agua.

PARA EL CHOCOLATE BLANCO VEGANO:
– 65 g de manteca de cacao.
– 30 g de azúcar glas.
– 4,5 g de leche de soja en polvo.

PARA LA *GANACHE* DE CHOCOLATE BLANCO:
– 60 g de chocolate blanco vegano.
– 60 g de nata para montar vegana.

Recetas

Para el chocolate blanco:
- Derrite la manteca de cacao al baño María. Para ello pon agua en un cazo y encima un bol con la manteca de cacao. El fuego tiene que estar al mínimo.
- Una vez derretida, añade el azúcar glas y la leche de soja en polvo. Mezcla bien y retira el bol del agua.
- Pon la mezcla en un molde para hacer chocolate y deja que repose a temperatura ambiente durante treinta minutos. Es importante que sea en un lugar fresco, así que si el día es caluroso deja que repose en una habitación con el aire acondicionado puesto.
- Una vez atemperado mételo en la nevera durante dos horas.

Para la *ganache* de chocolate blanco:
- Pon en una olla con el fuego al mínimo la nata y el chocolate blanco. Deja que el chocolate se funda.
- Una vez derretido, viértelo en moldes redondos de 2 cm de grosor (servirán los que se usan para hacer hielos) y métalos en el congelador durante dos horas.

Para el *coulant*:
- Derrite al baño María la margarina y el chocolate. Para ello pon una olla con agua y llévala a ebullición a fuego muy lento. Encima del agua pon un bol con el chocolate y la margarina hasta que se derritan.
- Mezcla todos los ingredientes en otro bol.
- Una vez fundido el chocolate y la margarina, añádelos al bol con el resto de los ingredientes.

- Rellena un tercio de los moldes para hacer flanes individuales. Suelen ser moldes de unos 130 ml de capacidad.
- Termina de rellenar los moldes añadiendo la *ganache* de chocolate blanco. No los rellenes del todo, deja un espacio de ¼ de molde sin cubrir.
- Congela los moldes durante un mínimo de seis horas.
- Precalienta el horno a 180° durante diez minutos y mete los *coulants* durante trece minutos.

■ Emplatado:
Desmoldaremos con la ayuda de una puntilla y colocaremos cuidadosamente sobre un plato llano.

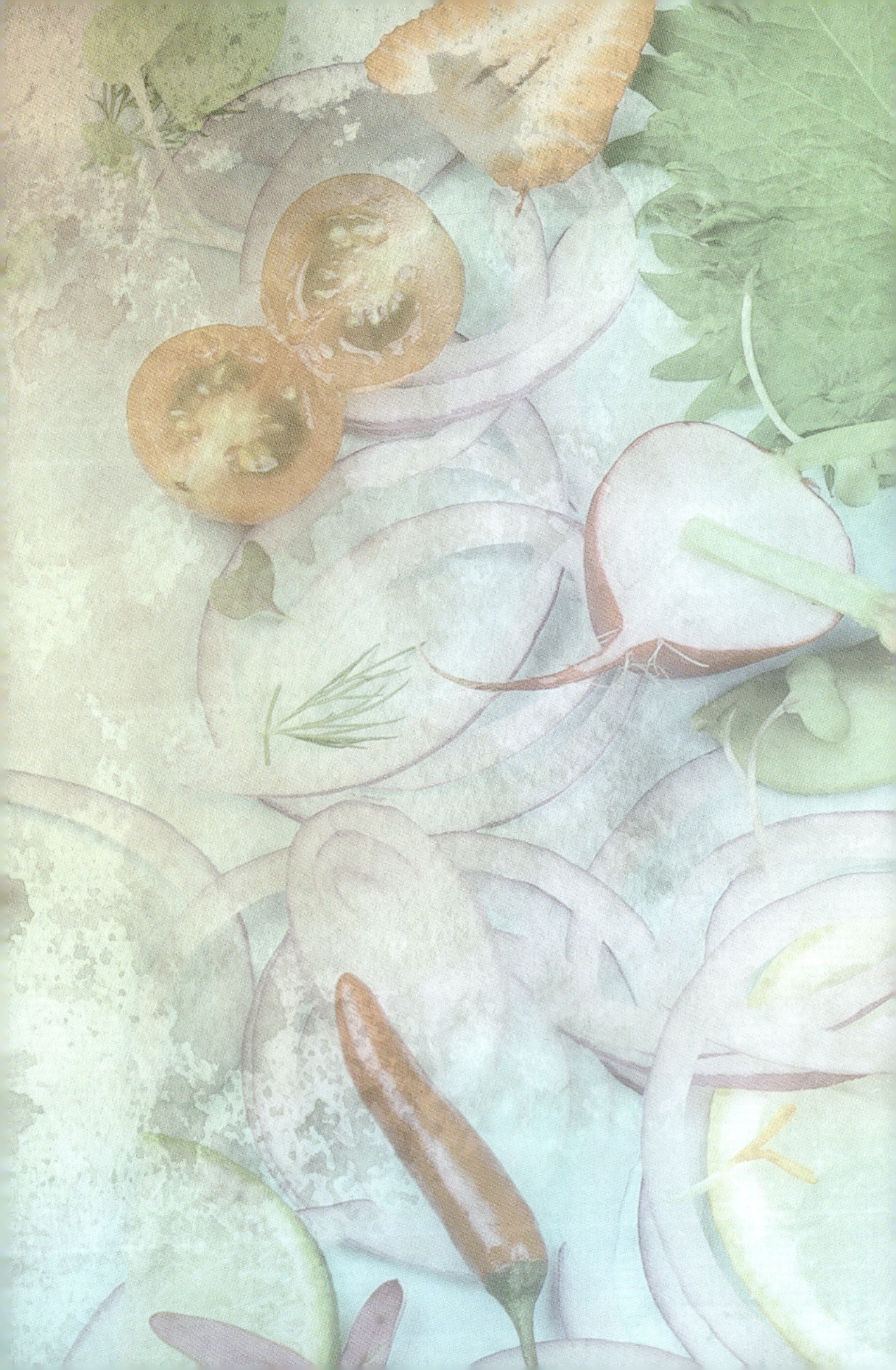

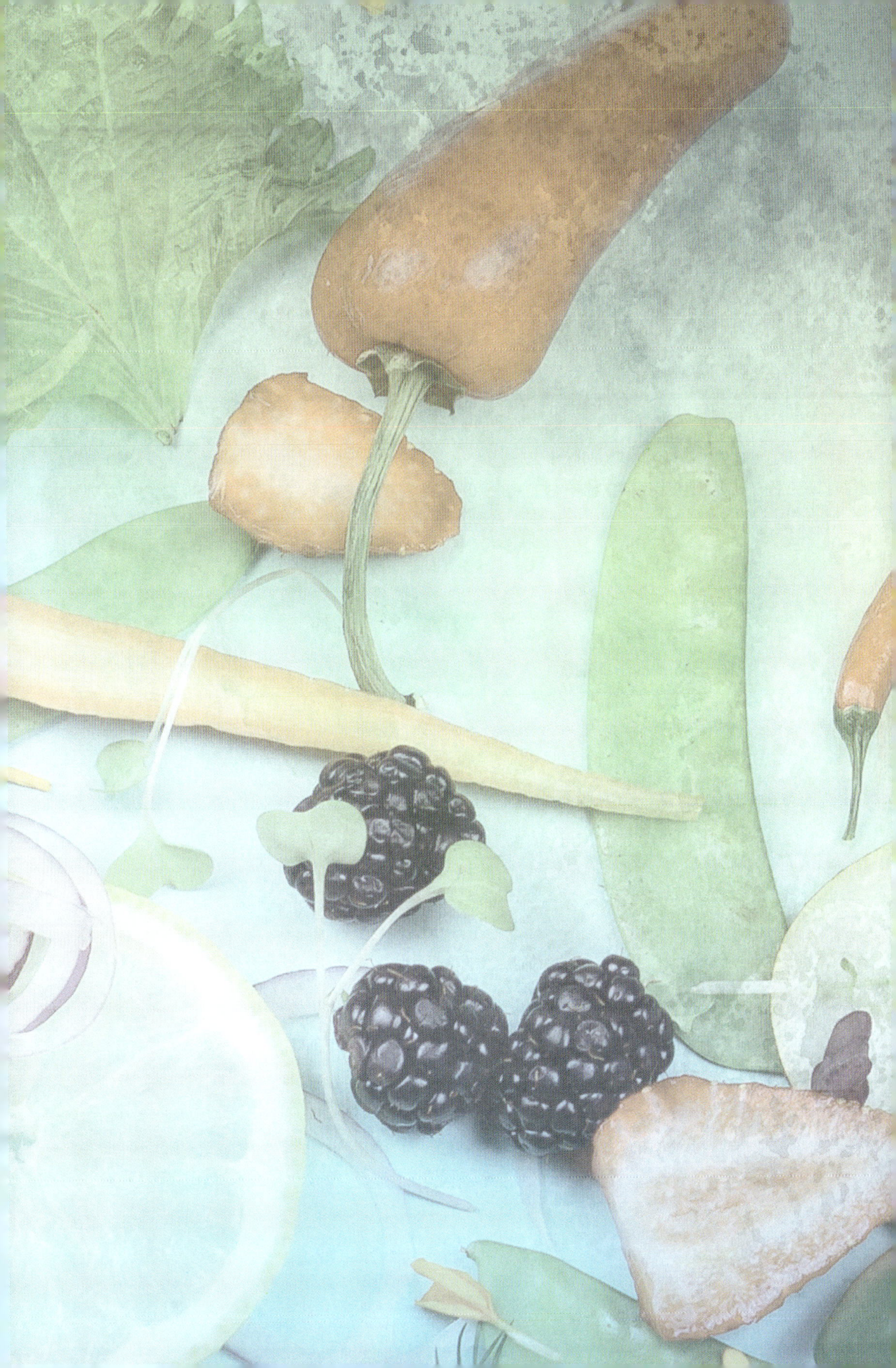

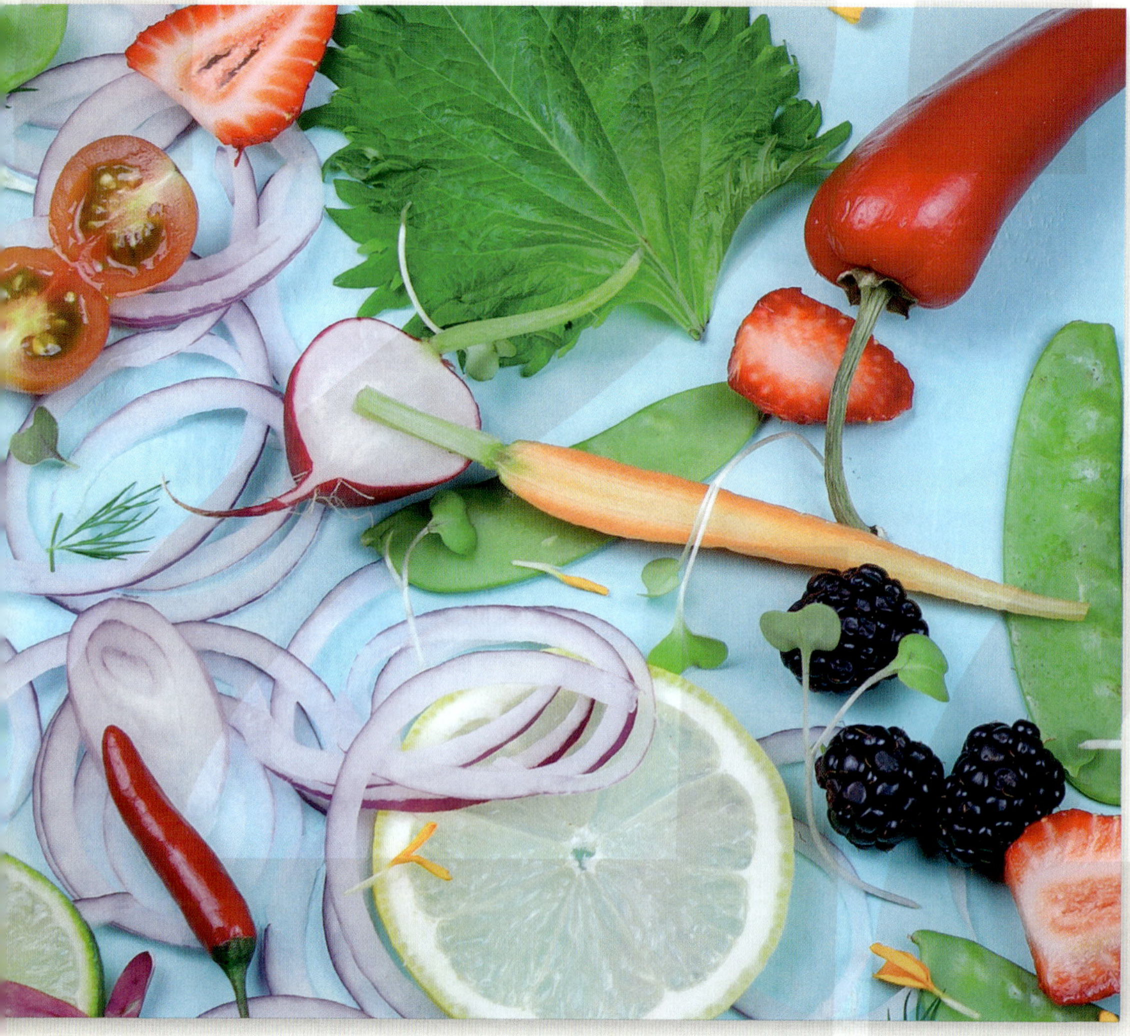

220°
slow vegan

Esta temperatura nos permite aplicar varias técnicas de cocina que pueden sernos muy útiles:

— **Verduras a la plancha:** a esta temperatura quedan *al dente*, es decir, blandas por fuera y menos hechas por dentro. Al cocinar verduras en una plancha es importante no poner demasiadas, ya que no se harán todas por igual. Igualmente importante resulta vigilarlas y, en el momento que estén doradas por un lado, darles la vuelta para conseguir que se hagan de manera uniforme y evitar que se quemen o se peguen a la plancha.

— **Frituras:** es raro verme cocinar con frituras a alta temperatura. Sin embargo, y de forma ocasional, hago honrosas excepciones como en el caso de los *cannoli* sicilianos o las torrijas. Es importante freír a esta temperatura para que el aceite no penetre excesivamente en ambas elaboraciones.

— **Horneados:** 220° es una temperatura relativamente alta para hornear asados de verduras, aunque es perfecta si el resultado que buscamos es un efecto tostado en las pieles. También es una buena temperatura para cocinar a la sal, es decir, cubriendo con sal gorda un alimento, ya que esta amortiguará el calor que llegue al núcleo, y por tanto, necesitaremos altas temperaturas en el exterior. Aunque en este caso, al igual que casi siempre, se pueden conseguir buenos resultados también con bajas temperaturas. Eso sí, con tiempos mucho más largos.

Acelga roja a la plancha con pepitoria de *miso*

220°

Para 4 personas. *Preparación: 40 minutos.*

De la infinidad de salsas tradicionales que nos ha regalado la cocina española, la pepitoria es, sin duda, mi favorita. Suele hacerse con caldo de gallina, que en este caso he sustituido por miso.

Ingredientes

■ PARA EL FONDO BLANCO DE VERDURAS:
– 1 cebolla blanca.
– 2 chirivías.
– 1 puerro.
– 1 diente de ajo.
– 1 nabo.
– Un chorrito de aceite de oliva virgen extra.

■ PARA LA PEPITORIA DE *MISO*:
– 1 cebolla dulce.
– 1 diente de ajo.
– 3 hojas de laurel.
– 2 TBSP de harina de garbanzo.
– 3 TBSP de agua.
– Media barra de pan integral.
– 5 g de azafrán.
– 15 almendras.
– 1 CUP de vino blanco.
– 1 CUP de caldo de verduras.

Recetas

Para el caldo:
- Lava las chirivías y córtalas en rodajas de 1,5 cm de grosor.
- Pela la cebolla y pártela por la mitad.
- Pela el nabo y córtalo por la mitad.
- Corta la parte blanca del puerro y desecha la verde. Pélalo y córtalo en rodajas de 2 cm de grosor.
- Sofríe en una olla a fuego lento durante diez minutos todos los ingredientes.
- Añade el agua a la olla y deja que hierva durante dos horas a fuego lento.
- Filtra el caldo con ayuda de un colador y desecha los restos de verduras.

Para la pepitoria:
- Pela y corta la cebolla y el ajo en *brunoise* (dados de 1,5 mm de grosor).
- Pon en una olla la cebolla y el ajo con el laurel y un chorrito de aceite de oliva virgen extra. Sofríe todo con el fuego al mínimo durante diez minutos.
- Pon en una bandeja refractaria las almendras. Mételas diez minutos al horno previamente precalentado a 180°.
- Corta el pan en dados de 2 cm de grosor. Ponlo en una sartén y sofríelo a fuego medio con un chorrillo de aceite de oliva hasta que esté dorado.
- Pon en un mortero las almendras tostadas, el pan frito, la harina de garbanzo, el agua y el azafrán. Májalo todo en el mortero, es decir, machácalo bien hasta que esté totalmente desecho e integrado.
- Añade al sofrito el majado con el vino y la sal. Deja que se cocine durante diez minutos a fuego lento.

- Añade al sofrito el caldo de verduras y déjalo diez minutos más.
- Retira del fuego la salsa, añade el *miso* y remuévelo bien.

Para las acelgas rojas a la plancha:
- Precalienta la plancha a 220° con fuego medio. En caso de no disponer de plancha puedes hacerlas en una sartén con fuego alto.
- Lava las hojas de las acelgas.
- Pon un chorrito de aceite de oliva virgen extra en la plancha precalentada.
- Añade las hojas de acelga roja y la sal. Deja que se cocinen cinco minutos. A los dos minutos y medio dales la vuelta y añade la salsa de soja.
- Retira las hojas de las acelgas del fuego.

Emplatado:
Pondremos en la base de un plato sopero la salsa pepitoria y encima las hojas de acelga roja. Tres hojas por plato.

+Ingredientes

PARA LAS ACELGAS:
— *12 hojas de acelga roja.*
— *1 TBSP de salsa de soja.*
— *1 chorrito de aceite de oliva virgen extra.*
— *1 pizca de sal.*

Calabacín a la vasca

220°

Para 4 personas.   *Preparación: Una hora.*

En esta receta he buscado encontrar el sabor a la salsa verde que de forma tradicional acompaña a algunos pescados como la merluza, solo que este caso voy a recurrir de nuevo al alga codium, o percebe de los pobres, que es perfecta para recrear ese sabor. En vez de pescado hago el plato con un simple calabacín y el resultado es sorprendentemente delicioso.

Ingredientes

- 250 g de alga codium fresca.
- 100 ml de agua.
- 100 ml de agua de mar.
- 100 ml de vino blanco.
- 1 cebolla dulce.
- 2 dientes de ajo.
- 4 calabacines.
- ¼ de coliflor.
- 1 TBSP de mole en especia.
- Sal al gusto.
- 1 chorrito de AOVE.

Recetas

- Lava el calabacín y córtalo de forma rectangular, de la manera que puedes ver en la foto. Sálalo por ambos lados.
- Ponlo en una bandeja refractaria untada en aceite de oliva virgen extra y métrelo en el horno precalentado a 220° durante cuarenta minutos.
- A los veinte minutos dale la vuelta y pasados los otros veinte sácalo del horno.
- Lava el alga codium y bátela en una batidora de vaso con el agua de mar y el agua (preferiblemente usa el vaso para líquidos). Tiene que quedar perfectamente disuelta en el agua, no pueden quedar trozos.
- Pela la cebolla y los ajos y córtalos en *brunoise* (dados de 1,5 mm).
- Sofríe a fuego lento en una olla la cebolla y los dientes de ajo. Después añade el vino y deja que hierva durante diez minutos a fuego lento. Finalmente incorpora el alga codium batida y el perejil y deja que la salsa reduzca durante veinte minutos. Rectifica de sal, pero con cuidado, el agua de mar ya es salada por sí misma.
- Lava la coliflor y corta la parte más superficial de los bulbos. Sálalos y úntalos con el mole.
- Cocina los bulbos en una sartén a fuego medio, con un chorrito de aceite de oliva virgen extra durante cinco minutos.
- Añade los troncos de calabacín en la olla donde hemos preparado la salsa de codium y cocínalos junto a la salsa durante quince minutos más a fuego lento.

■ Emplatado:

Pondremos el calabacín encima de la salsa y, encima del calabacín, la coliflor con el mole.

197

Cannoli sicilianos

220°

Para unos 20 cannoli. *Preparación: Una hora.*

Esta es una de las recetas italianas que más disfruto. Si bien fue realmente complicado hacerla sin ingredientes de origen animal, después de varios intentos, creo que conseguí un buen resultado.

Ingredientes

- *360 g de harina de fuerza.*
- *1,5 CUP de azúcar.*
- *½ CUP de cacao en polvo.*
- *1 pizca de canela.*
- *15 g de AOVE.*
- *170 ml vino de Marsala.*
- *10 g sirope de agave.*
- *100 g nata vegana para montar.*
- *200 g de queso mascarpone vegano.*
- *1 puñado de pistachos.*
- *200 g aceite de girasol.*
- *20 g azúcar glas.*

Recetas

- Pon en un bol la harina, un CUP de azúcar, el cacao y la canela. A continuación, añade el aceite de oliva virgen extra, el vino y el sirope.
- Mezcla los ingredientes y amasa con la palma de la mano.
- Parte la masa en trocitos de 40 g cada uno. Una vez partida, haz una bola con cada trozo y estírala con la ayuda de un rodillo. Tiene que quedar una forma circular.
- Pega cada círculo de masa rodeando un molde en forma de tubo para hacer *cannoli* sicilianos (puedes comprarlos por internet, en cualquier establecimiento especializado o incluso en tiendas *low cost*). La masa debe quedar bien pegada al tubo.
- Pon el aceite de girasol en una sartén y fríe la masa pegada al molde a 220°. Tiene que quedar dorada. Tardará unos tres minutos.
- Una vez esté dorada, sácala y déjala enfriar durante media hora.
- Despega la galleta del molde.
- Monta la nata con la media taza de azúcar con una batidora de varillas para repostería.
- Añade a la nata montada el mascarpone vegano y mézclalos con ayuda de un tenedor.
- Pon la mezcla en una manga pastelera y rellena cada *cannoli*.

▪ Emplatado:

- Tostaremos los pistachos en el horno precalentado a 180° durante quince minutos.
- Batiremos con una batidora de vaso (el de ingredientes secos) hasta que queden totalmente triturados.
- Esparciremos el polvo de pistacho sobre la nata.
- Espolvorearemos el azúcar glas por encima de los *cannolis*.

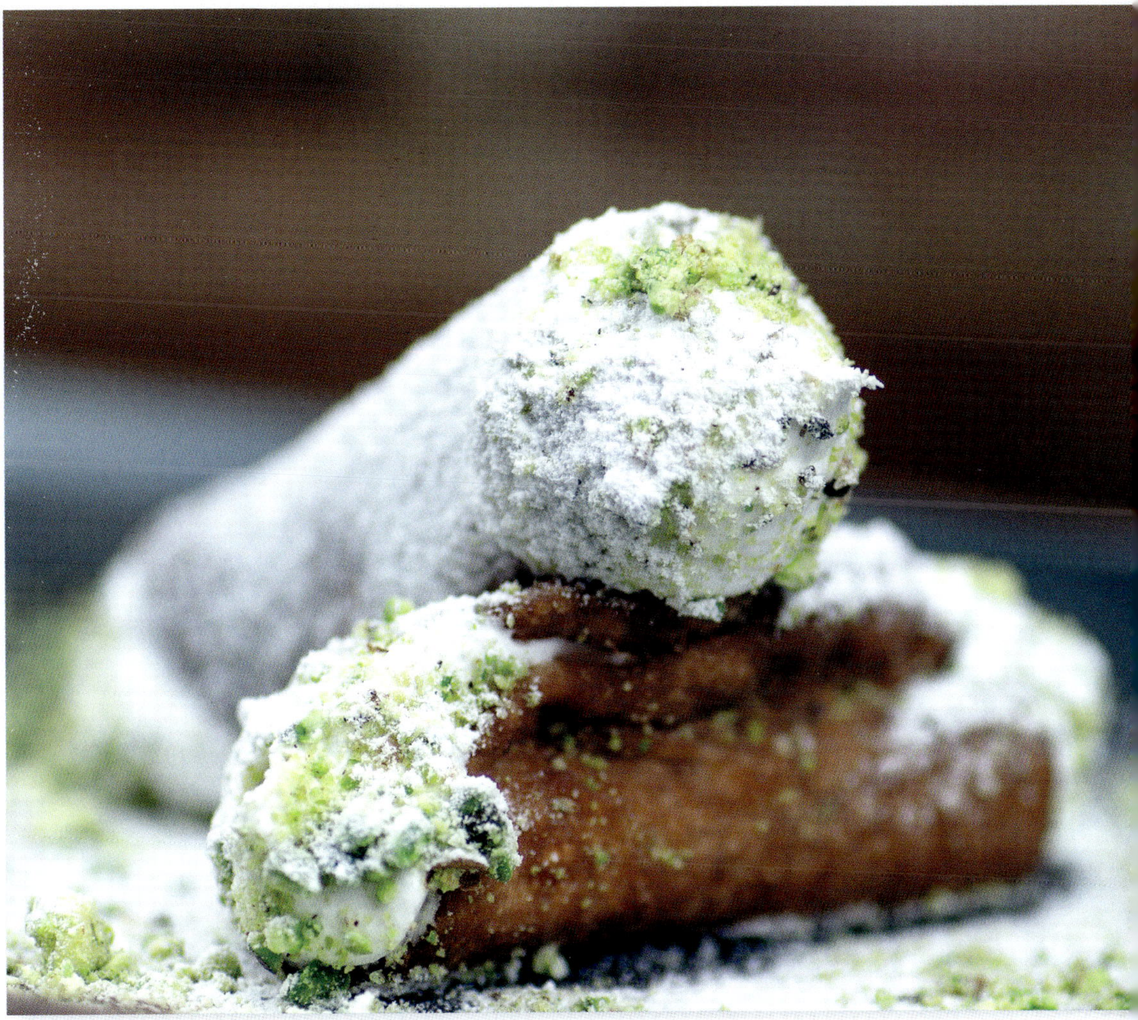

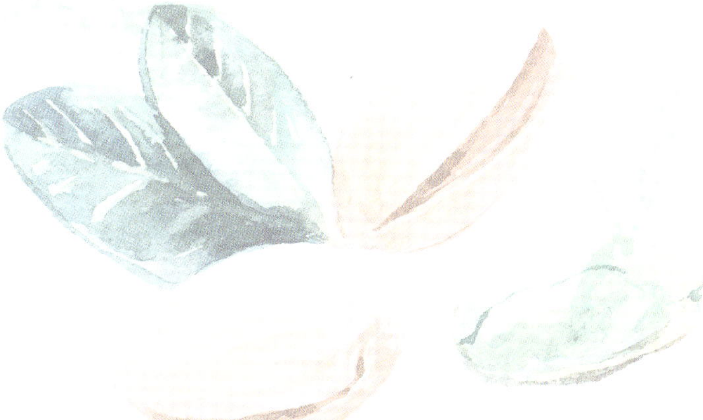

Carpaccio de remolachas a la sal

220°

Para 4 personas.   *Preparación: 50 minutos.*

Este es un delicioso plato que servimos una temporada en Pizzi&Dixie. Tuvimos que retirarlo de la carta por el inconveniente que suponía el hecho de no poder dejar las remolachas cortadas previamente dado que se oxidan muy rápidamente. Esto nos obligaba a tener que cortarlas en el momento en que nos pedían el plato, tardábamos mucho en montarlo y ralentizaba mucho el servicio. No obstante, es un plato perfecto para preparar en casa, un éxito asegurado.

Ingredientes

■ **PARA EL *CARPACCIO*:**
– *2 remolachas rojas.*
– *2 remolachas amarillas.*
– *2 remolachas rosas.*
– *2 kg de sal gorda.*
– *1 calabacín.*

■ **PARA LA *GREMOLATA*:**
– *1 limón.*
– *1 manojo de perejil.*
– *1 diente de ajo.*
– *Una pizca de sal.*
– *Una pizca de pimienta negra.*

■ **PARA EL *COULÍS* DE FRUTOS DEL BOSQUE:**
– *100 g de frutos del bosque.*
– *70 ml de agua.*
– *½ taza de azúcar.*
– *El jugo de medio limón.*

Recetas

■ **Para las remolachas:**
- Lava las remolachas y retira las hojas.
- Pon sal gorda en la base de una bandeja antiadherente.
- Salpica la sal con gotas de agua.
- Pon encima las remolachas y cúbrelas de sal gorda.
- Mójate las manos y haz un poco de presión con ellas sobre la sal.
- Mete la bandeja en el horno precalentado a 220° durante 45 minutos.
- Saca las remolachas del horno y retira la sal.

■ **Para la *gremolata*:**
- Ralla la parte más superficial de la piel del limón.
- Pica el perejil en trocitos muy pequeños.
- Pela el ajo.
- Maja todos los ingredientes en un mortero.

■ **Para el *coulís*:**
- Pon todos los ingredientes en una sartén y deja que se hagan a fuego lento durante treinta minutos.

■ **Emplatado:**
- Pelaremos las remolachas cocinadas a la sal.
- Cortaremos en láminas de 1 mm de grosor con ayuda de una mandolina.
- Colocaremos las láminas de la remolacha en un plato de forma que queden intercaladas.

- Con ayuda de un pincel de cocina pintaremos las remolachas con aceite de oliva virgen extra.
- Distribuiremos la *gremolata* encima de las remolachas.
- Con ayuda de un pelador de patatas o de una mandolina cortaremos láminas de un calabacín, más o menos de un 1 mm de grosor y haremos un rulo con ellas. Colocaremos los rulos encima de las remolachas.
- Añadiremos un poco de *coulís* de frutos rojos.
- Pondremos germinados para darle color al plato.

Pimientos rellenos de quinoa, ajo y champiñón

220°

Para 4 personas.   Preparación: Una hora.

Este es un plato que he mantenido en carta desde que monté Botanique. De todos los platos que he tenido es el que más tiempo me ha acompañado y me acompañará. Siempre adoré los pimientos del piquillo rellenos de bacalao, así que al montar Botanique decidí hacer algo parecido a ese plato, en versión vegana. Espero que os guste tanto como a mí.

Ingredientes

PARA LOS PIMIENTOS:
– *16 pimientos del piquillo enteros en lata cocidos.*
– *3 CUP de quinoa.*
– *6 CUP de agua.*
– *300 g de champiñones.*
– *3 dientes de ajo.*
– *Un chorrito de aceite de oliva virgen extra.*
– *Sal al gusto.*

PARA LA SALSA:
– *2 cebollas dulces.*
– *2 dientes de ajo.*
– *100 ml de vino blanco.*
– *2 hojas de laurel.*
– *El caldo que dejan los pimientos en la lata.*
– *2 pimientos del piquillo.*
– *4 TBSP de tomate natural triturado.*
– *Un chorrito de aceite de oliva virgen extra.*
– *Sal al gusto.*

Recetas

Para la salsa:
- Pela las cebollas y córtalas en dados de 1,5 mm de grosor.
- Pela los ajos y córtalos en dados de 1,5 mm de grosor.
- Pon el aceite en una olla al mínimo y sofríe a fuego bajo los ajos y la cebolla durante diez minutos.
- Corta los dos pimientos en juliana y añádelos al sofrito.
- Añade todos los demás ingredientes y deja que se cocinen durante quince minutos.
- Retira de la olla el laurel y bate todos los ingredientes.

Para los pimientos:
- Pon a hervir el agua en una olla. Cuando alcance la ebullición añade la quinoa y deja que el agua se evapore. El fuego debe estar al mínimo.
- Corta la parte del pie del champiñón que contiene arena y deséchala.
- Pela el champiñón y córtalo en dados de 1,5 cm de grosor.
- Pela y corta los dientes de ajo en dados de 1,5 cm de grosor.
- Pon los ajos y el champiñón en una sartén grande y sofríelos con un chorrito de aceite de oliva durante quince minutos a fuego bajo. Añade la sal.
- Una vez esté la quinoa hecha, sácala de la olla y añádela al sofrito. Deja que se cocine todo a fuego bajo durante cinco minutos más.
- Con ayuda de una cuchara, rellena los pimientos.

Terminado del plato:
- Pon aceite de oliva virgen extra en la base de una bandeja antiadherente, añade los pimientos encima y báñalos con la salsa.
- Precalienta el horno a 220° y deja que se cocinen a esa temperatura durante diez minutos.

Emplatado:
- Lavaremos el cogollo de lechuga y lo cortaremos en cuartos.
- Pondremos un chorrito de aceite de oliva en una sartén con el fuego alto.
- Salaremos los cogollos y dejaremos que se doren en la sartén durante un minuto por cada lado.
- Pondremos en el centro de un plato el cogollo de lechuga y al lado los pimientos con la salsa.

+Ingredientes

PARA EMPLATAR:
— *Un cogollo de lechuga.*

Tacos de achicoria y mole mexicano

220°

Para 4 personas *Preparación: 20 minutos.*

Adoro la combinación del mole con la achicoria. Tanto es así, que durante una temporada tuvimos en Pizzi&Dixie este maridaje en una pizza.

Ingredientes

– 8 tortillas para tacos.
– 2 achicorias.
– 1,5 TBSP de mole en polvo.
– ½ pimiento rojo.
– ½ pimiento amarillo.
– ½ pimiento verde.
– 1 cebolla morada.
– 50 g de soja texturizada fina.
– ½ CUP de cilantro fresco.
– 2 dientes de ajo.
– Sal al gusto.
– Una pizca de pimienta.
– 1 chorrito de aceite de oliva virgen extra.

Recetas

- Pon abundante agua en una olla y llévala a ebullición con el fuego fuerte. Cuando esté hirviendo añade la soja texturizada y deja que hierva durante cinco minutos.
- Cuela la soja texturizada y resérvala.
- Lava y corta las achicorias y los pimientos en juliana.
- Pela la cebolla morada y córtala en juliana.
- Lava y pica el cilantro.
- Pela y corta los ajos en *brunoise* (dados de 1,5 mm).
- Pon el aceite de oliva virgen extra en un wok grande y añade todos los demás ingredientes. Cocínalos a fuego alto durante diez minutos.
- Añade a la sartén la soja texturizada y cocínala un minuto más.
- Calienta las tortillas para los tacos en una sartén a fuego bajo.
- Pon encima de cada tortita un poco de las verduras del wok y enróllalas.

■ Nota:
Si no disponemos de wok podemos hacer la receta en una sartén grande.

■ Emplatado:
Cortaremos el taco por la mitad y presentaremos una mitad encima de la otra.

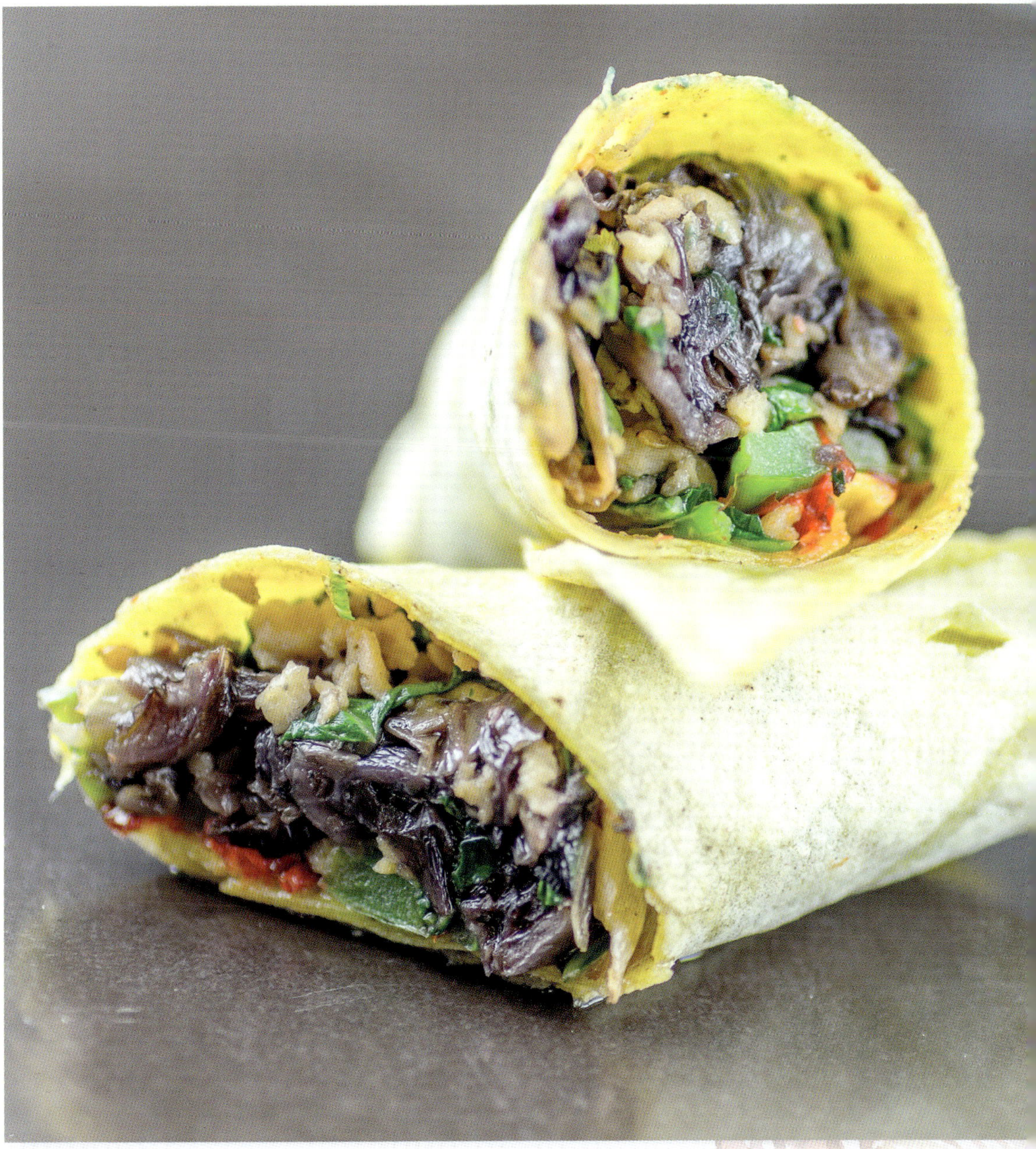

220° Tempura de lechuga de mar

Para 4 personas. *Preparación: 30 minutos.*

Me encanta la lechuga de mar, es un alga con un sabor no muy fuerte y un color verdoso precioso. Es perfecta para empezar a aficionarnos a las algas. En tempura está realmente rica.

Ingredientes

– 140 g de harina.
– 250 ml de agua con gas.
– 100 g de lechuga de mar fresca o en salmuera (o bien 30 g de lechuga de mar deshidratada).
– Sal al gusto.
– 300 ml de aceite de oliva virgen extra.
– Salsa de soja al gusto.

Recetas

En función de cómo se compre el alga el procedimiento a seguir será distinto.

— Si compramos el alga deshidratada tendremos que ponerla en remojo en agua caliente durante una hora aproximadamente.
A continuación, desecharemos el agua del remojo y reservaremos el alga para tempurizarla.

— Si compramos el alga en salmuera la lavaremos bien varias veces para quitarle totalmente la sal.

— Si compramos el alga fresca, simplemente será necesario lavarla un poco antes de usarla, si es con agua de mar mejor.

Una vez hecho lo anterior, seguiremos los siguientes pasos:

- Mezcla en un bol la harina con el agua con gas y la sal.
- Pon el aceite a fuego alto en una sartén.
- Corta láminas de lechuga de mar de unos 3 cm.
- Mójalas con la mezcla de harina y agua con gas.
- Cuando el aceite esté caliente, échalas en la sartén hasta que estén doradas. Tardarán medio minuto.
- Retíralas de la sartén con ayuda de una espumadera y ponlas sobre un papel de cocina.

■ Emplatado:

Pondremos la tempura en un plato y añadiremos la salsa de soja en un cuenco para acompañarlas.

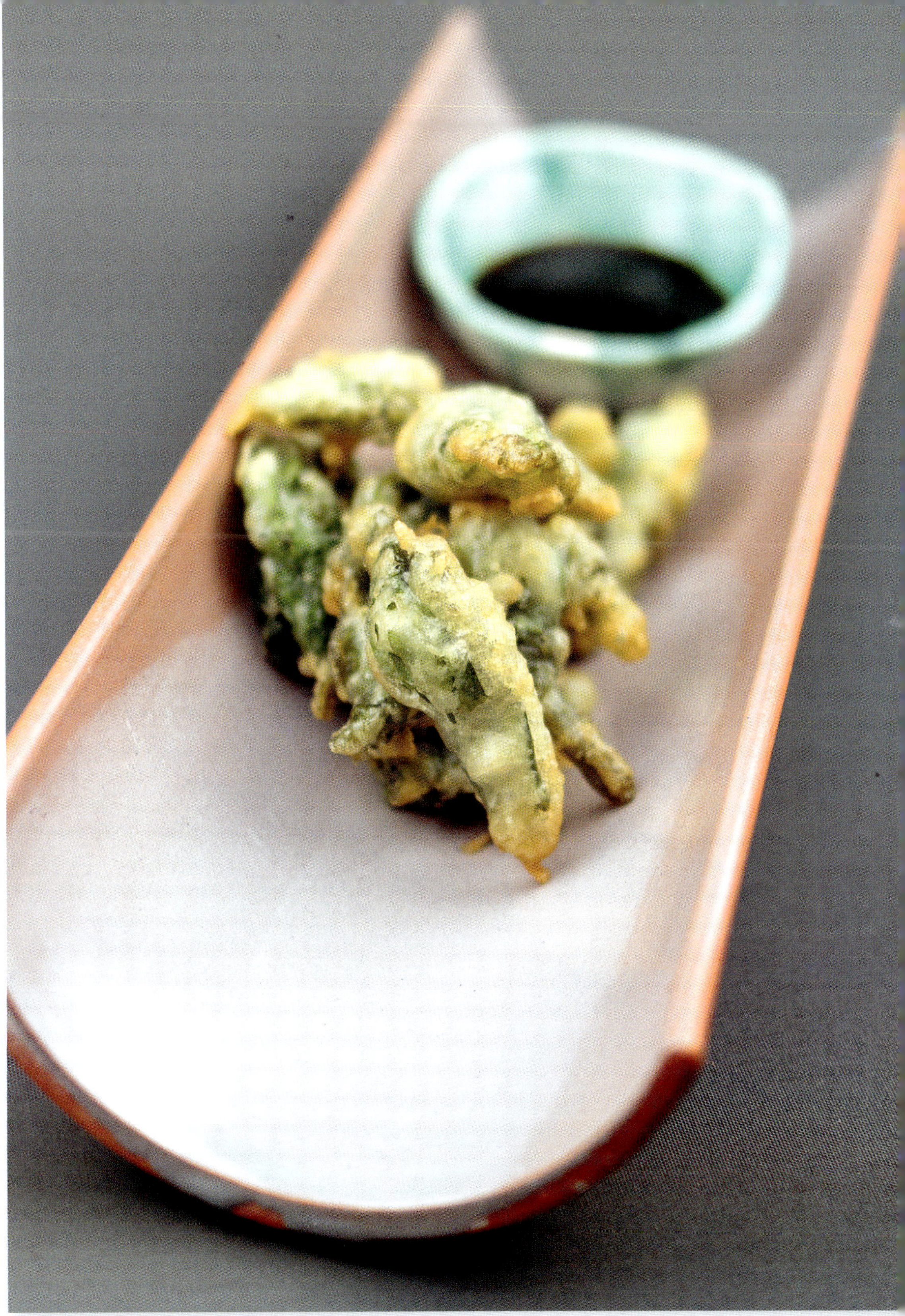

Makis de torrijas con gazpacho deshidratado de fresa

220°

Para 4 personas.   *Preparación: 20 horas.*

Me encanta la combinación de sabores de este postre. El dulce de la torrija y el ácido de la lámina de gazpacho maridan de maravilla.

Ingredientes

■ PARA LA TORRIJA:
– 4 rebanadas de pan de torrijas.
– ½ litro de leche de soja.
– 100 g de azúcar.
– 1 rama de canela.
– 2 TBSP de harina de garbanzos.
– 2 TBSP de agua.
– 1 naranja.
– 1 limón.
– 1 litro de aceite de girasol.
– 1 pizca de canela en polvo.
– 100 g de azúcar glas.

■ PARA EL GAZPACHO DE FRESAS:
– 1,6 kg de fresas.
– 2 tomates en rama.
– 60 g de pimiento rojo.
– 60 g de cebolla morada.
– 20 g de pepino.
– 2 dientes de ajo.
– Un chorrito de aceite de oliva virgen extra.
– Un chorrito de vinagre.
– Sal al gusto.

Recetas

■ Para las torrijas:
- Lava la naranja y el limón y ralla la piel con un rallador.
- Pon en una olla la leche de soja junto al azúcar, la rama de canela y las ralladuras de limón y naranja.
- Pon el fuego al mínimo y remueve los ingredientes constantemente hasta que la leche alcance la ebullición. Retira del fuego en cuanto rompa a hervir.
- Pon la leche infusionada en una bandeja y moja las rebanadas de pan de torrija en ella.
- Mezcla el agua y la harina de garbanzo en un plato sopero y moja las torrijas en la mezcla.
- Pon el aceite de girasol en una sartén grande y pon el fuego alto.
- Fríe las torrijas en la sartén durante un minuto por cada lado.
- Pon papel absorbente en una bandeja y deja reposar las torrijas encima.
- Mete las torrijas en la nevera hasta el día siguiente.
- Al sacarlas de la nevera espolvorea por encima un poco de canela en polvo y otro poco de azúcar glas.

■ Para el gazpacho de fresas:
- Bate en una batidora de vaso todos los ingredientes. Preferentemente, usa un vaso para líquidos.
- Pon la mezcla obtenida en las bandejas de la deshidratadora. Encima de la lámina de paraflex y con la ayuda de una espátula de cocina, extiéndela bien a lo largo de la lámina hasta que tenga un grosor uniforme de unos 1,5 mm.

- Mete las bandejas en la deshidratadora y prográmala a 41° durante veinte horas.
- Pasadas las veinte horas, saca la lámina de la deshidratadora.

Para la mermelada:
- Lava las fresas, quita sus hojas verdes y las pártelas por la mitad.
- Exprime el limón.
- Pon las fresas cortadas, el jugo del limón y el azúcar en una sartén con el fuego muy bajo, al mínimo. Déjalas en la sartén unos cuarenta minutos.
- Bate el resultado en una batidora de vaso, preferiblemente, usa el vaso para líquidos.

Emplatado:
- Cortaremos en dados de 2 cm de grosor las torrijas.
- Pondremos una línea con las torrijas cortadas en el centro de la lámina de gazpacho.
- Enrollaremos la lámina de forma que queden las torrijas en el centro. Nos mojaremos los dedos para humedecer un poco la lámina y conseguir así mantener la forma de rulo y que no se despegue.
- Cortaremos el rulo con un cuchillo bien afilado haciendo las partes iguales. Un grosor de dos o tres centímetros es perfecto.
- Pondremos los trozos sobre el plato y añadiremos un poco de mermelada para acompañar.

+Ingredientes

PARA LA MERMELADA DE FRESA:
- *650 g de fresas.*
- *350 g de azúcar.*
- *1 limón.*

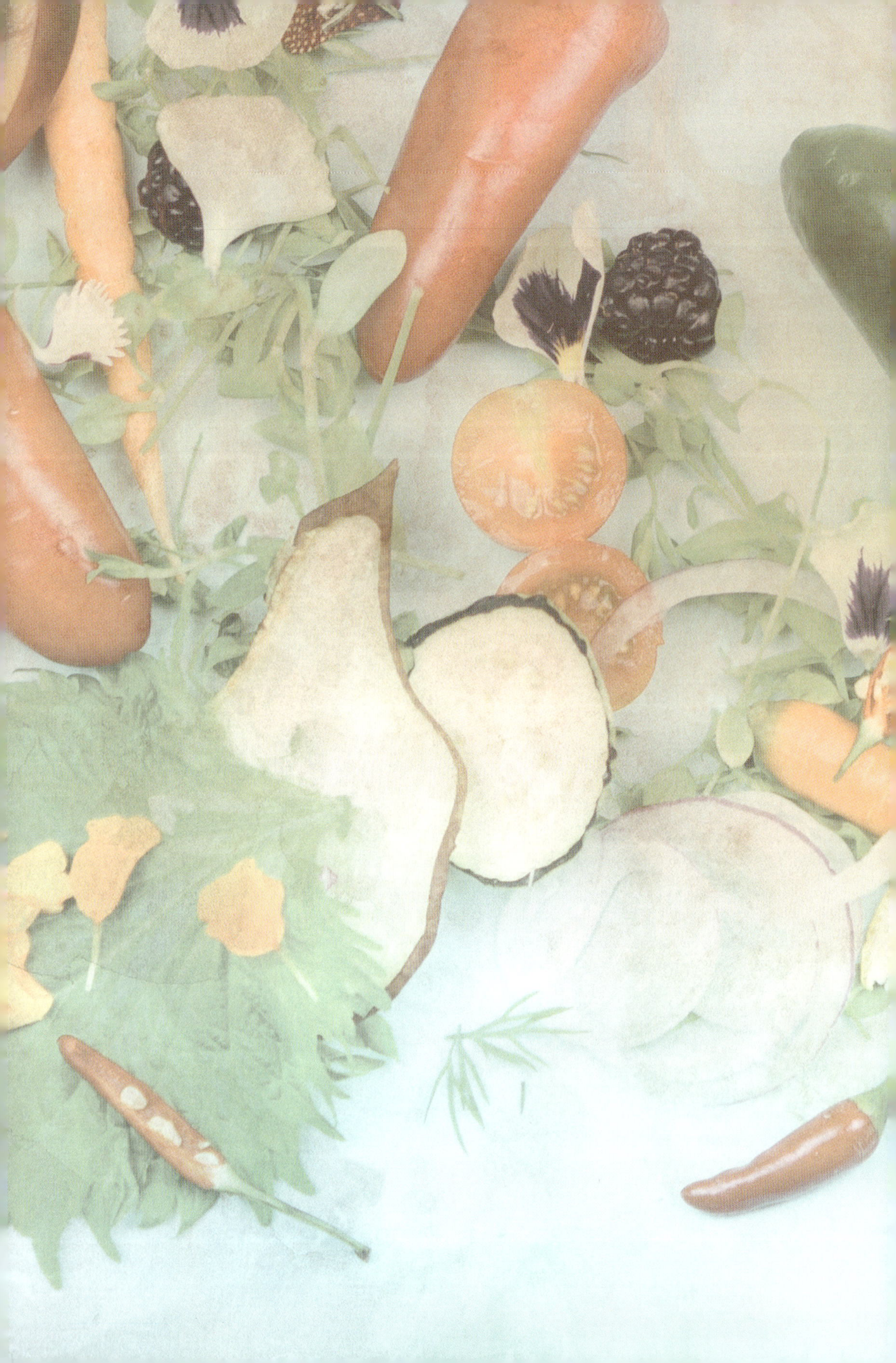

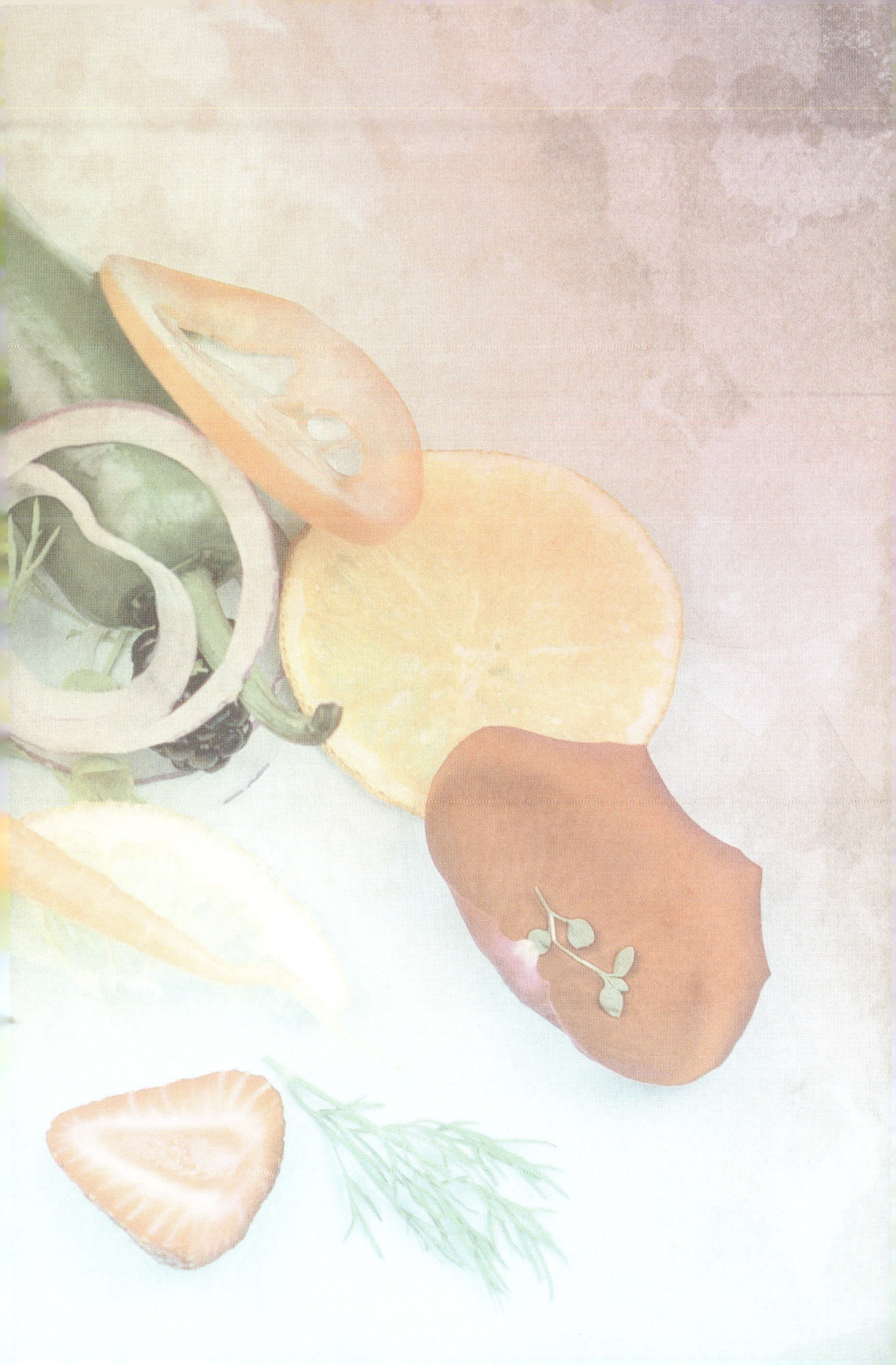

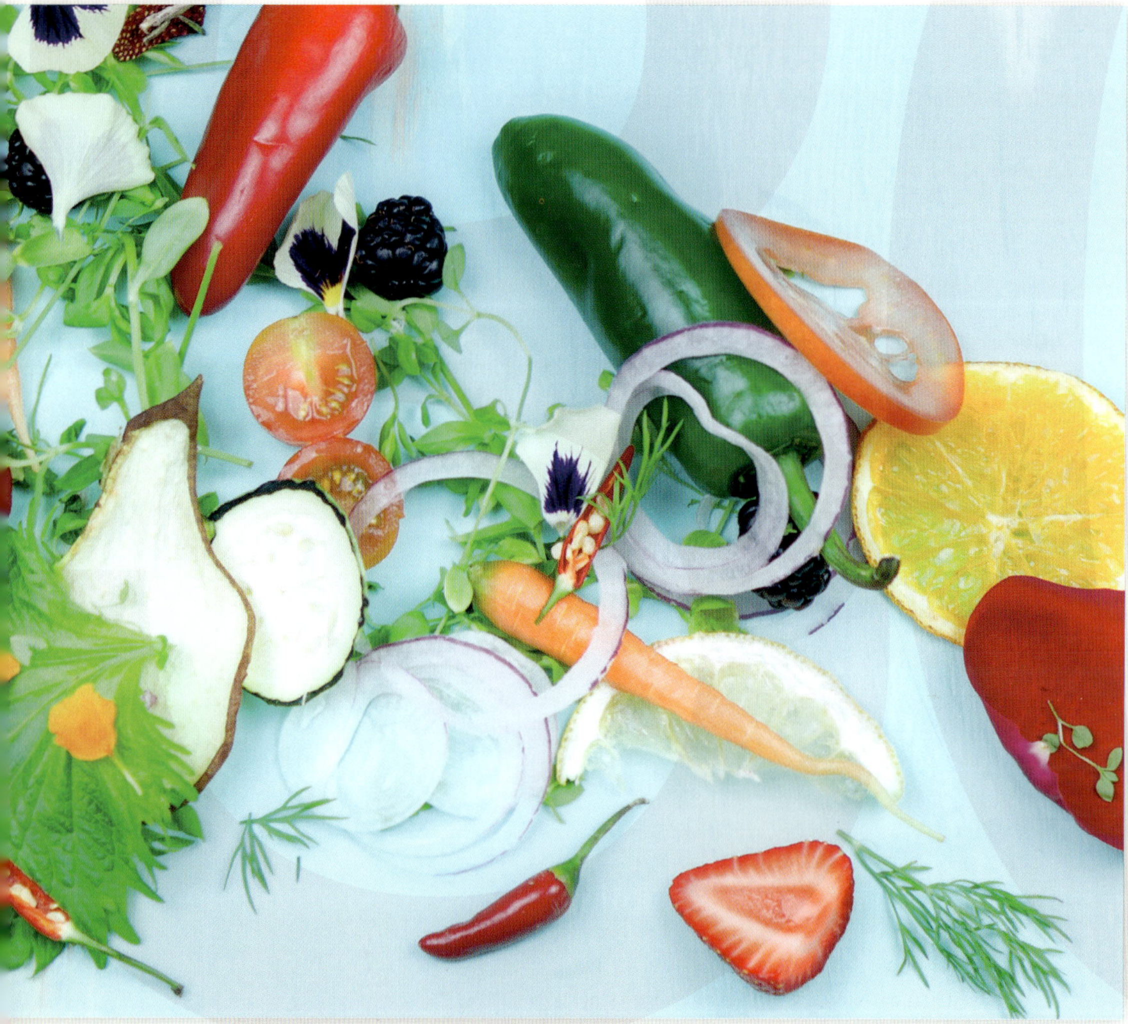

300°
slow vegan

A esta temperatura vamos a ver cómo cocinar verdura en una barbacoa.

Para hacer una buena barbacoa de verduras lo principal es hacer una buen rescoldo. Para ello a mí personalmente no me gusta usar carbón vegetal. Suelo utilizar leña de encina, que es un tipo leña lenta en consumirse, pero luego el rescoldo guarda mucho calor.

Un truco genial para hacer llama al principio es usar piñas secas. Jamás utilizo papel. Pongo directamente una punta de la piña sobre un mechero, y enseguida se produce fuego. A continuación, pongo varias piñas más y algún tipo de leña fina, como por ejemplo del majuelo, y finalmente coloco la encina con cuidado de dejar espacio para que la leña pueda respirar y la hoguera no se ahogue.

Un error muy común a la hora de hacer fuego es poner mucha cantidad de leña que no permite el transito del aire entre unos troncos y otros. El resultado es que el fuego se apaga constantemente. Lo peor que podemos hacer en este caso es agregar papel, porque si bien produce llama aún ahoga más la hoguera.

Mucha gente utiliza para hacer barbacoas directamente el majuelo. A mí personalmente no me gusta porque no retiene bien el calor luego. Además, hay que tener mucho cuidado con él, la llama que produce es muy grande. Si bien con la barbacoa hay que ir con cuidado siempre, si utilizamos majuelo debemos ser mucho más precavidos.

La temperatura que debe tener una barbacoa es de unos 300°. Otro error muy común es poner la parrilla muy cerca del rescoldo. De esta forma enseguida quemamos las verduras. Debe haber una buena separación y a medida que el rescoldo se consuma, podemos acercarnos más al fuego.

Por lo general al cocinar verduras a la brasa conviene untarlas bien en aceite antes de ponerlas en la parrilla. Quedan mucho más jugosas. Podemos incluso aderezarlas con aderezos clásicos como el chimichurri o con otros distintos.

Una técnica que podemos emplear al cocinar a la brasa es el *papillote*. Podemos envolver en papel de aluminio los vegetales y dejar que se consuman sin desprender sus jugos.

Mini zanahorias con salsa de chile guajillo

300°

Para 4 personas. *Preparación: Tres cuartos de hora.*

Últimamente estoy empezando a investigar la cocina mejicana y sus ingredientes. Estoy descubriendo el asombroso mundo de los chiles. Los hay de muchísimos tipos y con sabores muy distintos entre ellos. Los que os propongo en esta salsa, los chiles guajillo, tienen muchísimo sabor y además no pican. Son perfectos para las personas que no nos gustan las recetas muy picantes.

Ingredientes

– 500 g de mini zanahorias.
– 8 chiles guajillos secos grandes.
– 4 tomates pera.
– ½ cebolla.
– 1 diente de ajo.
– ½ cucharada de comino.
– 1 pizca de azúcar.
– 1 TBSP de vinagre.
– 1 chorrito de aceite de oliva virgen extra.
– 1 pizca de sal.

Recetas

- Hacer las brasas en la barbacoa. Para ello puedes seguir los consejos que te doy en la introducción a este bloque.
- Mientras se hace el fuego haz la salsa, para ello:
    — Calienta en una olla agua hasta que hierva. En el momento que empiece a hervir, retírala del fuego y deja los chiles a remojo durante veinte minutos. A continuación quítales el rabo y la pepitas.
    — Pela la cebolla y el ajo. Corta la ½ cebolla en dos cuartos.
    — Pela los tomates.
    — Bate todos los ingredientes en una batidora de vaso. Preferiblemente usar vaso para ingredientes secos. Reserva la salsa.
- Una vez tenemos el rescoldo, unta las zanahorias en aceite de oliva y ponlas en la brasa durante cinco minutos. Dalas la vuelta pasados dos minutos y medio.

Emplatado:
Pon en un cuenco las zanahorias y báñalas con la salsa de chile guajillo.

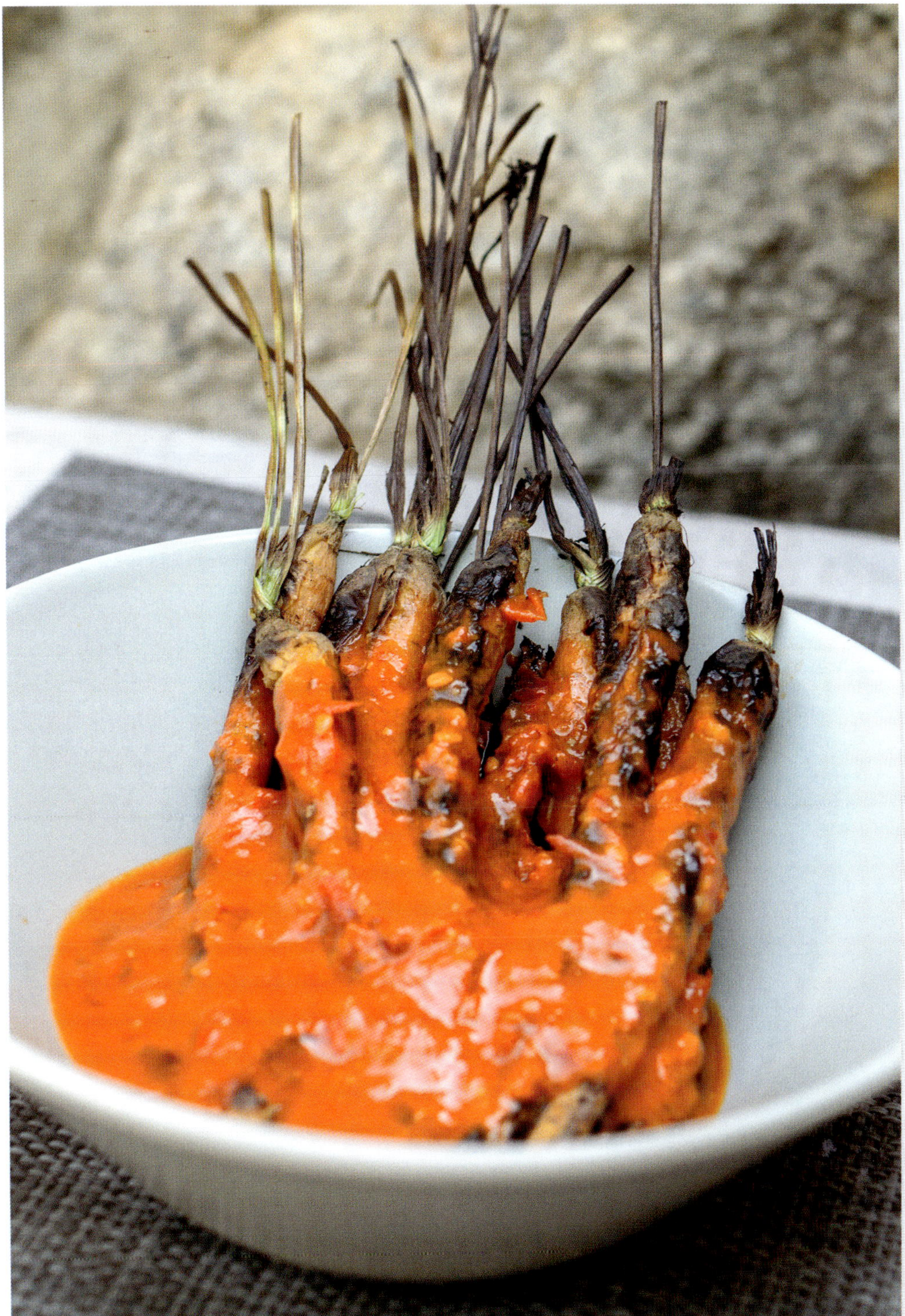

Brochetas de coles de Bruselas y cebolla francesa

300°

Para 4 brochetas.   *Preparación: tres cuartos de hora.*

Me encanta marinar las verduras antes de meterlas en la barbacoa. Esto ayuda a que no se sequen dentro. En este caso decidí probar con una salsa de miso. *El resultado me pareció perfecto.*

Ingredientes

■ PARA LAS BROCHETAS:
– *2 cebollas francesas.*
– *8 coles de Bruselas.*

■ PARA MARINAR LAS VERDURAS DE LAS BROCHETAS:
– *4 TBSP de* miso *blanco.*
– *2 TBSP de sirope de agave.*
– *1 TBSP de vinagre de arroz.*
– *2 TBSP de jugo de limón.*
– *1 TBSP de* mirin.
– *1 trozo de 1 cm de jengibre.*
– *1 pizca de sal.*
– *1 pizca de pimienta.*

Recetas

- Encender el fuego para hacer brasas. Puedes seguir los consejos que te doy en la introducción a este bloque.
- Mientras se hacen las brasas hacer la salsa para maridar las coles y las cebollas. Para ello pela el jengibre y bate todos los ingredientes, en una batidora de vaso, preferiblemente en el de ingredientes secos. Al ser más pequeño y tener poco líquido este no se nos quedará en las paredes del vaso.
- Pela las cebollas francesas y córtalas por la mitad.
- Lava las coles de Bruselas.
- Deja ambas en un recipiente con la salsa durante veinte minutos. Esto es hasta que tengamos el rescoldo listo para poder poner a la parrilla las verduras.
- Intercala en un pincho para hacer brochetas en la barbacoa las mitades de las cebollas con las coles de Bruselas.

■ **Emplatado:**
Una buena idea para emplatar ente plato es ponerlo sobre una pizarra. Con semillas de sésamo y un poco más de la salsa con la que hemos marinado las verduras.

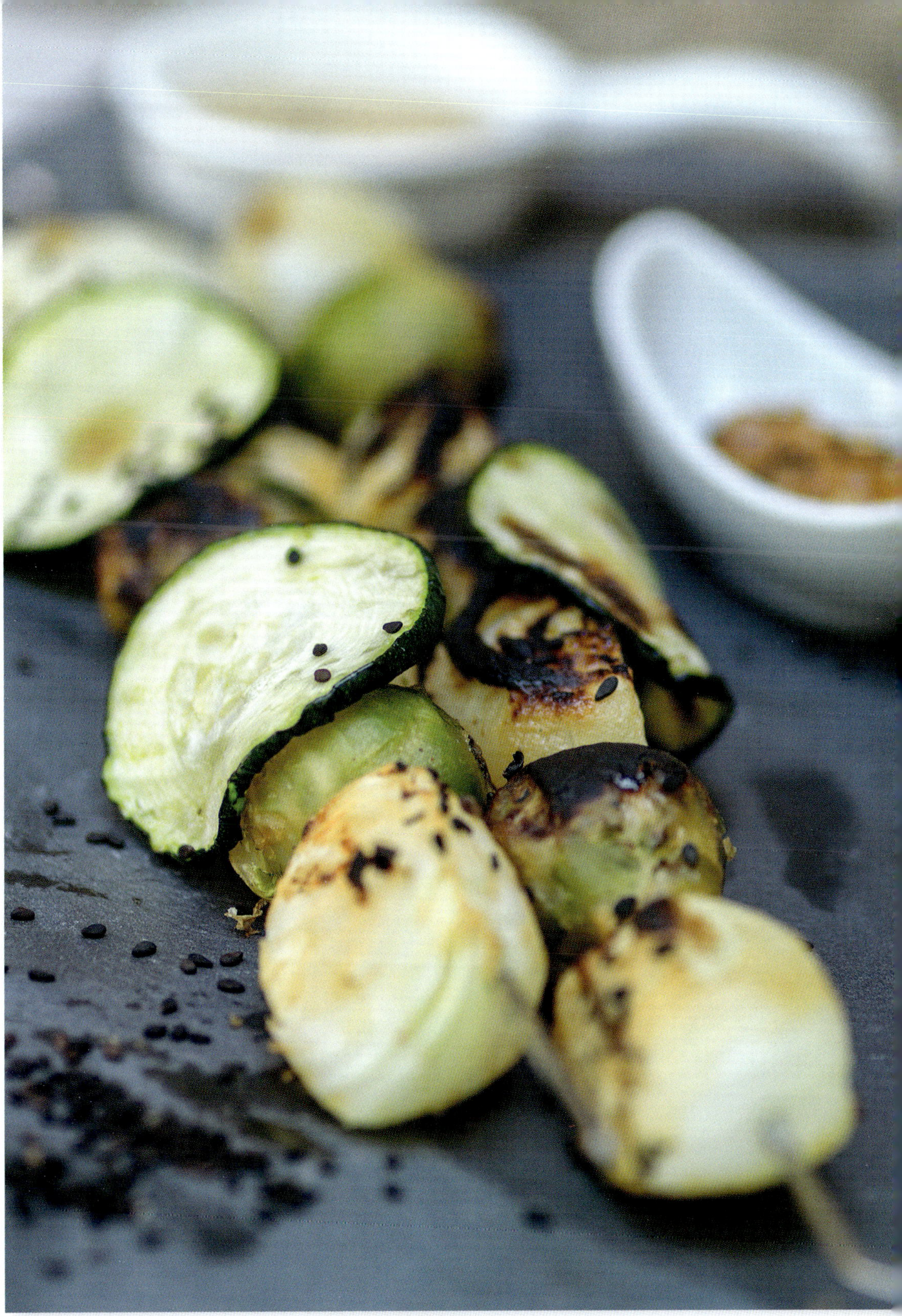

Embutido vegano con piel de *kombu* estofado en vino blanco

300°

Para unos 7 embutidos.   *Preparación: Una hora.*

El alga kombu *es un alga de la familia de las laminarias. Son algas que reciben ese nombre por el parecido a una lámina. Es un alga perfecta para esta receta y para hacer la piel del embutido.*

Ingredientes

■ PARA LOS EMBUTIDOS:
- *100 g de alga* kombu *(tiene que ser fresca o en salmuera, no vale deshidratada).*
- *100 g de avena en copos.*
- *75 g de tomate triturado.*
- *100 g de champiñones.*
- *8 tomates secos.*
- *15 g de pimentón de La Vera.*
- *2 g de pimienta negra molida.*
- *2 g de sal.*

■ PARA LA SALSA:
- *1 cebolla morada.*
- *1 diente de ajo.*
- *2 CUP de vino blanco.*
- *2 CUP de agua.*
- *Sal.*

Recetas

- Pela y corta en *brunoise* (dados de 1,5 mm) la cebolla y el ajo. Sofríelos a fuego bajo en una olla. Una vez dorado añade el vino blanco y deja que se cocine otros veinte minutos. Reserva la salsa.
- Pon en un bol la avena y el tomate triturado y mézclalos.
- Pela los champiñones y tritúralos en un robot de cocina. En caso de no tener robot puedes cortarlos a cuchillo en dados muy pequeños de 1 mm de grosor.
- Corta los tomates secos en *brunoise*.
- Añade los champiñones, la sal, la pimienta, el pimentón y los tomates secos al bol. Mézclalos y deja que repose todo junto durante diez minutos.
- Lava el alga kombu. En caso de utilizarla en salmuera déjala a remojo primero y luego lávala varias veces para desalarla bien.
- Corta trozos de alga de unos 15 cm.
- Pon en el medio del alga el relleno de avena, champiñones y tomate, y enróllala. El procedimiento es parecido a liar tabaco, debe quedar bien prensado. En los extremos pondremos un hilo o algo que nos sirva para atarlos.
- Cocina a fuego bajo los embutidos vegetales junto a la salsa durante veinte minutos.
- Retira los embutidos de la olla.
- Ponlos en la llama de la hoguera para hacer brasa hasta quemarlos. De esta manera el sabor del alga desaparecerá y su color se transformará de verde a negro. Otra opción es hacerlo con un soplete de cocina.

■ **Emplatado:**
Corta por la mitad el embutido, monta una mitad encima de la otra y ponlas al lado de la salsa en un plato.

Ensalada de lenteja caviar y berenjena a la brasa

300°

Para 4 personas. *Preparación: Una hora.*

Una de las verduras que mejor quedan a la brasa son sin duda las berenjenas. El sabor a humo en ellas las hace especialmente ricas. En este caso he apostado por una ensalada con lenteja caviar para acompañar a las berenjenas.

Ingredientes

– 250 g de lenteja caviar.
– 1 berenjena.
– 200 g de sal gorda.
– 1 remolacha rosa.
– Brotes de guisante.
– 1 cebolla roja.
– 1 diente de ajo.
– Una pizca de comino en polvo.
– Una pizca de pimienta.
– Sal al gusto.
– 50 ml de mirin.
– 100 ml de agave.
– 100 ml de tamari.
– 100 ml de aceite de sésamo.

Recetas

- Deja las lentejas a remojo una noche.
- Hacer las brasas en la barbacoa. Para ello puedes seguir los consejos que te doy en la introducción a este bloque.
- Sofríe la cebolla y el ajo en una olla a fuego lento.
- Añade las lentejas y cúbrelas con agua. Sala al gusto.
- Pon agua a hervir en otra olla con un poco de sal a fuego medio y pon en ella la remolacha. Déjala cociendo veinte minutos.
- Haz pequeños agujeros con un tenedor a la berenjena, rocíala de aceite y ponla a la brasa durante quince minutos. Ve dándola la vuelta cada tres minutos.
- Retira la lenteja del fuego y cuélala con ayuda de un colador. Resérvala en un bol.
- Pon en un bol agua y hielo y encima pon el bol con las lentejas. Deja que se atemperé en él durante veinte minutos.
- Haz el aliño mezclando el *mirin*, el agave, el *tamari* y el aceite de sésamo. Mézclalo con las lentejas en el momento de servir.
- Pela la berenjena y lamínala.
- Pela la remolacha y lamínala.

■ Emplatado:

Pon las lentejas con el aliño en un plato haciendo forma de media luna en el borde del plato. Añade encima las láminas de berenjena. Y las remolachas. Pon algún brote en el plato para dar color.

221

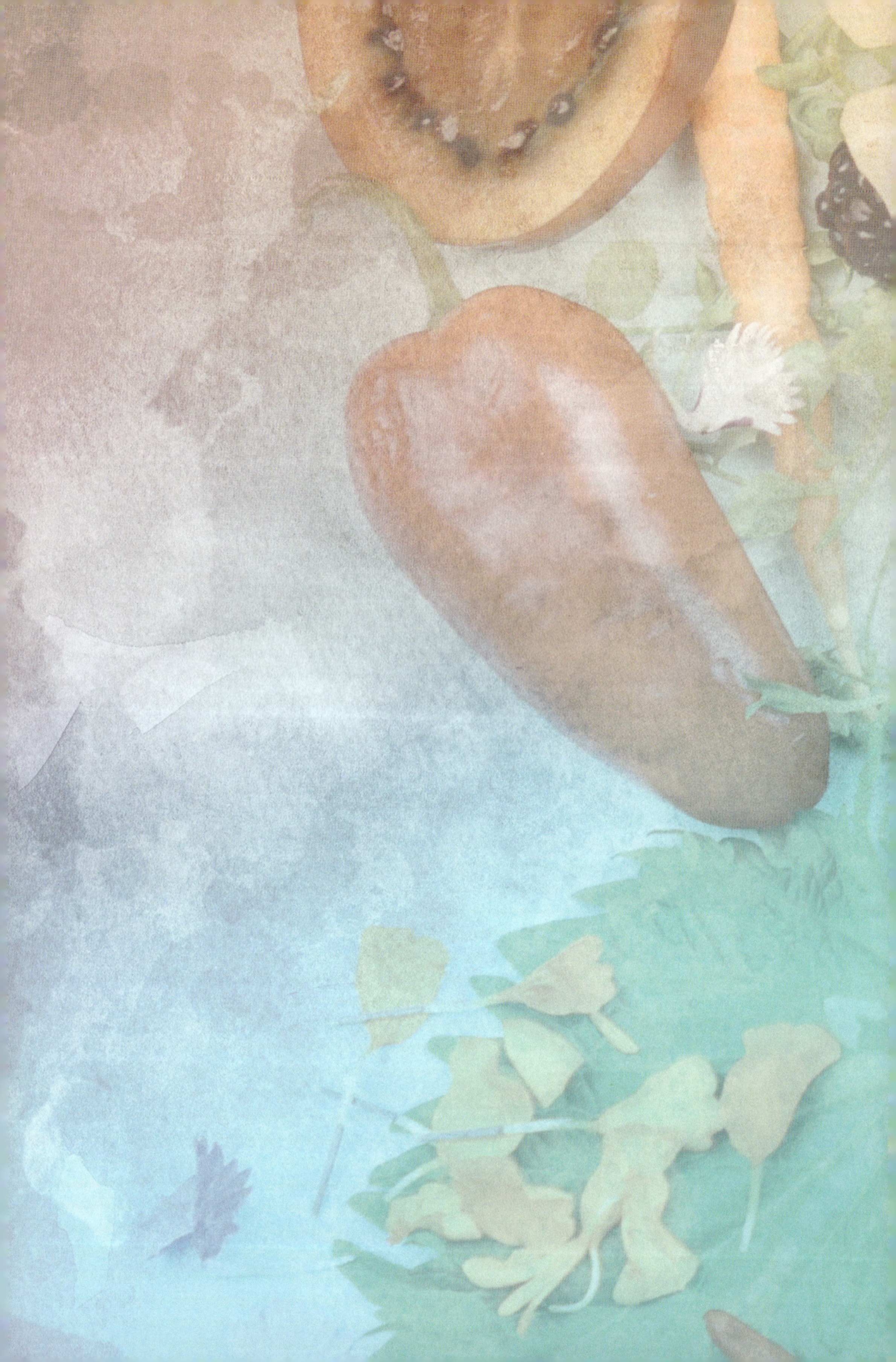

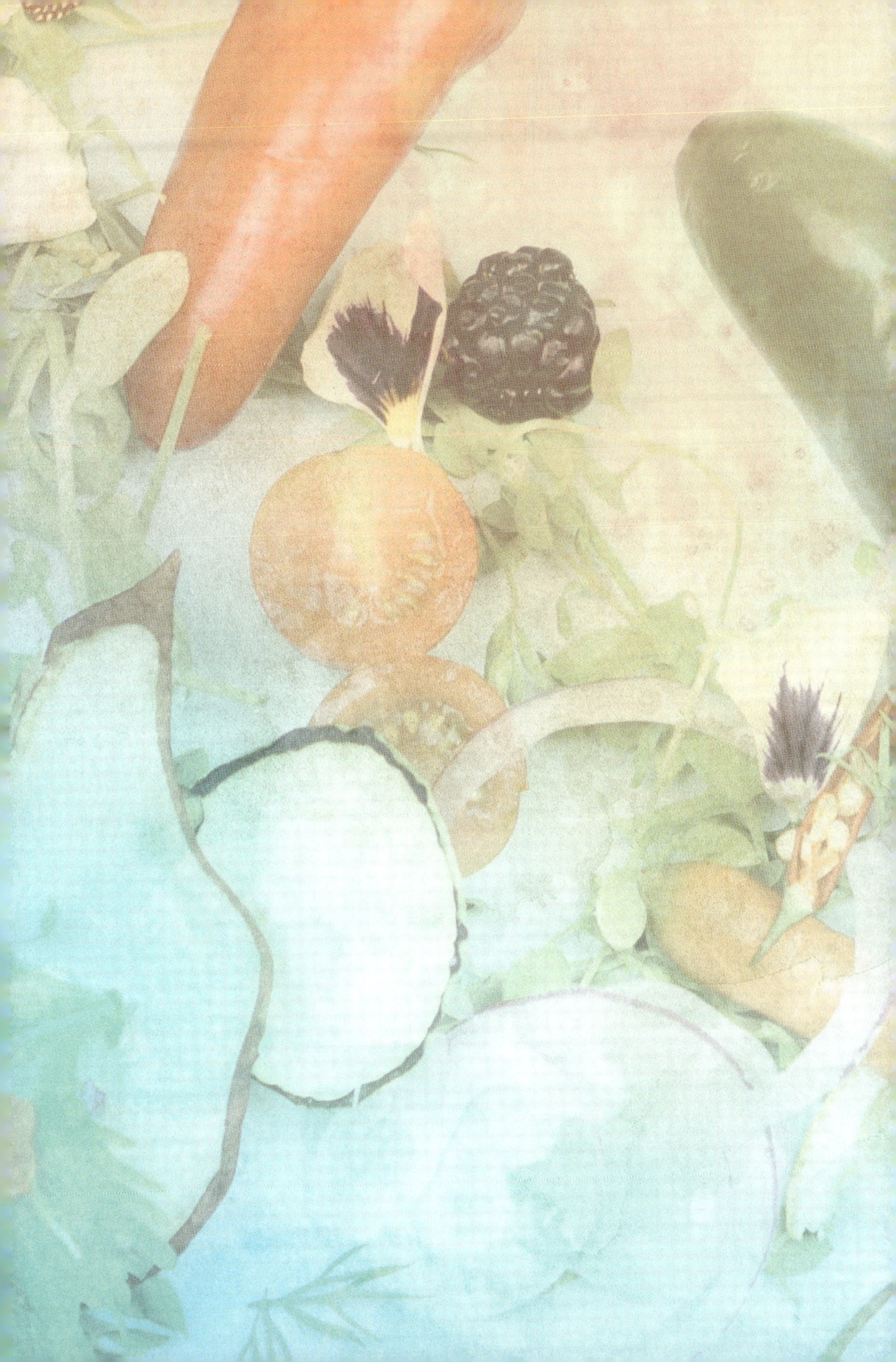

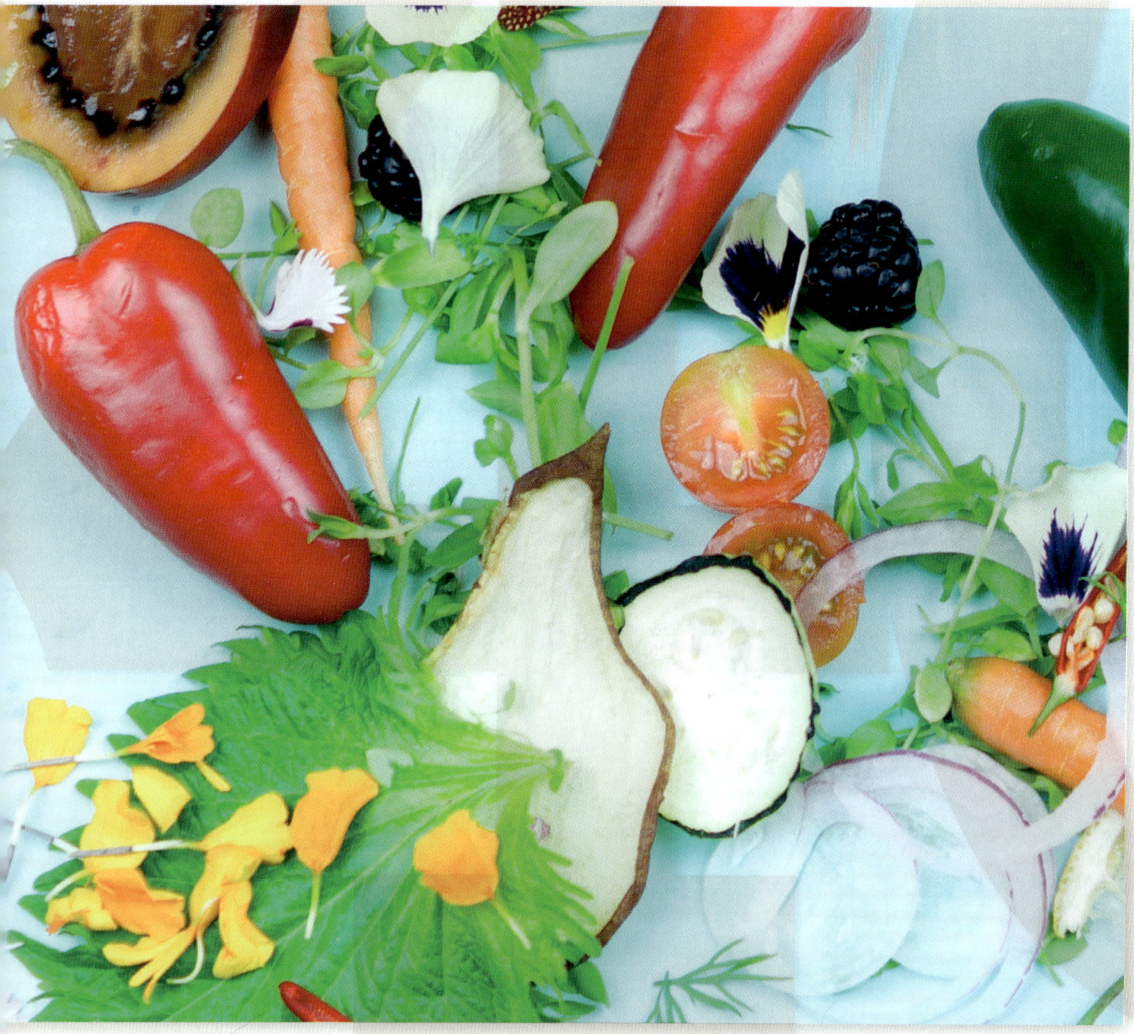

400°
slow vegan

En este apartado vamos a ver cómo hornear a 400°. Conseguimos esta temperatura con hornos de leña. Al ser cocciones tan fuertes, se hacen muy rápido y son perfectas, por ejemplo, para cocinar masas de *pizza* ya que a esta temperatura tardan en estar listas un minuto aproximadamente. Si os interesa profundizar en cómo hacer *pizza* en casa podéis apuntaros a la *newsletter* del restaurante y acceder a un curso *online* gratuito que tenemos publicado.

Parmigiana de verduras

400°

Para 4 personas.   *Preparación: 3 horas.*

Este es uno de los platos más demandados en Pizzi&Dixie. La parmigiana *es un plato tradicional italiano que consiste en una lasaña de láminas de berenjena. Entre las capas lleva quesos mozzarella y parmesano y tomate de San Marziano. Aquí veremos mi versión personal de este plato que, aunque guarda semejanzas con la receta tradicional, cambia muchas cosas.*

Ingredientes

– 1 calabacín.
– 2 puerros.
– 500 g de tomate natural triturado (mejor si es tomate de San Marziano).
– 1 diente de ajo.
– 100 g de soja texturizada fina.
– 2 zanahorias.
– 1 ramita de apio.
– 1 cebolla morada.
– 50 g de queso mozzarella vegano.
– 8 g de queso parmesano vegano.
– 1 chorrito de aceite de oliva virgen extra.
– Sal al gusto.

Recetas

- Pela y corta los puerros y los ajos en *brunoise* (dados de 1,5 mm de grosor), ponlos en una olla y sofríelos con un chorrito de aceite de oliva virgen extra a fuego lento durante diez minutos.
- Lava y corta el calabacín en dados de 0,5 cm de grosor. Añádelo al sofrito. Y deja que se cocinen durante treinta minutos a fuego lento.
- Pela y corta las zanahorias y la cebolla en *brunoise* (dados de 1,5 mm de grosor).
- Lava la ramita de apio y córtala también en *brunoise*.
- Sofríelo todo con un chorrito de aceite de oliva virgen extra en otra olla distinta, hazlo a fuego lento durante diez minutos. A continuación, añade el tomate natural triturado y deja el fuego al mínimo durante una hora y media. Mueve cada tres minutos la salsa para que no se queme el fondo de la olla. Añade al final la soja texturizada y deja que se haga durante otros cinco minutos.
- Lamina dos berenjenas en láminas de 4 mm de grosor. Sálalas y déjalas reposar una hora. Desecha el jugo que suelten. Ponlas en una bandeja para hornear y precalienta el horno a 180°. Déjalas en el horno durante quince minutos.
- Pon en un recipiente de barro apto para hornear una capa de láminas de berenjena en el fondo de la bandeja. Encima pon el guiso de tomate. A continuación, pon otra capa de láminas de berenjena. Encima añade el sofrito de calabacín. Encima pon otra capa de láminas de berenjena para cerrar la *parmigiana*. Encima pon queso mozzarella vegano.
- Enciende un horno de leña y deja que se caliente durante media hora.
- Mete la *parmigiana* y deja que se cocine durante diez minutos.

■ **Emplatado:**
Una vez tenemos fuera del horno la *parmigiana* espolvorearemos queso parmesano rallado por encima y añadiremos algún brote o unas hojas de albahaca para dar color al plato.

400° *Pizzeta dulce*

Para 4 personas. *Preparación: 24 horas de fermentación de la masa y 3 minutos para la pizza.*

Ingredientes

■ **PARA LOS EMBUTIDOS:**
– 1 g de levadura fresca.
– ½ litro de agua.
– 800 g de harina 00.
– 5 g de sal.
– Un chorrito de aceite de oliva virgen extra.

■ **NOTA:**
En función de la fuerza de la harina 00 es posible que sea necesario añadir un poco más o un poco menos de agua. Las harinas de mucha fuerza necesitan más agua que las harinas de poca fuerza. No obstante, las harinas 00 suelen llevar las recomendaciones de uso escritas en su envase.

■ **PARA LOS *TOPPINGS*:**
– 50 g de frutos rojos.
– 50 g de nata vegana para montar.
– 25 g de azúcar.
– 1 naranja de mesa por pizza.
– ½ pera conferencia por pizza.
– 3 TBSP de praliné de avellana por pizza.
– 1 TBSP de azúcar glas por pizza.

Recetas

- Desmenuza la levadura fresca y ponla en un bol. A continuación, añade el agua y remueve con la mano hasta que tome un color turbio.
- Añade la harina al bol y mezcla con el agua y la levadura.
- Amasa la harina con la palma de la mano durante tres minutos.
- Añade a la masa la sal y el aceite de oliva virgen extra y continúa amasando durante dos minutos más.
- Divide la masa en trozos de 200 g. Saldrán unos seis trozos.
- Bolea cada uno de los trozos. Esto es, forma una bola con cada uno de ellos y estira la superficie con la palma de la mano para crear una tensión superficial que permita que la masa fermente de manera controlada.
- Coloca las bolas en una bandeja y séllalas con papel film.
- Déjala reposar en la nevera durante 24 horas. Las harinas con mucha fuerza necesitan más tiempo de fermentación que las de poca fuerza. Sigue las recomendaciones de uso impresas en el envase de la harina que utilices.
- Monta la nata y el azúcar con ayuda de una batidora de varillas y ponla en una manga pastelera. Resérvala hasta usarla.
- Enciende un horno de leña y deja que se caliente durante media hora.
- Saca las masas de la nevera. Estíralas con ayuda de un rodillo. Pincha la masa de forma uniforme por toda la masa con ayuda de un tenedor. Ponlas encima de una pala y métalas en el horno.
- Deja que se hagan durante un minuto. En función de lo cerca que estén del fuego y de lo caliente que esté el horno, tardarán en hacerse más o menos.
- Sácalas del horno y monta la *pizza* con todos los ingredientes en crudo.
- Primero pondremos el *praliné* untándolo en la base de la *pizza*.
- Pela las naranjas y córtalas en gajos. Lava las peras y córtalas en gajos también.
- Pon todas las frutas encima del *praliné*.
- Añade la nata montada.
- Finalmente espolvorea el azúcar glas encima de la *pizza*. Puedes poner también algún germinado para darle color.

229